中国宏观经济与宏观调控概说

(修订版)

李克穆 著

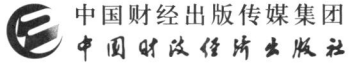

| 作者简介 |

李克穆

第十二届全国政协常委，研究员，博士生导师，原中国保监会常务副主席。1984年起在国务院经济研究中心从事研究工作，其间任秘书、咨询研究员、信息研究部部长、《管理世界》杂志社社长兼总编辑等职。1998年6月任中央财经领导小组办公室副主任兼宏观经济组组长，从事宏观经济研究。

享受国务院颁发的政府特殊津贴。兼任中国社会科学院研究生院教授、博士生导师；兼任北京大学经济学院、中国人民大学公共管理学院、西南财经大学、东北大学教授等职。任中国经济学奖专家委员会委员。

主要著述：《财政理论概说》（1985年红旗出版社）；《发展的抉择：走自己的道路》（1998年国家行政学院出版社）；《中国宏观经济与宏观调控概说》（2007年中国财政经济出版社）；《国际金融危机——纪实与思考》主编（2011年中国金融出版社）。主持完成《金融危机成因与防范》等多项研究报告，主编多部经济论著和丛书，发表经济论文百余篇。

仅以此书献给中国改革开放四十年

初版序

宏观经济是一个大概念，是相对微观经济而言的，其涉及整体国民经济运行，研究分析的对象是一系列经济总量关系。从国际上看，市场经济国家比较普遍地运用宏观经济学理论来分析、研究和指导经济运行。一代代经济学家继往开来，使宏观经济理论得以不断深化和发展。这些宏观经济理论和相关的宏观经济政策对世界经济的稳定持续发展产生了重要影响。凯恩斯于20世纪20年代提出了以宏观经济政策干预经济运行的一系列理论，开创了政府运用经济政策干预经济的先河。多年来，经济学家们从社会总需求和社会总供给、均衡产出和就业决定、经济增长理论、经济周期理论、财政货币政策以及多种经济杠杆的运用等方面，对宏观经济运行规律进行了深入广泛的研究，试图通过研究，发现和解释经济运行中存在的问题；通过制定宏观经济政策，防止通货膨胀或通货紧缩，促进就业和经济增长。应当说，长期以来，各国经济学家和执政者在运用宏观政策解释和解决经济运行中的问题方面取得了显著的成果，从理论上也使宏观经济学更为丰富多彩。

从我国经济发展历程看，虽然在相当一段时期并没有直接运用西方宏观经济学的概念解释经济问题和制定经济政策，但实际上早在20世纪30年代，在中国共产党人内部就有一批运用西方经济学理论来探索中国经济发展道路的志士。20世纪40年代，在中国共产党人掌控的解放区已经开始运用财政政策和货币政策以及多种经济杠杆，从理论和实践上指导根据地和解放区经济的发展。中华人民共和国成立后，国家运用财政政策、货币政策等手段，从经济总量方面，参与对经济发展进程的宏观调控。众所周知，在计划经济体制下，加上一些非经济因素的干扰，运用经济手段调节经济运行往往困难重重，难以实施。我国经济发展经历了一个十分曲折的过程，遭受过一系列挫折，包括重创。总体来看，随着计划经济向市场经济转轨的进程，我国运用宏观经济政策干预经济、驾驭经济的水平不断提高；宏观经济基础理论和宏观经济分析方法也取得了长足的发展和进步。我们相信，在建立社会主义市场经济体制的过程中，宏观经济学研究、宏观经济分析和宏观调控手段的运用必将扮演越来越重要的角色，发挥日益重要的作用，促使有中国特色的社会主义市场经济保持持续、稳定、协调的态势，又好又快地发展。

李克穆所著《中国宏观经济与宏观调控概说》一书，从宏观经济角度，回顾和简析了我国经济发展的进程，着力叙述和分析了历次重大的经济事件和宏观调控的过程，以大量丰富的历史资料和有代表性的经济决策者、专家学者的观点，描述了我国经济发展的艰辛、曲折和辉煌，从新中国成立初期恢复经济的艰难岁月,到应对"大跃进"和"文化大革命"造成的历史性灾难;从推进计划经济向市场经济转轨,到逐步建立健全社会主义市场经济体制,使中国经济逐步进入良性发展轨道。此书把一段漫长的经济发展史做了高度浓缩和总结归纳,并通过分析提出了若干观点。书中还附有为研究宏观经济问题编制的大事记。这本书,可以作为了解和研究我国宏观经济和宏观调控问题的简明读物。

马洪
2007.8.12

修订版序

修订版序

克穆教授的大作《中国宏观经济与宏观调控概说》于2007年初版;一经问世,便获经济界和学界关注。如今,10年已过,社会对此书的需求依然殷殷。为回应社会需求,克穆教授不惧辛劳,遍查资料,批阅半载,对原书做了大量增删,遂有此书。值此修订版付梓之际,克穆教授邀我作序。我固无为序之能,但又难却克穆之盛情,遂有这篇读后感,是为序。

宏观经济及相应的宏观调控概念,当属舶来品。但是,这一套概念所刻画且赖以生成的经济现象,即经济总量,则始终客观存在于我国经济运行之中。正因如此,从"宏观"的层面对1949年以来的中国经济历史展开研究,有着扎实、可靠的实践基础。不仅如此,由于在中国,经济的运行和对经济的管理,长期是在诸如"平衡""协调""兼顾""反冒进"等概念下展开的,中国的经济运行以及中国经济调控的实践,势必大大丰富宏观经济学的理论体系和宏观调控的政策体系。总之，中国经济70年的运营以及中国政府管理经济运行的70年实践是一个宝库，值得好好挖掘。当此中国奇迹为世界瞩目，并为越来越多的新兴市场经济国家和发展中国家效仿的"新时代"，我们特别需要那种规范把握宏观经济理论、熟悉新中国建设史、能讲好中国70年宏观经济运行和宏观调控故事的专著。我以为，克穆教授的这部《中国宏观经济与宏观调控概说》，就是能担此重任的大作之一。

我和克穆教授相识于他在国务院经济研究中心工作之时。那时，同为"中青年专家"，我们经常共同参加一些会议，见面免不了要探讨一些相互关心的经济问题。亚洲金融危机发生后，他带领一批青年学者对危机进行跟踪研究，每天出一期快报，分送上级机关和有关部委，为领导们了解和应对危机发挥了积极作用。毫无疑问，我以及我的团队由之也获益良多。

克穆教授到中央财经领导小组办公室工作后，分管宏观经济研究，对中国宏观经济运行的了解更有其独到的心得。他在社科院研究生院兼任博士生导师的几年里，邀请我和易纲、李晓西等担任他的博士生指导小组的导师，参与开题、中期考核和答辩等多项活动。正是这些活动，使得我们每年都有相聚和深谈的机会。如今想来，仍然心向往之。

克穆教授在国务院专题办工作时，曾经为筹备中央金融工作会议等专项工作多次征求我的意见，我们对相关金融问题进行过多次深入探讨。他到中国保监会工作后，我们的探讨仍在继续，只是话题相对集中到保险业方面。

克穆教授关注和研究宏观经济问题，和他的经历有着直接关系。

20世纪80年代初，克穆教授曾经担任我国经济界泰斗薛暮桥

修订版序

老师的秘书。薛老是我国著名经济学家,他亲身经历了新中国成立初期反恶性通货膨胀的大战役,直接参加制定、执行我国最初的几个"五年计划",在重要的工作岗位上直接参与了若干宏观经济政策的制定和实施。薛老始终将理论与实际紧密结合,为我国的经济理论研究和实践发展做出了杰出贡献。应当说,在薛老身边,长期得一代宗师之言传身教,养就了克穆教授良好的学术涵养。我们今天研读克穆教授的专著,不仅能获得克穆教授的智慧,而且能感受到薛老的余荫。

克穆教授从领导岗位退下,仍然笔耕不辍,且成果丰硕,可喜可贺。作为老朋友,我衷心希望他今后有更多的好作品问世。

李扬

2018年5月17日

前言

新中国成立近70年来，中国经济走过了曲折坎坷的发展历程。概略地说，改革开放前经历了在计划经济体制下发展经济的特殊时期，多次发生了"左"的干扰和急于求成的"冒进"举措以及其他重大的政治经济事件，给我们留下了需要永远记取的深刻记忆。在改革开放后的40年历程中，中国特色的市场经济取得了重大进展，国家通过日益完善的宏观调控手段，促使经济运行不断趋于健康平稳。我们正面临一个日新月异的高科技时代，人工智能正在进入多个领域，传统的经济运行方式开始发生根本性转变，金融科技的迅速兴起对金融监管提出了颠覆性的挑战，一切都需要与时俱进。我们所讨论的宏观经济运行和宏观调控，也将发生全方位的变革，需要不断做出新的思考和判断。复杂的国内外政治经济环境和持续显现的不确定因素，提示我们要居安思危，知难而进，强化防范风险隐患和危机的能力，不断增强自身的经济实力和综合国力。探索建立健全中国特色社会主义市场经济体制的过程仍在继续，还有很长的路要走。

中国的改革开放为经济发展开创了无限空间，许多国家的学者都在研究"中国模式"。中国模式是什么？中国经济发展进程中有哪些经验值得总结？有哪些教训值得记取？可以给后人留下什么启示？实际上，这些问题，中国的经济专家和经济工作者们也没有得出最终的答案，需要做出新的、更深层次的思考。

推进经济发展，各国都有自己特有的国情和路径，西方发达国家也不断遇到新的难题，也在研究经济领域的进一步变革和实施新一轮宏观经济政策，没有现成的发展模式可以照搬。世界上历史最久、经济最发达的市场经济国家，遇到经济发展的难关，甚至陷入困境几乎是一种常态，其宏观调控也时常需要绞尽脑汁，例如历时数年的量化宽松政策。我国的市场经济不可能也没有必要去复制别国的发展模式，从国情出发，走自己的发展道路，才是正确的选择。

2018年，我国迎来改革开放40周年。笔者是新中国成立初期出生的一代人，经历了改革开放的全过程，对那些充满胆识、智慧和激情的岁月记忆犹新，深知今天的一切来之不易。说到改革开放，不能忘记邓小平，不能忘记当年改革开放的先行者们是如何冲破禁区，踏过惊涛骇浪，开启了这条改变中国人民命运的航程。习近平总书记在2018年新年贺词中指出："改革开放是当代中国发展进步的必由之路，是实现中国梦的必由之路。"这条道路，需要依靠一代代后来人的传承，坚定不移地不断深化和推进，砥砺前行，由此走向更加绚丽多彩的明天。

前　言

　　本书不是教科书，不对宏观经济问题进行纯理论性的论述，仅以新中国成立后经济发展阶段为序，对我国走过的经济发展历程做一回顾和分析。其目的是尽可能为关心和研究这些问题的人们，特别是年轻人，提供一份简明的史实，增进读者对我国宏观经济和宏观调控进程的了解和认识。

　　正文由概述和六个部分组成，后附图表和宏观经济大事记以及附文。

　　本书是修订版，对原文做了大量补充、删节和修改。

概述

宏观经济学（Macroeconomics）研究源于西方经济学，其研究对象是经济发展的总体状况和趋势。宏观经济分析，对于科学制定一个国家或经济体的发展战略和规划，提高经济成长的质量，具有重要的指导性作用。宏观调控（Macro–control）通常是指运用宏观经济政策，对经济运行进行干预，试图通过调控一系列经济总量关系，促使经济持续、协调、稳定发展。

在20世纪上半叶，中国只有少数经济学工作者从事宏观经济研究，且大都属于学术性研究或撰写教科书，对于经济发展的指导作用比较有限。中华人民共和国成立之初，国家为治理国民党政府留下的极其严重的通货膨胀，稳定物价，全面调整和恢复经济，采取了一系列措施，这些措施既有行政手段，也不乏经济手段，经过艰苦的努力，成功地抑制了通货膨胀，恢复了生产，稳定了经济和社会。这一过程，实质上是新中国开创者们运用宏观经济政策调控经济的最初尝试。在新中国成立后的相当长一段时期内，我国虽然没有从理论和实践上直接运用西方宏观经济学的分析方法具体制定中国经济发展的方针政策，但实际上经济发展进程中调控经济运行的方式与宏观经济学原理是趋于一致的，当时的新中国已经有一批对经济学原理具有深入研究，并且在根据地和解放区从事过经济工作的人才。任何社会制度的国家都必须按照经济规律发展经济，都需要从宏观经济、微观经济角度审视和研究经济发展问题。宏观经济研究及其相关的分析方法，试图通过对经济增长、通货膨胀、就业、国际收支等经济总量的研究，寻求社会总需求与社会总供给的平衡和保持经济稳定增长的途径。宏观经济分析是以经济学理论为基础，探索国民经济运行规律的实证性研究。一个国家无论经济发达程度如何，都需要运用宏观经济研究方法和宏观经济政策左右自身的经济进程。

我国经济发展过程中，特别是实行改革开放以后，运用宏观调控影响经济进程，是国家保持经济持续稳定发展、避免经济运行大起大落的重要手段。在我国实行计划经济体制时期，宏观调控主要是运用行政方式干预经济运行。随着计划经济向市场经济转轨进程的深化，宏观调控趋向于更多地运用经济和法律的手段。

在西方宏观经济学中，"宏观调控"（Macro-control）这个概念出现得并不多，通常表述为用"宏观经济政策"（Macroeconomic Policy）干预经济运行，目的是稳定经济，这种宏观经济政策有时被称为"稳定政策"。最早明确提出运用政府政策对经济运行进行干预理论的是美国经济学大师凯恩斯（John Maynard Keynes），他认为市场经济并不能平滑地自我调节，不能保证常规的低水平失业和高水平生产。凯恩斯强调只有宏观经济政策，特别是对政府支出和税收以及货币政策进行重大调整，才能阻止经济衰退、保持经济稳定。凯恩斯关于政府可以通过政策干预，防止或抑制经济衰退的理论，被称为"凯恩斯革命"。在经济学界，通常认为凯恩斯是运用宏观经济政策干预经济的鼻祖。凯恩斯的政府干预理论引发了经济学界的长期讨论，包括激烈的批判，并出现了新凯恩斯主义等若干相关理论。一般说来，发达国家运用宏观经济政策进行政府干预是在充分的市场经济条件下进行的，并不是替代市场机制的作用。美国经济学家威廉·麦克切尼·马丁（William M Martin）认为，经济是内在不稳定的，经常经历总需求和总供给的冲击，除非决策者用货币与财政政策稳定经济，否则，这些冲击将会引起产出、失业和通货膨胀不必要而无效率的波动。不少经济学家认为，宏观经济政策应该是"逆风向而行"，即当经济萧条时刺激经济，而当经济过热时放慢经济。美国经济学家曼昆（N Gregory Mankiw）在所著《宏观经济学》关于宏观经济政策争论一篇中，研究了货币与财政政策在平缓经济周期中应该起积极作用还是消极作用；政策应该根据相机抉择来实现，还是由事先决定的规则支配。曼昆指出，可以把经济学家用来研究长期与短期关键宏观经济变量的理论运用于研究一些宏观经济政策的争论。曼昆认为，美国政府虽然长期以来就实行货币与财政政策，但出现应该用这些政策工具来努力稳定经济的观点是近年来的事。保罗·萨缪尔森（Paul A Samuelson）在其《宏观经济学（第十七版）》中提及，在过去30年中，财政政策作为稳定经济的工具，失去了大多数政策制定者和宏观经济学家的青睐。在凯恩斯革命的早期，宏观经济学家强调财政政策是最强有力的，也是最综合的需求管理手段。然而，在随后的发展过程中，财政政策的缺陷日益明显。这些缺陷源于时滞、政治因素、宏观经济理论等。与财政政策相比，货币政策对经济的作用更为间接。扩张性财政政策实际上是要购买产品与劳务，或将收入转移到消费者或企业的手中；而货币政策则通过改变利率、信贷条件、汇率和资产价格来影响支出。为了稳定经济，中央银行必须实施适度的货币刺激或货币紧缩。萨缪尔森还具体论述了财政政策与货币政策的组合运用。

如何运用政府干预，在每一个经济发展时期，每一个国家都有其不同的特点。运用宏观经济政策对经济进行干预，在历史上相当多见，其中不乏成功甚至经典的案例，失败的案例也比比皆是。国际间，经济学界对政府干预经济的评论始终褒贬不一。1987年亚洲金融危机发生后，政府干预经济的呼声似乎又有所加大。这场危机使国际金融市场受到强烈冲击，一些亚洲国家的经济体系面临崩溃。在这种情况下，有关国家政府均对市场进行了直接干预，国际货币基金组织（IMF）也向"受难国"提供紧急救助。美国经济学家约瑟夫·斯蒂格利茨（Joseph E Stiglitz）大声疾呼必须通过强化政府干预，才能有效地缓解亚洲金融危机，并论述了一系列干预的必要性。政府对市场的干预，对维持国际金融秩序、稳定经济，促使亚洲遭受金融危机冲击的国家走出困境，发挥了重要作用。

追溯我国今天的经济学研究，可以说主要是从20世纪前叶对中国农村问题的研究开始的。陈翰笙、王学文、马寅初、薛暮桥、孙冶方等一批杰出的中国经济研究的先驱者，早在20世纪20年代就开始了对中国经济发展道路的求索。20世纪30年代初，共产国际党员陈翰笙在上海领导薛暮桥、张稼夫、钱俊瑞、孙冶方等运用辩证唯物主义的研究方法对中国农村经济进行了系统的调查研究，撰写了大批调研报告。这些调研报告刊登在薛暮桥担任主编的《中国农村》上。这一时期的研究成果，深刻地揭示了处于半封建半殖民地深渊中的中国经济的特点，详尽探讨了中国农村的社会性质等问题。对中国农村经济的这些早期研究，从农村这个中国经济社会中最基础、最本质的领域着手，对整个中国经济进行了相当全面的分析，其研究成果对深入认识中国经济具有重要而深远的意义。

20世纪40年代，在抗日根据地和解放区开展的经济活动，逐步由以维持生存向发展壮大转变。20世纪40年代后期，新中国的开创者们越来越多地考虑如何运用政治、经济手段扩大与巩固根据地，进而创建新中国经济。山东解放区的货币斗争就是运用经济理论巩固和发展经济的成功典范。全国解放前夕，周恩来等人

概 述

在西柏坡开始思考新中国成立之后的经济建设问题,策划经济发展方案。新中国成立后,陈云是经济建设工作的主要领导者,他具体担负起从战争转向经济建设的领导工作,此任重于泰山。此后,三年恢复时期及第一个五年计划的制定拉开了中国经济发展的序幕。讨论中国的宏观经济问题,可以由此进入主题。

在毛泽东、周恩来、刘少奇、陈云、邓小平等新中国领导者的带领下,中国开始探索社会主义革命和建设的道路。20世纪50年代,中国统计和计划制度的建立,第一个、第二个"五年计划"的制订,在相当大的程度上受前苏联经济发展体制和思路的影响。与此同时,中国经济发展进程中也具有自身的特点,体现了中国国情,凝聚了中国人民的智慧和创造性,记录了新中国从一个破败的基础上稳定经济、促使国家生存发展的艰难历程。

从20世纪50年代到60年代,中国的经济学研究有了长足的发展。一批致力于经济学研究的学者将经济理论和中国的实际密切地结合在一起,对价值规律、商品生产进行了大胆的、具有创建性的研究。这些研究是以宏观经济研究为主线展开的,涉及到经济发展体制、机制和途径等。由于政治和经济是紧密交织在一起的,因此,这些探索在当时的年代是具有很大政治压力和风险的,面临着一系列禁区。根据客观经济规律,研究和解释经济问题,提出变革经济体制、机制的建议,是一条荆棘密布的道路,往往要为此付出巨大代价。对这一点,当今的年轻人或许难以理解。实际上,解放思想、冲破禁区,确认科学、追求真理,寻求经济发展的规律,始终是需要付出代价的,这一进程已持续到今天,并将延伸到未来。中国经济的发展在若干次与经济社会发展规律相背离的特殊的"政治运动",特别是"文化大革命"中,遭受了巨大的挫折和损失。这类"政治运动"对中国经济的干扰和破坏使中国经济发展几次濒临崩溃,这一点从残缺不全、畸高畸低的一系列统计数据上也可以显露出来。偏离经济发展规律的经济进程,导致经济研究工作由于缺乏必要的、有可比性的统计数据,而大大增加了开展全面系统研究的难度。特殊时期的特殊"政治运动"对经济活动的频繁冲击，是中国经济发展进程中的一个显著特征。

20世纪70年代末开始的改革开放，总体讲是一个奇迹。中国人民极其庆幸地看到，作为新中国成立初期即担任国家领导人的邓小平，此时此刻表现出极大的政治魄力和政治智慧，带领中国人民，解放思想，冲破禁区，着手开创具有中国特色的社会主义道路，将中国带入了一个新纪元。中国经济开始向着市场经济的轨道行进，建立健全社会主义市场经济体制。在改革开放的旗帜下，一大批老一代经济学家和新一代优秀的青年学者以及经济专家，将经济学理论、宏观经济学分析方法、宏观调控方式，与中国国情结合在一起，提出了一系列具有真知灼见的观点和建议，为建立和完善我国的宏观经济学理论体系和提高宏观调控政策水平做出了杰出贡献。

本书将我国经济发展进程分为四个大的阶段：第一阶段是恢复发展时期（1949—1957年），这一时期包括新中国成立初期三年经济恢复时期和"一五"计划时期，经济总体上是处于恢复生产、稳定经济、建立基本的经济制度过程中，发展是比较稳定的，后期即1956年经济开始出现明显的"冒进"倾向；第二阶段是动荡发展时期（1958—1976年），这一时期的政治和经济主题是"大跃进"和"文化大革命"，经济上的"冒进"和政治上的动荡，最终将国民经济推向崩溃的边缘；第三阶段是经济转型初期（1977—1990年），这一时期是中国经历了曲折的政治经济发展进程后，逐步走上改革开放道路，尝试推进计划经济向市场经济转轨的时期；第四阶段是全面建立健全社会主义市场经济体制时期（1991年至今）。将我国经济发展过程分为上述四个经济发展时期是一种尝试，主要是根据我国政治经济的现实状况做出这样一种划分，同时也便于本书对经济发展进程分阶段地进行描述和分析，不当之处请读者见谅。

目录

第一部分 宏观经济和宏观经济分析方法 …………（1）
一、基本概念 …………………………（2）
二、"四要素"的经济意义 …………（3）
　（一）经济增长率 …………………（4）
　（二）通货膨胀率 …………………（6）
　（三）失业率 ………………………（8）
　（四）贸易余额 ……………………（10）
三、我国宏观经济的分析方法 ……（11）
　（一）国民经济核算体系 …………（11）
　（二）采用"四要素"进行宏观经济分析 …………………………（12）
　（三）宏观经济模型 ………………（15）
　（四）宏观经济分析涉及的总量关系及相关概念 …………………（20）

第二部分 恢复发展时期的宏观经济（1949—1957年）…………（21）
一、新中国成立前的经济工作 ……（22）

（一）新中国成立前的经济主张……………………（22）
（二）根据地和解放区经济………………………（23）
（三）新中国经济工作的前期筹划…………………（26）
二、国民经济恢复时期……………………………………（29）
（一）新中国成立初期所有制关系的变革……………（30）
（二）对私营工商业的改造…………………………（32）
（三）治理通货膨胀，恢复生产，稳定经济…………（38）
（四）建立经济制度…………………………………（39）
1. 统一和建立国家财政经济制度…………………（40）
2. 建立金融货币制度………………………………（40）
3. 对私营金融业的改造……………………………（41）
4. 实行财政收支、信贷收支、物资供需和外汇收支平衡………………………………………（43）
三、第一个五年计划的诞生………………………………（45）
（一）"一五"计划诞生的背景和过程…………………（45）
（二）"一五"计划的几个特点………………………（48）
（三）"一五"时期的宏观调控………………………（55）
（四）"一五"时期主要宏观经济指标…………………（57）

第三部分　动荡发展时期的宏观经济（1958—1976年）……………………………（62）

一、关于"二五"计划………………………………………（63）
（一）"反冒进"和"反反冒进"………………………（63）
（二）"二五"计划的基本内容………………………（67）
（三）频繁调整的"二五"计划………………………（69）
1. 国家计委的主动调整……………………………（69）
2. 在"反反冒进"局势下进行的调整………………（69）
3. 编制"二五"计划的"两本账"……………………（70）
4. "大跃进"中重新编制"二五"计划………………（70）
5. 编制"三本账"……………………………………（71）

6. 庐山会议后要求提前两年完成"二五"计划
　　　　……………………………………………………（72）
　　7. 三年补充计划 ………………………………（72）
（四）"二五"计划后期的经济调整 ………………（74）
　　1. 关于"调整、巩固、充实、提高"八字方针
　　　　……………………………………………………（75）
　　2. 经济调整时期的重要事件 ………………（75）
　　3. 关于价值规律的讨论 ……………………（77）
（五）部分领导人对"二五"时期经济发展的看法
　　　和评论 ……………………………………………（79）
（六）"二五"时期宏观经济综述 ………………（82）
二、"文化大革命"时期的中国经济 ………………（86）
（一）以"吃穿用"为中心的"三五"计划 ……（86）
（二）以"吃穿用"加"三线建设"为中心的
　　　"三五"计划 ……………………………………（87）
（三）以"战备"为中心的"三五"计划 ………（88）
（四）"文化大革命"进程中的"四五"计划 ……（90）

第四部分　经济体制转型初期的宏观经济
　　　　　　（1977—1990年）………………………（94）
一、经济改革酝酿时期（1977—1979年）…………（95）
（一）编制"五五"计划 …………………………（95）
（二）制定《国民经济发展十年规划纲要》……（96）
（三）十一届三中全会标志着中国进入改革开放时代
　　　　……………………………………………………（96）
（四）"新八字"方针 ……………………………（97）
（五）"新跃进" ……………………………………（98）
（六）关于计划经济与市场经济的新一轮讨论……（98）
二、改革开放的初始阶段（1980—1990年）………（100）
（一）"五五"计划的完成与"六五"计划的实施
　　　　……………………………………………………（101）

（二）宏观经济方面的几件大事 …………………………（104）
　　1. 强调经济发展以提高经济效益为中心 ……………（104）
　　2. 推进农业改革，实行联产承包责任制 ……………（105）
　　3. 1984年的经济过热和宏观调控 ……………………（106）
　　4. "七五"期间的经济过热和宏观调控 ………………（109）
　　5. 国家宏观管理和调控开始从直接控制为主向
　　　间接控制为主过渡 …………………………………（113）
　　6. 价格双轨制与价格改革 ……………………………（113）

第五部分　全面建立健全社会主义市场经济体制时期的宏观经济（1991年至今） …………（120）

一、新一轮五年计划的编制和实施 …………………………（121）
　（一）"八五"计划（1991—1995年） ……………………（121）
　　1. 计划的制定 …………………………………………（121）
　　2. 计划的实施 …………………………………………（123）
　　3. 邓小平南方讲话对经济工作和"八五"计划的
　　　影响 …………………………………………………（125）
　（二）"九五"计划（1996—2000年） ……………………（127）
　　1. 计划的制定 …………………………………………（127）
　　2. 计划的实施 …………………………………………（129）
　　3. 新形势下出现的几个突出问题 ……………………（131）
　　4. 为国有企业改革发展创造良好外部环境 …………（133）
　（三）"十五"计划（2001—2005年） ……………………（136）
　　1. 计划的制定 …………………………………………（136）
　　2. 计划的实施 …………………………………………（138）
　　3. 国有企业改革迈出关键性步伐 ……………………（139）
　（四）"十一五"规划（2006—2010年） …………………（141）
　　1. 规划的制定 …………………………………………（141）
　　2. 树立科学发展观，构建社会主义和谐社会 ………（143）
　　3. 建设社会主义新农村 ………………………………（144）
　　4. 规划的实施 …………………………………………（145）

　　　　5. 规划实施过程中的几个热点问题 ………… (147)
　　（五）"十二五"规划（2011—2015 年） ………… (149)
　　　　1. 规划的制定 ………………………………… (149)
　　　　2. 规划的实施 ………………………………… (150)
　　（六）"十三五"规划（2016—2020 年） ………… (151)
　　　　1. 规划的制定 ………………………………… (151)
　　　　2. 规划的开局 ………………………………… (152)
二、"八五"计划以来的宏观经济走势和宏观调控 ……… (154)
　　（一）新一轮的经济过热与宏观调控 ………………… (154)
　　（二）深化改革，全面建立社会主义市场经济体制
　　　　…………………………………………………… (157)
　　（三）实现经济"软着陆" ……………………………… (159)
　　（四）中国经济首次出现通货紧缩现象 ……………… (161)
　　（五）扩大国内需求 …………………………………… (163)
　　（六）关于财政政策 …………………………………… (167)
　　（七）关于"效率优先、兼顾公平" …………………… (172)
　　（八）关于流动性过剩 ………………………………… (174)
　　（九）关于宏观杠杆率 ………………………………… (176)
　　（十）关于宏观调控的几个问题 ……………………… (178)

第六部分　综述 ………………………………………………… (182)
　一、贯穿于中国经济发展全过程的三个永恒主题 ……… (183)
　　（一）"增长—过热—衰退"循环 ……………………… (183)
　　（二）生产资料所有制问题 …………………………… (185)
　　（三）计划与市场的关系 ……………………………… (188)
　二、金融对宏观经济的影响 ………………………………… (190)
　　（一）关于货币政策 …………………………………… (190)
　　（二）关于汇率问题 …………………………………… (194)
　　（三）关于资本市场 …………………………………… (199)
　　（四）关于金融在宏观调控中的作用 ………………… (203)
　　　　1. 金融监管机构 ……………………………… (203)

  2. 金融业与宏观经济的关联性 …………………………… (205)
  3. 金融监管是我国宏观调控的重要组成部分 ………… (206)
 (五) 关于互联网金融 ……………………………………… (209)
三、中国宏观经济与国际经济 ………………………………… (214)
 (一) 亚洲金融危机对我国宏观经济的影响 …………… (214)
 (二) 加入世界贸易组织对我国宏观经济的影响 ……… (218)
  1. 存款搬家，客户转移 ……………………………… (220)
  2. 人才流失 …………………………………………… (220)
  3. 挤占中间业务 ……………………………………… (220)
 (三) 经济全球化对我国宏观经济的影响 ……………… (222)
 (四) 关于全球失衡 ……………………………………… (224)
 (五) 关于量化宽松 ……………………………………… (225)
 (六) 国际比较 …………………………………………… (226)
四、我国改革开放后宏观经济运行趋向综述 ………………… (230)
 (一) 1978—1990 年 ……………………………………… (233)
  1. 关于 GDP …………………………………………… (233)
  2. 关于通货膨胀 ……………………………………… (234)
  3. 关于贸易余额 ……………………………………… (235)
  4. 关于失业率 ………………………………………… (235)
 (二) 1991—1999 年 ……………………………………… (236)
 (三) 2000 年以后 ………………………………………… (237)

附录一：相关表格 ……………………………………………… (242)
 表1：1952—2017 年我国主要宏观经济指标表 ………… (242)
 表2："一五"—"十五"时期我国部分经济指标表
  ………………………………………………………………… (247)
 表3：2006—2017 年我国固定资产投资和预算收入表
  ………………………………………………………………… (248)
 表4："一五"—"十五"时期我国主要工农业产品
  产量表………………………………………………………… (249)

表5：2006—2017年我国主要工农业产品产量表 ……………………………………………………………… (250)
　　表6：2017年世界部分国家和地区GDP排名 ………… (251)
　　表7：2017年世界部分国家和地区人均GDP排名 …… (252)

附录二：中国宏观经济大事记 …………………………… (253)
　　新中国成立前的时期 ……………………………………… (253)
　　恢复发展时期（1949—1957年）………………………… (254)
　　动荡发展时期（1958—1976年）………………………… (258)
　　经济体制转型初期（1977—1990年）…………………… (262)
　　全面建立健全社会主义市场经济体制时期（1991年至今）………………………………………………………… (269)

附录三：附文 ……………………………………………… (280)
　　桃李无言　下自成蹊 …………………………………… (281)

参考文献 ………………………………………………… (290)

后记 ……………………………………………………… (295)

第一部分

宏观经济和宏观经济分析方法

  宏观经济是从全局、综合的角度研究经济的总量关系。宏观经济分析对于科学制定一个国家或经济体的发展战略和规划，提高经济增长质量，具有重要的指导意义。

  宏观经济学是在给定的制度条件和微观效率条件下，也就是在给定的总供给能力条件下，研究由需求的波动而引起的经济波动问题。

  宏观调控是运用宏观经济政策干预经济运行，使经济趋于稳定。

  研究和分析宏观经济通常从四项主要的经济总量着手，即经济增长率、通货膨胀率、失业率和贸易余额。

  我国在进行宏观经济分析过程中，于1993年开始正式采用反映市场经济的SNA体系，放弃了长期以来使用的反映计划经济的MPS体系。

——题记

一、基本概念

宏观经济是经济领域的一个综合性概念,是指从全局的、综合性的角度,通过研究经济的总量关系,认识和考察一个国家、一个社会整体经济的发展状况。宏观经济是相对于微观经济而言的,微观经济主要是指单一经济单位的相关经济活动。在研究宏观经济和微观经济的过程中,实际上是不可能把两方面独立开来进行研究的。研究宏观经济问题不但涉及一系列微观经济问题,而且往往要通过对微观经济相关问题的分析研究,促使宏观经济研究得出更为全面、科学的结论;反之亦然。宏观经济学和微观经济学构成了现代经济学的核心。

宏观经济学研究的对象是反映经济总体状况和发展趋势的各类总量关系。以"休克疗法"闻名的美国哈佛大学经济学教授杰佛里·萨克斯(Sachs D. Jeffrey)在1994年与人合著的《全球视角的宏观经济学》一书中指出,宏观经济学是通过经济活动特定的概括性指标考察经济的总体趋势,而不是深入分析特定部门或个别商业活动。① 宏观经济学是在给定的制度条件和微观效率条件下,也就是在给定的总供给能力(不是实际的总供给)条件下,研究由需求的波动而引起的经济波动(即实际总供给波动)问题。美国经济学家格里高利·曼昆(N. Gregory Mankiw)在《宏观经济学》中开宗明义地写道,"过去100年间,为什么一些国家收入迅速增长,而另一些国家仍然陷于贫困之中?为什么一些国家通货膨胀率高,而另一些国家维持了物价稳定?为什么所有国家都经

---

① 本书在首次引用某一作者的原文时,注明作者全称和引文出处,不再加脚注;其后再次引用同一作者的著作时,一般仅注明作者姓氏。

历了衰退和萧条——反复出现的收入减少和失业增加时期——而政府的政策如何减少这些事件发生的频率和严重程度？宏观经济学，即对整体经济的研究，正力图回答这些以及许多相关问题。"

宏观经济调控是分析研究如何减小和克服经济运行中出现的波动，把握经济发展的规律性。一个国家的宏观经济调控部门通过具体的宏观经济政策干预经济运行，运用宏观经济理论影响经济。美国经济学家约瑟夫·斯蒂格利茨（Joseph E Stiglitz）在他所著《经济学》中指出，宏观经济理论关注的是，什么因素决定就业和产量的水平、通货膨胀率以及经济总增长率；而宏观经济政策则集中研究政府可以采取哪些措施来促进就业、防止通货膨胀和提高经济增长率。

二、"四要素"的经济意义

当前，国际上分析宏观经济，多数学者和企业家仍习惯于从宏观经济"四要素"入手，即源于西方教科书的经济增长率（Gross Domestic Product）、通货膨胀率（Inflation Rate）、失业率（Unemployment）和贸易余额（Trade Balance）。

20世纪30年代凯恩斯提出从总供给、总需求、货币供应量、投资、消费、利率、收入等经济要素，分析宏观经济总量，创立了宏观经济比较分析和静态分析法。此后，若干经济学家不断创新，如：英国经济学家斯通和米德，美国经济学家库兹涅茨建立和发展了国民经济核算体系，里昂惕夫建立了投入—产出分析法，美国经济学家丹尼森、索洛等人创立了经济增长理论……经济学家们不断地用新的分析方法对宏观经济进行定量和定性的实证研究，这些研究使宏观经济分析方法不断得以完善。目前，尽管一些经济学家认为以"四要素"分析宏观经济的方法过时了或正在趋于过时，已经不能正确反映经济全貌和经济发展趋势，但同时也承认还没有一种成熟的替代方案，"四要素"分析法仍存在于世界知名院校的教科书和国家级经济发展分析报告中。从我国的国情看，以"四要素"作为分析宏观经济的主干，大体是适用的，是一条简明之路。

经济增长率、失业率、通货膨胀率和贸易余额这四项涉及经济总体的重要变量是宏观经济学研究的关键问题。"四要素"对国民经济协调、稳定、持续发展具有制衡作用。

（一）经济增长率

经济增长率是国内生产总值（Gross Domestic Product，GDP），即实际国内生产总值（real GDP），与上一年度同比增长的幅度。萨克斯认为，国内生产总值作为衡量一定时期，在地理边界内，一国经济生产的商品和服务的总价值的统计数据，用一适当的方法把经济中数以百万种的所有产出的市场价值加总到一起。曼昆认为，国内生产总值通常被作为对经济运行状态的最好衡量。他以美国的情况为例，说明 GDP 由美国商务部经济分析局根据大量原始数据来源每三个月计算一次。计算 GDP 的目的是用一个数字概括某一既定时期经济活动的美元价值。萨克斯强调，宏观经济学家们把大量精力花在解释这样一个问题上：美国和世界上的许多国家为什么能够在长时间内保持着比其他一些国家更快的经济增长？政府政策能否长期影响经济的长期增长率？经济增长的根源究竟是什么？在经济增长过程中，存在多个相对独立的商业周期（20 世纪美国经历了 19 次完整的商业周期）。萨克斯认为，解释商业周期的出现是宏观经济学的一个主要目标。人们能否通过政府政策影响商业周期的发展趋势及其发生的长度和力度，是宏观经济学家们经常讨论的议题。

众所周知，决定经济增长率的主要因素是投资、消费和净出

第一部分　宏观经济和宏观经济分析方法

口。经济学家们以这三个因素为基准，设计了多种经济增长模型。在经济生活中，人们清楚地看到，经济增长的任何变化都可以围绕这三个要素找出答案。根据国情，合理地进行资源配置，调整投资政策、消费政策和进出口政策，可以促使经济保持均衡、持续增长。当然，这是政治家和经济学家的一种期望。经济的正常运行还要受到国内外政治经济环境的强烈制约。然而，经济增长率的实际状况毕竟是衡量一个国家经济状况的首要指标。对于经济增长率的分析和研究，是宏观经济学家研究对象的重中之重。斯蒂格利茨在所著《经济学》一书中指出：宏观经济政策在今天的主要目标之一就是提高经济增长率，它与维持充分就业和稳定物价一起构成了宏观经济学家们所关心的三个主要方面。

在讨论国内生产总值问题时，涉及名义国内生产总值（Gross Domestic Product，GDP）和国民生产总值（Gross National Product，GNP）。名义GDP是以现行市场价格计算的既定时期的国内总产品和服务的价格总和，实际GDP是指在相同的价格或货币值保持不变条件下，用某一年的价格水平为基准计算的数值。一般用名义GDP表述绝对值，反映增长速度一般用实际GDP，因为名义GDP无法对国民收入进行年度和历史比较。

我国长期以来使用国民生产总值（GNP）作为经济增长的主要指标。1993年，联合国把宏观经济统计指标中的GNP改为GDP，我国也从1993年开始由原来只统计和公布GNP向同时统计和公布GNP和GDP转变。随之，经济增长率指标均改为GDP。GNP是按国民原则核算的，GDP包括外国企业在本国领土上的产值。

GDP无疑是最主要的宏观经济指标之一，其作为最基本的总量指标曾被美国经济界誉为20世纪的一项伟大发明。然而，任何指标都有一定局限性，如GDP显示生产规模增减，反映经济生产过程的最终成果，而可支配收入反映经济分配与再分配过程的最终成果，直接显示城乡居民生活状况。因此，GDP加上可支配收入、储蓄、资本形成和资产净值等指标，才能更完整地反映出国家的经济活动。统计一个大国的GDP，其计算过程是复杂、繁重的，并可能存在若干变数。比如美国2012年把研发投入和娱乐产业等纳入GDP，总量顿时增加了3.6%；又比如美国曾在一个年度的4月份，对第一季度GDP连续纠正了三次。

国际上的一些专家学者提出了GDP的缺陷问题，除了上述的GDP不能全面反映一个国家的总体经济水平和居民生活水平外，还不能反映经济增长质量，并无法统计非法经济活动，即"黑色收入"，如走私、黑市交易。对于介于合法和非法之间的"灰色收入"，或称为"隐性收入"，即一些没有记录在案、没有纳税的私下交易收入，也不在GDP统计之列。为此，若干国际组织发起了改进和完善GDP指标的倡议，提出了衡量国家财富的新标准、福利型GDP、绿色GDP等指标体系。我国也积极推进绿色GDP。应当说，这些建议对于促使经济指标更好地反映经济增长方式和增长质量具有正面的提升作用，各个国家可以根据自身的实际状况，加以采纳和吸取。然而，从整个国际社会和宏观经济的发展进程而言，历史形成的宏观经济和微观经济的指标体系是比较完整的。GDP作为衡量经济增长水平的总量指标，使其保持现状是一个比较现实的选择。至于GDP指标的缺陷和不足，完全可以由其他相关指标加以补充，似乎并不需要再创造出一个独立的、能够全面反映一个国家经济增长水平和居民生活水平的新指标。

（二）通货膨胀率

所谓的通货膨胀率即价格一般水平上升的速率，或反映价格持续上涨的一种过程，亦即货币不断贬值的一种过程。通货膨胀率通常以居民消费价格指数（Consumer Price Index，CPI）变化的百分比来表示。一般情况下，市场上大多数商品价格上升时，可以认为出现通货膨胀。回顾历史，几乎所有的国家都经历过治理通货膨胀的时期。萨克斯把一国经济中通货膨胀的长期平均水平是由什么决定的，短期波动的原因又是什么，以及通货膨胀率与商业周期存在怎样的关系，繁荣和衰退与通货膨胀存在怎样的关系等问题作为宏观经济研究的基本问题。新中国成立以来，我国经济长期处于供不应求的短缺状态，应对不断发生的通货膨胀可谓是一种常态。笔者本人出生于新中国成立初期，自懂事起，即实行配给制，许多基本的日常消费品均以粮票、布票、油票、肉票等形式限量供应。关于有些国家供过于求，甚至将牛奶倒入河中的一类报道被视为"天方夜谭"。随着改革开放的进程，中国经济得以迅速发展，到了 20 世纪 80 年代中后期中国经济竟然也出现了供过于求的状况，进而出现了通货紧缩（Deflation）现象，也存在一些企业将过剩的产品悄悄销毁，例如倒掉牛奶、果汁等现象。当时，许多经历过中国发展进程的人们将这种状况视为经济兴盛的例证，而真正认识到事态的严重性是以后的事情。中国经济决策者面对这种前所未有的经济现象，通过反复研究，第一次采用了治理通货紧缩的宏观调控措施。通过宏观调控，逐步消除了通货紧缩趋势，努力将经济引导到健康持续发展的轨道上。当然，对于这一时期是否存在通货紧缩，经济学者和专家们有着不同的看法，为此曾发生过持久的争论。其阶段性结论是，当时的中国发生了比较明显的通货紧缩迹象，这一观点为大多数人所接受。

治理通货膨胀是宏观调控的重要内容，对此，斯蒂格利茨列出了三条理由：其一，在世界各国总有相当一部分人深受通货膨胀之害，价格上升使他们的生活水平变得更糟；其二，当通货膨胀率突然上升时，那些曾借出钱的人发现偿还给自己的美元变得不如以前值钱了，而通货膨胀率突然下降时，情况正好相反，借款与贷款的风险都增加了；其三，当 5 年前卖 1 美元的东西今天却卖 2 美元时，很多人觉得经济一定是出现了什么根本性的毛病，是政府经济政策出现了某种严重偏差。总之，国际上大部分经济学家以及政治家都将通货膨胀问题作为制定宏观调控政策要考虑的重要方面。

新中国成立以来，我国一直以商品零售价格指数（Retail Price Index，RPI）作为反映物价总水平的指标，同时，也表示通货膨胀率的水平。2001年1月1日起，国家统计局正式以居民消费价格指数（CPI）反映物价总水平，并用以表示通货膨胀率。CPI除了反映消费品价格变化外，还反映服务价格的变动，由此，能够更全面地反映市场价格的实际变动情况。世界上，大多数国家都以CPI反映物价总水平。

影响通货膨胀率的因素有若干，其中生产价格指数（Producer Price Index，PPI），也称为生产者物价指数（工业品出厂价格指数），与CPI紧密相关，PPI反映生产环节价格水平，CPI反映消费环节价格水平，整体价格水平的波动，一般先从PPI反映出来，然后才从CPI反映出来。

（三）失业率

失业率是指一定时期全部就业人口中有工作意愿而没有工作的劳动力比例。萨克斯在讨论宏观经济问题时指出，失业率是宏观经济学考察的继经济增长率之后的第二个关键变量。萨克斯把失业率概括为"当前没有工作同时又正在积极寻找工作的人数占全部劳动力的比例"。美国劳工统计局将成年人分为三类：就业、失业、或者不属于劳动力，学生或退休者不属于劳动力，想工作但放弃寻找工作的人也不算作劳动力之内，即不属于失业者。这一统计方式加大了计算失业率的难度。

失业率是一个复杂的变量，在经济发展过程中往往难以给出失业率变化的确切规律。经济萧条时，企业倒闭，失业率提高；而在经济繁荣时，现代化进程导致工作效率不断提高，职工也会减员，失业率依然可能上升。因此，往往不能寄希望于通过现代化进程降低失业率。在现代社会中值得关注的是，随着经济的发展和社会理念的变化,就业和失业问题正在发生概念上的变化,人们谋生的手段已不拘泥于在一个固定的单位领取固定的薪水,人们创造价值和取得报酬的形式正在发生一系列改变,其具体方式日趋多元化。这种状况与社会体制、经济发达程度,以及人们的消费需求及其对生活质量的理解密切相关。进入21世纪后,出现了"SOHO"概念,即:Small Office,Home Office,意指一部分人将在信息社会临近的进程中,选择在家办公、自我就业、自任老板的途径,从事他们认为既适合于自己的知识结构和能力,符合自身的爱好和愿望,同时又能创造价值的事业。在全球范围内,"SOHO"事业犹如星星之火,已呈现出燎原之势。在不少国家已出现"SOHO"社区。

当然,当今社会如何降低失业率仍是一个十分沉重的话题,失业率的增高对于国民经济发展和社会稳定具有重要的、直接的负面影响。目前,包括我国在内的许多国家,都在全力以赴地推进政府、企业和个人全面参与社会保障体系,不断完善符合国情的社会保障制度。在努力降低失业率的同时,使失业人群得到基本保障。实际上,许多长期实行"福利国家"模式的发达国家,在社会保障方面也遇到了重重困难,过去设想的主要由国家承担的社会福利体系越来越难以为继,国家财政负担日益沉重。在国际社会中,解决失业问题,建立能够稳定发挥作用的社会保障制度仍是一个世界性难题。无论发展中国家还是发达国家,都在进行更为广泛的探索,尝试通过运用商业保险等多种途径,不断完善社会保障体系。

国际上关于失业率和通货膨胀率的分析,长期以来经常采用菲利普斯曲线,这一曲线被一位经济学家"拉直"了。对此,有必要在这里作一简要说明。新西兰经济学家菲利普斯(A. W. Philips)绘制的表示失业率和通货膨胀率关系的曲线表明,失业率和通货膨胀率之间为负相关关系,两者此消彼涨。近半个世纪后,美国经济学家埃德蒙·费尔普斯(Edmund S. Phelps)提出，失业率和通货膨胀率之间不存在交替关系，证明菲利普斯曲线不是曲线，并为此于2006年11月获得当年诺贝尔经济学奖。简而言之，费尔普斯认为，从长期分析看，高通货膨胀率并不能带来高就业率，不能以货币政策解决失业问题，菲利普斯曲线并不存在。

菲利普斯曲线长期以来对宏观经济和宏观调控产生着重要影响，发达国家政府对这一曲线给予了高度重视。费尔普斯的颠覆性见解对经济学理论造成了冲击，但从包括我国在内的国际经济学界的反映看，费氏理论得到了比较广泛的支持，其主要原因是现实宏观经济状况更接近于费氏理论。美国经济1991年后进入了长期稳定增长时期，出现了被称为具有"新经济"特征的"高增长、高就业、低通胀"现象，显然，这种现象与菲利普斯曲线是背道而驰的。费氏理论引起了经济学界对相关理论特别是失业率问题的新一轮讨论。

（四）贸易余额

贸易余额、贸易差额和净出口是相同的概念，出口总值大于进口总值为贸易顺差，反之为逆差。关于贸易顺差的讨论，有的学者认为这是经济比较发达国家的话题，这一说法并不准确。实际上，任何国家在某一特定的产品上，都可能存在局部的贸易顺差，相反，也可能出现逆差。假设一个经济不发达的国家，仅仅向其他国家出口某一特产，而很少进口产品，它也可能成为形式上的顺差国。当今世界，伴随着全球化的进程，贸易战愈演愈烈，贸易制裁比比皆是。从经济总量关系看，贸易余额对于一个国家经济发展的规模和质量具有重要影响。

总之，经济增长率、通货膨胀率、失业率和贸易余额对国民经济全局具有重要的经济意义，是研究和分析宏观经济体系的四个基本因素。

第一部分　宏观经济和宏观经济分析方法

三、我国宏观经济的分析方法

从新中国成立后进行的经济统计和经济分析的实际过程看，在计划经济体制下相当长一段时期并没有系统地采用"四要素"的方式进行宏观经济分析，但"四要素"的实际内容包含在经济发展和分析过程中。"一五"计划期间的经济增长、通货膨胀、就业问题和对外贸易，显然是国民经济运行中的主要环节。国家统计局成立后，以1954年以前苏联国民收入统计理论和方法为基础，开始进行国民收入的生产、分配、消费和积累核算。当时进行国民收入统计和核算是为建立和推进计划经济服务的，这些统计和核算形成了最早期的、比较系统和全面的国民经济数据库，对于日后进行宏观经济分析留下了重要的基础资料。

（一）国民经济核算体系

20世纪50年代，进行国民经济核算主要有两个体系，一是苏联使用的计划经济国家的物资产品平衡表体系，英文为The System of Material Product Balances，简称MPS；二是西方发达国家普遍使用的国民经济核算体系，英文为System of National Accounts，简称SNA。《中国国民经济核算与分析》一书中认为，中国国民经济核算历史经历了三个阶段：MPS的建立和发展阶段，MPS与SNA并存阶段，在SNA的基本框架下的发展阶段。中国国家统计局从1956年开始全面推行苏联的MPS体系。虽然这一体系是计划经济的产物，但在中国经济的起步阶段，对于中国国民经济的全面发展起到相当积极的推动作用。然而，随之而来的"大跃进"使MPS的编制工作没有能够正常地开展下去。文化大革命以后，逐步恢复了 MPS 的国民收入核算，并于 1981 年和 1983 年编制出两张 MPS 的全国投入产出表。随着改革开放的深入发展，一些经济学家和统计专家提出 MPS 体系已不能适应经济发展的需要，因而开始研究和推进 SNA 核算体系，并于 1985 年开始推行 SNA 体系的国内生产总值核算。1992 年国家统计局颁布的《中国国民经济核算体系（试行方案）》，采用了 SNA 的基本框架，并保留了 MPS 的部分核算内容。这一体系带有过渡性质。从 1993 年开始，我国的国民经济核算体系正式地全面推行 SNA 体系，与此同时放弃了 MPS 体系。这是对国民经济核算体系的一次重大改革，基本依据是联合国 1993 年发布的 SNA 核算体系。这次统计制度改革，是我国经济运行与国际接轨的重要步骤，具有标志性含义。国家统计局统计专家周小知认为，20 世纪 80 年代以前我国基本上是实行计划经济的核算方式，判断形势主要根据"物资平衡、信贷平衡、财政平衡、外汇平衡"，即 MPS 体系的基本框架；1993 年以后，才逐步把经济增长、通货膨胀率、失业率和国际收支作为宏观调控的主要目标，即 SNA 体系。2003 年，我国开始实施新版的核算体系，即以国家统计局颁布的《中国国民经济核算体系（2002）》取代 1992 版的《中国国民经济核算体系（试行方案）》，新的数据发布制度也于 2004 年 1 月 1 日施行。这一变化，体现了计划经济向市场经济转轨的实质性进程。

（二）采用"四要素"进行宏观经济分析

目前，我国进行宏观经济分析，"四要素"是主要的总量指标，若干经济分析都源于此，或与此密切相关联。通过研究"四要素"等一系列总量关系，对国民经济运行进行分析，并由此得出经济发展趋势方面的判断。国家统计局新闻发言人在 2000 年以来也经常从"四要素"的角度讨论中国宏观经济的走势。但是，如前所述，长期以来我国从宏观经济角度分析国民经济全局问题并不是很充分,其原因大致可以概括为以下三个方面:首先,国民经济分析部门相当一段时期以来对宏观经济研究方法缺乏深入的理解和认识,没有对其给予应有的重视。在中国经济发展过程中曾经有一些学者提出过运用宏观经济学方法研究经济问题的建议,但此类观点难以产生足够的影响力。也有的专家认为,从"四要素"角度不能有效地分析中国经济发展状况,不适合中国国情,实际上此类观点是对宏观经济学缺乏必要的了解。其次,在计划经济体制下,加上一系列"非经济因素"的影响,市场经济是难以融入的,由此产生的对市场经济的偏见阻碍了宏观经济分析方法的运用。从我国新中国成立到改革开放的几十年发展过程中,长期存在着一系列难以得出答案的争论,例如关于计划和市场的争论。这类争论在很大程度上人为地把经济问题政治化,束缚了人们的思想,影响了运用成熟的经济学理论分析和指导经济发展。再次,基于上述原因和若干历史遗留问题,导致中国经济发展的统计数据不全,经济资料相关性差,难以选取进行常规性宏观经济分析所需要的数据和资料。

改革开放以后,特别是党的十四大提出建立和完善社会主义市场经济体制的改革目标以后,通过宏观调控,以经济手段指导国民经济发展重新提到议事日程,宏观调控目标体系不断得到完善,参照国外以"四要素"作为宏观调控四大经济目标的思路,逐步强化宏观经济分析。1993年经济统计开始实行SNA核算体系后,随着市场经济体制的不断完善,国家提出了宏观调控的八个主要目标,即经济增长、固定资产投资、金融财政、外贸进出口和外汇储备、商品零售、物价、经济效益、人口自然增长率。经过几年的运行,到1997年时,宏观调控目标进而确定为:经济增长率、固定资产投资、价格、财政收支差额、货币发行量、外贸进出口总额、人口自然增长率、城镇登记失业率。1997年底,党的十五大关于宏观调控指标的提法是:保持经济总量平衡、抑制通货膨胀、促进重大经济结构优化、实现经济稳定增长。1998年以后,这个目标体系被称为"国民经济和社会发展的主要预期目标"。

2002年,党的十六大确定宏观调控的主要目标是:促进经济增长、增加就业、稳定物价、保持国际收支平衡,四者并重。这四个目标即"四要素",这是第一次正式使用"四要素"作为宏观调控的主要指标,也就是意味着我国宏观调控的目标体系与发达的市场经济国家的宏观经济指标体系趋于一致。"四要素"的提出,表明随着市场经济的发展,我国宏观调控的目标也逐步国际化,使用"国际语言"进行宏观经济分析。这一转变有利于国际间更直接、更清晰地了解中国的经济发展状况,有利于促进国际经济交流、加速国际合作,促进国民经济全面持续发展。当然,进行宏观经济分析不仅仅涉及"四要素",同时涉及与"四要素"相关的一系列宏观经济指标。在建立健全市场经济的进程中,要运用经济学原理,从中国国情出发,结合国际上发展市场经济的成功经验,以求真务实的精神,不断完善我国的宏观经济分析体系,促使宏观经济政策更为充分地发挥稳定经济的作用。

在国际间,也有学者认为中国采取的宏观调控措施,其"宏观"的概念和发达国家的"宏观"概念不一样,认为中国当前采取的宏观调控政策大都属于微观政策,是从企业角度采取的微观干预,并认为在中国讲"宏观"等同于"重要",并不是相对于"微观"的"宏观"概念。这一说法在一定程度上可能比较接近于对改革开放前以指令性计划直接干预企业运行做法的评价。随着计划经济向市场经济转轨的进程,中国宏观调控已逐步采用"四要素"等经济总量指标,调控方式已从计划经济的指令性计划转向市场经济的指导性计划,从直接干预转向间接干预,应当说,尽管宏观调控还有很大完善的空间,但毕竟已步入正轨,已成为名副其实的宏观调控。

以"四要素"为主线对中国经济进行宏观经济分析,是一项系统工程,会涉及大量经济指标和因素以及相关概念。对于"四要素"分析难以解释的宏观经济问题,自然要采用其他有关方式和思路,宏观经济分析过程中经常运用不同的分析方式,互为补充。

关于宏观调控需要充分注重和运用微观数据的作用,受到经济界越来越广泛的关注。一是应进一步完善宏观调控机制,除依据传统的宏观数据进行决策外,更多地运用微观数据。发达市场经济国家的宏观调控直接受PMI、住房开工率等数据的影响,似乎已形成一种微观数据反馈机制。二是微观数据采集的准确性有待提高,这是一个难题,需随着市场经济的深化逐步改善。制造业采购经理指数(Purchasing Managers' Index,PMI)源于美国20世纪30年代,以月度问卷形式对样本企业采购经理进行调查,内容包括新订单、供应商配送、库存、积压订单等,经加权计算形成最终数据。以往通常认为PMI是微观数据,不是总量指标,可以从微观层面反映企业景气状况;也有一些国家把PMI作为宏观数据发布,应用于宏观和微观两个层面的经济分析。为国家提供稳定税源和体现经济实力的制造业,对经济持续增长的作用历来举足轻重,源于此的PMI指标应属于微观数据。当前,国家统计局公布的制造业PMI已成为宏观调控决策的重要参考指标。

(三)宏观经济模型

在研究宏观经济过程中,国外广泛运用宏观经济模型,希望通过运用经济模型,推进和深化宏观经济分析。所谓宏观经济模型主要是选取若干经济总量指标和构成经济总量的相关指标,为分析某一个宏观经济问题而建立模型。这类模型大致可分为定性分析和定量分析两种类型。

例如,在凯恩斯宏观经济理论基础上概括出的经济分析模式IS—LM模型,即属于定性分析模型,用于对总需求进行宏观政策分析。社会储蓄(S)和投资(I)的愿望,决定资本市场的均衡;

灵活偏好（L）和货币数量（M）决定着货币市场的均衡。IS 曲线表示与物品和劳务市场均衡一致的利率与收入水平的结合；LM 曲线表示与实际货币余额市场均衡相一致的利率和收入水平的结合。曼昆认为，IS 曲线和 LM 曲线共同决定了经济的均衡，说明了货币和财政政策如何影响均衡的收入水平。

定量分析模型通常被称为计量经济模型，其分析方法最常见的是运用最小二乘法进行回归分析。建立宏观经济计量模型的尝试由来已久，20 世纪 30 年代到 40 年代，已经出现了若干以经济预测和经济分析为目的的专项模型。1955 年建立的克莱因—戈德伯格模型是用于进行定期预测为目的的第一个模型，克莱因（L. R. Klein）在建立宏观经济模型方面做出了杰出的贡献，极大地加快了把数学模型运用于经济目的的进程。在宏观经济计量模型中，系统庞大的模型，通常可以做出十分简明的表述。哈罗德—多马增长模型即是一个简明的宏观经济计量模型，其高度概括为 $G = S/C$，G 表示有保证的经济增长率，S 表示储蓄率，C 表示资本—产量比例（或称限界资本系数、资金系数），其意义是指每增加一单位产量，应增加的资本量取决于增产一单位产品所需的投资数量，即取决于 C 值。C 越小说明一定数量投资推动的增长率越大，反之相反。C 反映了投资效益。这类模型是否能得出具有价值的结果，关键是选取的基础数据是否准确，在经济活动中是否具有充分的相关性。如前所述，在我国实行改革开放以前，即在没有建立市场经济体制，经济发展经常受非经济因素制约和影响，宏观经济数据资料不健全，系列数据可比性差的情况下，用经济模型的方式进行宏观经济分析和预测是相当困难的。即使在发达的市场经济国家，运用宏观经济模型进行经济分析也会由于某些不可预测因素的干扰使模型失灵。随着我国市场经济体制的不断完善，我国的宏观经济运行趋于稳定，各种数据也越来越完备，这为建立有效的宏观经济计量模型奠定了基础。总之，推进宏观经济计量模型要从实际出发，要注重实效、求真务实，决不

第一部分　宏观经济和宏观经济分析方法

能陷入"数字游戏"的泥潭。

关于如何将数学模型运用于经济发展，为宏观决策提供依据，笔者有一段难忘的经历。1984年10月，在北京召开的一次重要会议上，我国的两位著名学者，也是两位老朋友——经济学界的薛暮桥和自然科学界的钱学森不期而遇，进行了一次意味深长的对话。这次对话虽然是偶然的，但是他们所涉及的问题却包含着某种必然性，那就是，自然科学的概念和方法逐渐深入社会科学之中，成为经济研究和分析的重要手段。当时，笔者作为薛老的秘书，有幸将这次对话的内容记录在手边一张《人民日报》的边角处，事后又将其整理成一篇小文章分别送给两位老人家作了修改补充，记得钱老的补充相当多，用工整的小字，写得密密麻麻的。参加会议的一位记者得知此事后，将文章发表在《瞭望》周刊1985年第2期上，[①] 使得两位"巨匠"关于运用数学模型进行经济研究的"碰撞"得以存留下来。2007年2月，新华社负责报刊的林晨总编辑将这本20多年前的期刊寄给我，从而得以在此奉献给读者。现将这篇小文章《就自然科学与社会科学的结合——薛暮桥和钱学森的对话》摘录如下：

薛暮桥：怎样更有效地利用自然科学知识为社会科学特别是为经济发展服务，是一个重要的问题。随着社会生产力的发展，各学科之间的相互渗透，显得日益重要。比如，如何把系统工程运用到经济研究中去，并收到有价值的实际效果，就很值得研究。系统工程方面你是内行。

钱学森：对于系统工程如何用于经济，我也是外行。中国社会科学院数量经济与技术经济研究所在搞这个课题。这个所的乌家培同志在20世纪60年代初期就开始研究这一问题。西方国家在这方面起步较早，利用数学方法对宏观经济和微观经济进行分析。

---

① 此文发表在新华社《瞭望》周刊1985年第2期。文章由本书作者撰写，发表前已经钱学森和薛暮桥审定。

不久前，航天工业部信息控制研究所，一个原来在自动控制方面很有专长的工程技术单位，受国务院经济体制改革委员会的委托，建立了一个以数字定量分析方法调整粮油价格、调整工资解决财政补贴问题的经济模型。他们这些自然科学技术人员自然不懂经济学，所以，在建立模型的过程中，请了一些经济学家结合一些专题讲授经济学，同时到有关经济部门搜集大量数据资料。这个模型包括几百个参数和几百个方程式，动用了一台运算速度大约每秒百万次的电子计算机测算，结果表明：只要农业发展速度达到年增长6%，轻工业达到7%，重工业达到8%，调整物价就会促进经济的发展，增加财政收入，而不会搞乱经济和降低人民的生活水平。一些经济学家认为这个模型有助于制定国民经济宏观决策，是自然科学运用于经济方面的一个比较成功的实例。我提议，在这方面应继续作一些尝试。经济学家根据经验，提供经济课题并说明经济现象的内在联系和发展趋向，自然科学家和系统工程专家帮助经济学家进行定量分析。在这方面，仅靠一方的努力，"孤掌难鸣"。

薛暮桥：运用经济计量学和电子计算机进行经济分析十分必要，但在当前还要首先解决两大难题。一是由于经济活动十分复杂，一项经济决策的制定往往要受政治经济等多方面因素的制约，其中包括一些难以进行定量分析的因素，这就给建立科学的经济模型带来相当的难度；二是我们现有的经济统计数据有相当一部分不够准确，特别是若干历史时期的数据受政治或其他特殊情况的影响较大，不能十分准确地反映经济发展的规律性。华罗庚同志讲，电子计算机不是测谎机。输入的数据不可靠，输出的数据则不可信，没有实际价值。但这不是说经济方面不能使用计算机，而是说，经济管理部门应加强统计数据的测算工作，使数据尽可能准确、全面，能从中找出规律性联系。当然，数据的规律性与经济发展的稳定性有直接关系。我们要组织一大批经济管理人员学习经济计量学和电子计算机技术，还可以从工科学生中培养一批搞定量分析的经济专家。

钱学森：我国的一些工科大学，如清华大学、天津大学、上海交通大学、上海机械学院、华中工学院和西安交通大学等，都有系统工程专业，有一批搞系统工程的人才，可以从经济部门找些课题，进行研究，大胆地将信息论、控制论和系统工程运用于经济方面。经济部门也要主动提供课题。

薛暮桥："文化大革命"以前，经济理论研究与经济实际工作部门隔离。现在，国务院经济研究中心可以将社会科学研究部门和实际业务部门联系起来，但没有把自然科学和经济科学较好地联系起来，国务院技术经济研究中心在这方面作了不少工作。自然科学与经济科学的结合应进一步引起大家的重视。

钱学森：国务院经济研究中心马宾同志很支持建立经济模型工作。有关方面领导的支持对于促进这项工作的开展是很重要的。我建议多建立一些实体，专门从事经济系统工程的研究和实践。在这些实体中，一定要有多年从事经济工作的专家和经济理论家参加，他们的实践经验和社会科学理论素养是非常需要的，是思想指导。由于问题的复杂性，数学理论问题也会出现，这就要数学家参加，如北京大学廖山涛教授，他的微分动力体系理论很重要；也有必要请一些搞非平衡态系统理论的专家参加，如北京师范大学方福康教授。当然，中国科学院的系统科学研究所也是攻这方面问题的一个重要集体。总之，要通过经济学家和自然科学家的合作，促使自然科学在经济管理方面发挥重要作用，加速管理现代化的进程。

这篇对话相当精彩，简明扼要地分析了数学模型运用于经济研究与发展的一系列相关问题，还特别提到经济模型有助于进行宏观决策。对话强调了要注重实效，提到"电子计算机不是测谎机。输入的数据不可靠，输出的数据则不可信，没有实际价值"。两位权威人士的对话体现了求真务实的精神，寻求的是自然科学和经济学之间有价值的结合。这段简短的对话，对于今天我们所从事的改革开放事业依然具有现实的指导意义。

（四）宏观经济分析涉及的总量关系及相关概念

概述和简析我国宏观经济发展过程，会在不同时期、不同程度地涉及一系列宏观经济概念和相关内容：

1. 经济增长率——社会总需求和总供给、经济增长理论、经济周期理论、经济增长三要素：投资、消费、净出口等。

2. 通货膨胀率——物价指数、需求拉动型通货膨胀、成本推动型通货膨胀、结构型通货膨胀、通货紧缩、货币流通量等。

3. 失业率——预期形成机制和菲利普斯曲线、失业成本和奥肯定律、社会保障体系等。

4. 贸易余额——进出口贸易、汇率、外汇储备、出口退税、贸易摩擦等。

5. 宏观经济研究的其他相关内容——政府干预、财政政策、货币政策、税收政策、资本市场、收入分配、利率、宏观杠杆率，以及银行、证券和保险业的发展与监管等。

以上所列内容是进行宏观经济分析过程中涉及的部分经济要素和概念。各种经济总量指标和相关概念在分析过程中，会反复、交叉出现。实际上，原本没有必要做这一分类，此分类既不全面也难以做到合理，列于此，仅仅是考虑到宏观经济分析涉及的经济名词较多，可以供读者在阅读和查找资料时参考。

第二部分

恢复发展时期的宏观经济
（1949—1957 年）

新中国成立前期的经济工作，为新中国经济的起步和发展奠定了重要基础。

新中国的经济建设是在国民党政府留下的极度衰败的经济、天文数字般的通货膨胀中起步的。要恢复生产、稳定经济需要确立所有制关系，改造私营工商业、治理通货膨胀、建立新的经济制度。"一五"计划的诞生标志着中国确立了计划经济体制。

"一五"时期的快速发展使经济发展从市场经济参与调节供求关系，迅速转变为由国家计划进行资源配置。对私营工商业过急过快的社会主义改造预示着中国正在进入计划配置需求的短缺经济时代。

——题记

研究新中国成立后的经济发展和宏观经济,有必要简要地回顾一下新中国成立前由中国共产党人领导的经济工作。

一、新中国成立前的经济工作

(一) 新中国成立前的经济主张

在中国共产党领导的革命进程中,政治和经济是交织在一起的,早期的有关文献中已包含了一系列对经济问题的认识以及相关的经济主张。1921年中共一大,曾主张立即消灭资本家私有制,进行社会主义革命。1922年中共二大,认识到中国社会的半殖民地半封建性质,制定了反帝反封建的民主革命纲领。1924年国共合作期间,提出同意孙中山关于既要发展民族资本主义又要节制资本的主张。在大革命时期,提出过取消外国资本在华发行货币、垄断交通运输的特权,以及外国人在华工厂企业要接受中国政府管理等。1927年中共五大,提出没收地主阶级土地的革命纲领。1928年中共六大,提出推翻地主阶级私有土地制度,实行土地革命,没收外国资本的企业和银行,没收一切地主阶级的土地,耕地归农。中国共产党在创建农村革命根据地的过程中,于1930年逐步形成了土地革命的具体方针:依靠贫雇农,联合中农,限制富农,保护中小工商业者,消灭地主阶级,变封建半封建的土地所有制为农民的土地所有制。1931年颁布的《中华苏维埃共和国关于经济政策的决定》提出,苏维埃政府将操纵在帝国主义手中的一切经济命脉实行国有;对于中国资本家的企业及手工业尚保留在旧业主手中,尚不实行国有,但由工厂委员会及职工委员会,由工人监督生产;保证商业自由,不应干涉正常的商品市场关系。

这一时期相关经济政策的规定，体现出对所有制关系和市场经济的理解有了一个较大的提升。在一定程度上，可能或多或少地受到苏联实行国家资本主义方针的影响。1940年前后，毛泽东关于新民主主义思想的一系列论述使一系列经济政策趋于系统化。毛泽东提出了新民主主义的政治、经济、文化三大纲领。经济纲领包括三项重要内容：没收帝国主义和官僚资本主义的大银行、大工业、大商业，使之成为人民共和国的国营经济，并且是整个国民经济的领导力量；没收地主土地，分配给无地少地的农民，实现"耕者有其田"，并在此基础上发展具有社会主义因素的合作经济；允许有利于国计民生的私人资本主义经济的发展和富农经济的存在，但不允许它们操纵国民经济。1945年中共七大，提出中国的经济必需是由国家经营、私人经营和合作社经营三者组成的。毛泽东在1947年12月所作的《目前形势和我们的任务》报告中指出，新民主主义国家经济的指导方针，必须紧紧地追随"发展生产、繁荣经济、公私兼顾、劳资两利"这个总目标。1949年毛泽东在中共七届二中全会报告中，把合作社经济称为半社会主义性质的经济，称国家资本主义经济是国家和私人合作的经济。中共七届二中全会提出了要使中国稳步地由农业国转变为工业国，规划了由新民主主义社会转变为社会主义社会的主要途径。

（二）根据地和解放区经济

中国共产党领导的比较全面的经济工作主要始于抗日战争时期的根据地经济。各个抗日根据地依据自身的情况因地制宜地开展了对敌经济斗争，发展生产、保障供给、支援前线。抗日战争时期，由于日伪以及国民党对边区和根据地实行封锁，使财政经济处于十分困难的境地中，如何采取措施发展生产、解决财政困难是一项十分艰巨的任务。毛泽东提出："大批的干部必须从现在的工作或学习的岗位上转到经济工作的岗位上去。"1944年3月，毛泽东提议派陈云担任西北财经办事处副主任，当时西北财经办事处主任是贺龙。自此，陈云的主要精力转到了经济工作方面。《陈云传》中提到，毛泽东提议陈云转入经济工作，是因为当时极为重要的边区经济工作迫切需要陈云这样"党性坚强的干部"去抓，也因为下决心调陈云去做经济工作，可以有力地纠正那种轻视经济工作的风气。陈云是党内较早认识到经济工作重要性，并竭力纠正轻视经济工作倾向的领导人之一。当时，边区经过大生产运动，粮食基本上可以自给自足，但由于贸易进口大于出口，生产资金的大量投放以及为调动军队而增加的费用，造成1943年边币发行量增加13倍，下半年开始物价猛涨。物价猛涨的主要原因之一是老百姓日常生活必须的布匹和粮食十分缺乏。陈云经过调查研究和深入的思考，提出了应对之策。一是实行贸易统一，制止各自为政；二是要事先准确估计情况，预测市场商情，以争取主动；三是不断总结封锁状态下对外贸易的经验，摸索实现等价交换的途径。陈云提出等价交换不能拿边币、法币来计算，而应以物物交换的比例来计算，同时强调及时提高土产出口价格，做到出入口平衡，使边区不吃亏；四是贸易公司对边区内部贸易也要采取市场上做生意的办法，不能不计成本购进卖不出去的呆货，也不能将物资无偿供给其他部门。陈云还强调做贸易工作的干部要精通业务，不能大手大脚。这些措施的实施，对扭转边区进口棉花和布匹、出口食盐方面的被动状态，发展经济起到了重要作用。在金融方面，陈云对认识发行"边币"的根据以及确定它的发行量、确立边区银行的企业性质、建立规范的信用制度、认识与处理"边币"与"法币"的关系等问题进行了深入的探讨和研究，提出了一系列切实可行的措施和方针，制定了金融工作方面的若干制度规定。陈云主持边区财经工作期间，运用贸易、金融、财政等手段，促进发展生产和保障供给的统一管理，变贸易入超为出超，使金融稳定、财政收支基本平衡、生产进一步发展。其后，陈云在建立北满根据地期间，做了大量卓有成效的经济工作。

陈云不仅能镇定自若地指挥战役,而且还有经济头脑,会做生意,在经济工作中,也能够做到运筹帷幄。在即将建立新中国之际,陈云的这一特殊本领势必有大用场。老一辈革命家们对这一点都有深刻的印象。在抗日战争和解放战争时期,各边区、根据地做了大量的经济工作,在发展生产、稳定经济方面积累了丰富的经验。

在各解放区进行的经济工作中,山东解放区进行的对敌货币斗争充分运用经济理论知识,经济工作开展得有声有色,是当时成功地进行对敌经济斗争的典范。薛暮桥等人在时任山东军区司令员、山东分局书记的罗荣桓指导下,开展了这一时期的对敌货币斗争。早在1938年山东胶东抗日根据地就自己发行货币,称作"抗币",作为"国民政府"(当时我党承认国民党的国民政府)规定银行发行的钞票"法币"的辅币。由于当时根据地干部群众缺乏金融方面的知识,"抗币"的信誉不如"法币"。由于"法币"当时能在全国流通,"抗币"只能在各根据地流通,老百姓乐于收藏"法币",黑市上"法币"的币值高于"抗币"。在敌战区的黑市上,日本扶植的伪政府所发行的伪币币值又高于"法币"。为改变这种不利局面,当时任山东解放区财政厅长的艾楚南、北海银行行长洒海秋和负责渤海区经济工作的薛暮桥经过反复研究,大胆提出要稳定根据地的币值、物价,唯一办法只有驱逐"法币",使"抗币"能够独占市场。薛暮桥当时明确提出,纸币所代表的价值决定于它的发行数量,只要不发生通货膨胀,就可以保持物价的稳定。当时,各资本主义国家都实行金本位制,不会发生通货膨胀问题。因此,排挤"法币"的做法是可行的。薛暮桥认为这种从实践中取得的带有规律性的认识,可能是货币学说史上的一个新发现。薛暮桥回忆,如果当时准许"法币"在市场流通,"法币"大量涌进,就无法消除市场上已出现的通货膨胀,无法避免物价猛烈上涨。所以只有通过稳定"抗币"的币值和根据地的物价，才能驱逐"法币"。薛暮桥等人的建议得到了山东分局的同意。1943年6月，在报纸上宣布自7月1日起停止使用"法币"，动员人民把"法币"向北海银行兑换"抗币"，或到敌战区换回物资。根据地换回大量物资，用于支持"抗币"。在物价上涨时，抛出物资，回笼货币，提高"抗币"的币值，物价就自然回落。其后，稳定物价的斗争又经历了一系列波折。当时根据地发行的货币没有黄金、白银、外汇做储备，是用物资做储备的。山东解放区通过吞吐物资稳定物价，也就是说，随着物价的涨落，随时吞吐物资，调解货币流通数量，保持了币值和物价的稳定。

从总体看，山东解放区货币斗争取得了重大的成功，达到了排挤"法币""伪币"，建立单一的本币，即"抗币"制度，从而稳定物价、发展经济的目的。这一阶段货币斗争的经验说明，在20世纪40年代中期，解放区中已有一批经济工作者能够根据经济理论、运用经济规律来治理物价波动、把握经济运行。在这一时期，薛暮桥提出的关于"抗币"的"物资本位理论"、关于纸币流通条件下物资与货币发行同步变化的规律、关于纸币流通中不是"劣币驱逐良币"而是"良币驱逐劣币"的规律以及通过控制纸币发行进行市场调控的政策等，在最初的实践中对根据地经济的稳定和发展发挥了十分积极的作用。山东解放区的货币斗争所取得的经验，在解放区经济发展进程中占有重要的地位。

各个解放区所积累的经济工作经验，是一笔十分宝贵的财富，其对日后长期的经济建设工作产生深远的影响。

（三）新中国经济工作的前期筹划

在解放战争时期，中共中央十分关注各解放区的经济工作。1947年年初，中共中央召开了华北各解放区财政经济会议，交流各地区的财政经济工作经验，研究对国民党占领区的经济斗争，讨论商品、货币、流通以及财政问题。会议在邯郸召开，各大解

第二部分 恢复发展时期的宏观经济

放区都派代表参加了会议。晋冀鲁豫代表团团长是杨立三、戎子和，华东局代表团团长是薛暮桥，晋察冀代表团团长是南汉宸，晋绥代表团团长是陈希云，陕甘宁边区代表团团长是白如冰，当时的会议由晋冀鲁豫中央局副书记薄一波主持。这次会议是中国共产党人早期专门讨论经济工作的一次重要会议。这次会议提出和强调了一系列重要的经济工作方针，其中包括如下问题：其一，新民主主义经济是由公营经济、私营经济、合作社经济三者所组成的。在这三种经济形式中，……公营经济今天还不能在解放区经济中占主要地位，今天主要还是发展私营经济和合作社经济……；其二，重视农业生产和农村手工业的发展，临区货币相互支持并在财政上作相互调剂；其三，货币工作的基本方针是独立自主、平稳物价、保护人民财富、保证生产发展；其四，肯定了驱逐"法币"，建立独立自主的本币的货币斗争。这次会议提出的经济工作方针，为新中国成立后的经济工作奠定了重要基础。

中共中央在西柏坡期间，于1948年5、6月份决定取消华北财经办事处，成立中央财政经济部，董必武任部长，薛暮桥任秘书长，同时，杨立三任军委总后勤部部长，南汉宸负责筹建中国人民银行，准备发行全国统一的货币。当时这一消息不胫而走，社会上流传"周恩来手下有两个人，杨立三负责发炮弹，薛暮桥负责发钞票"。中央财政经济部实际上由周恩来直接领导。中国人民银行不久即在石家庄宣告成立，1948年12月1日开始发行全国统一的人民币。人民币发行后，停止发行各解放区货币，冀南币、北海币均按100∶1兑换人民币。主持经济工作的领导人除周恩来外，具体经济工作主要由任弼时负责，董必武、刘少奇以及南汉宸、薛暮桥、杨立三、王学文等人都是参与研究经济工作的主要人物。这一时期举行的邯郸会议、石家庄金融贸易会议等重要会议为新中国建立后的经济工作做了重要的思想准备、人才准备和组织准备。

1949年初，中央决定将中央财政经济部改为中央财政经济委员会（简称"中财委"）。中财委正式成立后，陈云任主任，薄一波、马寅初等任副主任，薛暮桥任秘书长兼私营企业局局长。当时的中财委委员共计50人左右，其中有贾拓夫、邓子恢、曾山、黄炎培、李立三、章伯钧、南汉宸、孔原、薛暮桥、宋劭文、曹菊如等。① 从此，陈云回到中央负责财经工作。新中国成立前夕，最重要的一次全国性经济工作会议是1949年7月在上海召开的解放区财经会议，这次会议对新中国经济工作具有重要指导意义。这次会议由陈云主持，主要是研究部署以稳定金融物价为中心的经济工作，对物资调拨与运输、工业生产、金融工作等问题提出了对策，以指导和克服当时的经济困难，会议还研究了财政经济工作中的全国性问题，会议明确了从政治上、全局上、战略上观察与思考财政与经济问题，着眼于通过恢复和发展生产来解决财政经济问题的指导思想，考虑了财经工作的统一领导问题，提出了发行公债、在乡村抓紧征粮、在城市抓紧税收以及精简节约等问题。《陈云传》提及，这次会议把财政经济工作的大盘子摆好了，各项工作得以井井有条地进行。②

　　这一时期的经济工作是早期尝试，要在摸索规律、积累经验、制定各项制度等方面进行一系列开创性工作，是未来经济建设的前期筹划。应当说，新中国成立初期的经济工作在很大程度上是战争的继续，只有经济能够稳住，新生政权才可能得以延续。原国民党政府中一些政治上倾向于共产党的人士，特别是一些懂得经济的专家，对新中国的经济建设表示出很大的疑虑，他们认为：仗能打赢，搞经济可不见得行！其原因是显而易见的，他们认为这批战争的胜利者当中，显然缺乏经济人才，而且是相当的紧缺！这一估计，实际是比较靠谱的。这一现实的问题是执政者面临的一个巨大的挑战。因此，"中财委"，重任在肩。

---

① 《陈云传》（上册），中央文献出版社1995年出版，第636页。
② 同上，第622-627页。

第二部分　恢复发展时期的宏观经济

二、国民经济恢复时期

新中国是在战火中诞生的，面对的是一个满目疮痍的国土。恢复生产、稳定经济，是首要任务。在当时的局势下，国家处于一个特殊的历史时期，需要实行若干特殊的政策。从经济体系上看，目标是建立苏联式的计划经济体制。当时的苏联处于斯大林时代，实行的是计划经济体制，虽然有一批经济专家在研究西方宏观经济学，但并没有运用宏观经济分析的方法，全面和系统地研究和指导经济工作，因为当时苏联的计划经济体制是排斥西方宏观经济学和市场经济的。我国的计划体制源于苏联，自然也远离西方宏观经济学方法。尽管如此，我国在经济发展和若干重大问题的决策过程中，实际上国家依然不同程度地将行政手段与经济手段结合起来，通过宏观经济政策，影响经济发展进程。在这一时期，如果生搬硬套地以"四要素"去分析当时中国的宏观经济，也是不切实际的。然而，我们也不妨回过头来尝试性地从"四要素"的角度对新中国成立初期的经济作一点分析。新中国成立初期，在经济增长方面，着眼点首先是如何恢复几乎解体的经济，做到这一点，需要相当一段过渡时期，即经济恢复时期，其后，才能考虑制定正规的经济计划，讨论经济增长的具体方式和幅度；在失业率问题方面，一个处于战火刚刚熄灭状态的国家，工商业处于调整、重组时期，此时一方面难以作出失业率方面的统计，另一方面此类统计也缺乏实际意义；在对外贸易方面，当时这方面的业务微乎其微，需要重新起步；通货膨胀在当时倒是一个极其突出的问题，能否成功地治理通货膨胀，稳定经济，是新中国领导人在建国后首先面临的一个重大考验。

新中国的成立标志着经济建设拉开帷幕。中央从西柏坡进入北京后，最初的办公地点设在西郊的香山，如何掌握新生的政权、如何使全国的经济恢复和发展、如何让广大人民群众感受到新生政权带来的稳定和希望，压力无疑是巨大的。中国的领导者们，要立即面对全新的经济问题，全面考虑整个国家的经济发展思路。这是一项崭新的历史性的使命，从战争到建设，这是一个多么巨大的转变。虽然新中国可以从当时的苏联得到一些相应的借鉴和帮助，在新中国成立前做过许多开展经济工作的准备，并具有一定的根据地和解放区经济工作经验，但是经济发展的思路要从全面恢复和发展经济着眼，要根据中国的国情设定。所谓经济发展的大思路，实际上就是宏观经济框架，只是当时并没有使用宏观经济这个概念。

面对旧中国留下的极其罕见的通货膨胀、衰败的工商业、全面崩溃的经济，恢复经济从何着手呢？这项艰巨而紧迫的任务，严峻地摆在了曾参与筹划新中国经济工作的一班人面前，这就是前文提到的陈云刚刚接手的"中财委"工作班子。中央全面接管旧中国遗留下来的各类经济部门和实体后，深感实际经济状况比预料的要复杂得多，开展经济工作的难度极大。概括地讲，当时恢复和发展全国的经济，从经济全局层面首先涉及以下几个重大问题：第一，如何确立所有制关系；第二，如何改造私营工商业；第三，如何治理通货膨胀，恢复生产，稳定经济；第四，如何建立经济制度。

（一）新中国成立初期所有制关系的变革

根据马克思的设想，社会主义制度是在发达的资本主义制度的基础上建立的，脱离这样一个基础则不可能建立起社会主义社会。俄国十月革命夺取政权后，列宁面临着一个巨大的困惑，即如何以马克思主义关于社会主义的理论来解释和指导苏维埃政权的生存和发展，因为苏维埃政权是在一个落后的、小农国家的基础上诞生的。列宁独创了"薄弱环节爆发社会主义革命"的观点，

第二部分 恢复发展时期的宏观经济

作为一系列行动的理论依据。列宁提出要通过发展国家资本主义最终实现由小农经济向社会主义的过渡。列宁始终在思索"从资本主义到社会主义"这一过渡时期,要采取怎样的所有制形式,才能够符合经济发展规律,才能使新生政权得以生存和发展。列宁根据当时的生产力发展水平和社会状况提出革命后的苏联存在着五种经济成分:宗法式农民经济;小商品生产;私人资本主义;国家资本主义和社会主义成分。要完成从"资本主义到社会主义"的过渡,就必须在相当长的时期内,保持多种经济成分,由此充分地发展生产力,去获取建设社会主义所需要的物质基础。这就是说,列宁认为当时的苏联并不具备建设社会主义的物质基础,要通过发展"国家资本主义"去获得这一物质基础,这就是在以后岁月中被理论界称为"补课"的理论。

1949年的中国是一个工业占比不到10%、分散的个体农业经济和手工业经济超过90%的农业国。1949年中共七届二中全会期间,一位党外人士问毛泽东从新民主主义过渡到社会主义要多少时间时,毛泽东说:"大概二三十年吧。"毛泽东指出:"单有国营经济而没有合作社经济,我们就不可能领导劳动人民的个体经济逐步地走向集体化,就不可能由新民主主义社会发展到将来的社会主义社会,就不可能巩固无产阶级在国家政权中的领导权。谁要是忽视或轻视了这一点,谁也就要犯绝大的错误。国营经济是社会主义性质的,合作社是半社会主义性质的,加上私人资本主义,加上个体经济,加上国家和私人合作的国家资本主义经济,这些就是人民共和国的几种主要经济成分,这些就构成新民主主义的经济形态。"① 这就是共产党人根据马克思主义的理论,结合中国革命的实际情况,经过独立思考确立的新中国成立初期的所有制关系。这一论断明确了向社会主义社会过渡不能排除私人资

---

① 毛泽东在中国共产党第七届中央委员会第二次全体会议上的报告,《毛泽东选集》第四卷,1949年3月5日。

本主义和个体经济。然而，在20世纪50年代的社会变革中，资本主义经济很快在公私合营中消亡了，个体经济也日渐衰落。这种状况蕴涵着一个巨大的矛盾，即社会主义和资本主义两条道路的矛盾，计划经济和市场经济的矛盾。这一矛盾不断发生冲突，在以后的岁月中一直对经济发展产生着极大的影响。

所有制形式的确立，实质上是政治制度与经济制度的共同产物。生产资料所有制是在政治体制的制约下进行变革的，所有制形式是经济制度的建立和经济改革与发展的基础，因此也是讨论宏观经济问题的一个重要前提。换句话说，所有制形式从总体上制约着宏观经济研究和发展的方向。

关于五种经济成分的确立，在此应提及一件事：最早提出五种经济成分的是马洪。根据有关资料记载，1948年马洪在东北局政策研究室工作期间，根据张闻天的要求，撰写了题为《东北经济的构成和方针》的调研报告。报告中首次把东北经济划分为五种经济成分：国营经济、合作社经济、私人资本主义经济、个体经济和秋林经济。毛泽东看到报告后十分重视，中共七届二中全会上采用了马洪归纳的五种经济成分，因为"秋林经济"（伊·亚·秋林为俄罗斯人，其于19世纪中叶在东北地区设立了企业）不好理解，改为"国家和私人合作的国家资本主义经济"。由此可见，多种经济成分并存，是马洪的一个重要贡献。

（二）对私营工商业的改造

讨论我国对私营工商业的改造，也需要从苏联20世纪20年代对私营经济的改造谈起，因为中国继苏联之后，走了一条极为相似的革命与建设的道路。列宁在十月革命夺取政权后实施的"战时共产主义"以特有的方式推进"国家资本主义"。1921年，列宁决定实行"新经济政策"。"新经济政策"是从当时作为小商品生产者的个体农民在经济成分中占优势这一国情出发，以征收粮

第二部分 恢复发展时期的宏观经济

食税的方式替代了"战时共产主义"状态下实行的剥夺式的"余粮收集制"。此外,"新经济政策"还规定,在一定范围内恢复贸易自由;对国内外资本家实行租让制;将雇工在 20 人以下的小企业退还原主;在国营企业实行经济核算制,恢复计件工资和奖金制;充分利用资本和技术加快国民经济的恢复和发展;集中一切可能动员的力量,发展社会生产力(参见马洪主编《论社会广义商品经济》第二章)。"新经济政策"是对生产关系的一种调整,使生产关系适合生产力发展的需要,是列宁完成"资本主义向社会主义"过渡所采取的重要而成功的策略,是一条正确的道路。列宁在实行"新经济政策"一年后指出:"采取新的途径来建设社会主义经济已经绝对必要了。……我们现在还没有建设社会主义经济、建设社会主义经济基础的真正途径,而探寻这一途径的唯一方法,就是实行新经济政策"。[①]"新经济政策"的实行对苏维埃政权的稳定和经济的长期发展起到了重要的作用,实际上是苏联的社会主义革命能否成功的关键之举。可惜的是,"新经济政策"最终没有能够作为一项既定的政策长期实行下去。终结"新经济政策"的是"左"的意识支配下的革命者。

从今天的眼光看,苏联革命和建设过程中出现的"新经济政策",体现的是按经济规律发展经济的思想,代表着一种正确的发展方向,同时也成为"左派"革命家攻击的对象。例如,"左派"曾提出"新经济政策"对农民的让步是不妥的,应当尽快回到过去的政策。这种"左"的意识,长期影响和笼罩着苏联的意识形态领域。这一历史与我国经济建设史相对照,有着多么相似的情景。如何在落后的经济基础上跨跃式地建设社会主义制度,是 20 世纪 20 年代的苏联和 20 世纪 50 年代的中国同样面临的问题和困惑。

私有经济在革命后的苏联迅速消亡。1925 年苏联私营工业约占 21%,苏维埃于 1933 年宣布私有经济成分已不存在,社会主义

---

① 《列宁选集》第四卷,第 617 页。

经济成分已占绝对统治地位。此后,苏联理论界曾争论社会主义社会是否存在商品,是否是单一所有制。大约20年后,斯大林才在《苏联社会主义经济问题》中明确提出,苏联还存在着国家所有制和合作社集体农庄所有制,因此在两种所有制之间还存在着商品交换;生产资料不进行市场交换。《苏联政治经济学教科书》提出的"社会主义=国有经济为代表的公有制+计划经济"的公式,长期在社会主义国家左右着经济发展方针政策的制定。实践证明,这一公式导致的结果,是人为建立的脱离实际、违背社会发展规律的生产关系阻碍了社会生产力的发展。斯大林主持下制定的这一公式,较之于他的前任列宁的另一个公式,在生产关系与生产力相适应方面是一个退步。列宁的公式是:"乐于吸收外国的好东西:苏维埃的政权+普鲁士的铁路管理制度+美国的技术和托拉斯组织+美国的国民教育等等等等++=总和=社会主义"。① 这一公式的内涵是发达的资本主义社会化大生产和先进的社会体系,是苏维埃建设社会主义的基础。列宁深感没有这一基础,便没有社会主义。因此生产关系的建立,必须有利于保障和促进这一基础的存在和发展。列宁的公式或许是社会主义市场经济的雏形,其中体现出全面引进国际先进管理体制和技术的思路。

苏联社会主义革命的进程,特别是初始阶段的进程,可以作为我国社会主义革命和建设事业的一面镜子,两者之间存在若干可供借鉴的经验和教训,尤其是"左"倾思想的严重干扰,如出一辙,发人深省。今天,如果两个国家的政治家和经济学家共同回顾这一历史,必然感慨万端。

新中国成立后,中央人民政府开始没收官僚资本,到1950年初,以军管会的方式共接管了官僚资本工矿企业2800多家,金融企业2400多家,其中包括接管或没收全部国家资本和大官僚分子的资本,还包括国民党政府的中央银行、中国银行、交通银行、

---

① 《列宁文稿》第三卷,第94页。

中国农民银行、中央信托局、邮政储金汇业局及合作金库（即所谓的"四行两局一库"）等，这些构成了新中国国营经济的主要部分，向建立新的所有制关系迈出了重要的一步。革命和建设的进程，使中国的资本主义经济受到了巨大的冲击，民族资产阶级感到前途莫测。但此时的毛泽东仍很冷静，1950年6月召开的党的七届三中全会批评了那种认为可以提早消灭资本主义，实行社会主义的思想，指出这是不适合我们国家实际情况的错误思想。民族资产阶级将来是要消灭的，但是现在要把他们团结在我们身边，共同发展国民经济，不要把他们推开（参见《毛泽东著作选读》下册，第696页）。强调是节制资本，而不是挤走资本、消灭资本。这一时期，毛泽东、周恩来、刘少奇等领导人的谈话体现出对民族资产阶级给予了相当宽松的政策。

毛泽东对于新中国成立初期资本主义工商业的改造，在一定程度上借鉴了列宁当年的一些思路。其后的进程也与斯大林时期的所有制变革趋势相类似。新中国成立初期，我国也提出以国家资本主义的过渡形式实行对资本主义工商业的社会主义改造，国家资本主义的高级形式便是公私合营。毛泽东曾指出，"我们经济的主体是国营经济，有两个翅膀，一翼是国家资本主义（对私人资本主义的改造）；一翼是互助合作、粮食征购（对农民的改造）……"① 刘少奇说："封建剥削除去以后，资本主义剥削是有进步性的。今天不是工厂开得太多，剥削的工人太多，而是太少了"。② 第一届中国人民政治协商会议通过的《共同纲领》中提出：在必要和可能的条件下，应鼓励私人资本向国家资本主义方向发展。实行粮食统购统销，包括计划收购、计划供应、国家严格控制粮食市场以及中央对粮食统一管理等4项措施。其后，又先后对食用植物油、棉花和棉布实行统购统销。当时的统购统销政策对于缓

---

① 《陈云传》（上册），中央文献出版社1995年出版，第846页。
② 《刘少奇传》（下册），中央文献出版社出版，第631页。

解粮、油、棉、布供应不足，稳定物价具有积极作用。对私营工商业的社会主义改造，陈云一直是比较谨慎的，因为他深知在当时的情况下，单靠国营经济是满足不了人民需要的，必须要私营工商业也恢复起来，并得到一定的发展。薄一波曾在1949年6月《关于华北财经状况向毛主席的综合报告》中提出建议：要有效地使资本家把钱拿出来搞生产，需要进行一系列的工作，除少奇所指出者外，我们考虑采取公私合营的形式，在生产上与资本家合作，实现国家资本对私人资本的"提携"办法，也可叫做"经济提携"，这是目前资本家所最欢迎的办法。这既可利用私人的资本，也可利用私人的技术，对发展经济是有好处的。① 薄一波是最早提出关于"公私合营"思路的领导者之一。

但是，毛泽东新中国成立初期关于通过发展国家资本主义对私营工商业逐步进行改造的思想，很快便发生了大的变化。前面提及毛泽东曾在新中国成立前夕的1949年3月提出从新民主主义过渡到社会主义需要二三十年，但仅仅在1952年9月毛泽东即发表了"十年到十五年基本上完成社会主义，不是十年以后才过渡到社会主义"② 这样一个新的论断。1952年底，毛泽东提出了过渡时期的总路线，主要内容是：从中华人民共和国成立到社会主义改造基本完成，这是一个过渡时期。党在过渡时期的总路线和总任务，是要在一个相当长的时期内，逐步实现国家的社会主义工业化，并逐步地实现对农业、对手工业和对资本主义工商业的社会主义改造。③ 这就是说，中华人民共和国一成立，中国革命就转入了第二阶段即社会主义革命阶段。1955年夏天，毛泽东对社会主义改造的进度等问题表示不满，责为"小脚女人""右倾机会主义"，④ 由此猛然加快了改造的步伐，致使社会主义改造不断提速，

---

① 《薄一波文选》，中央文献编辑委员会编，人民出版社1992年出版。
② 《毛泽东传》上册，中央文献出版社2003年出版，第236页和第240页。
③ 同②，第266页。
④ 同②，第386页。

在各个领域内匆促推进。在此期间，国家对民族资产阶级的生产资料采取了赎买政策，这是改造中的成功之举，是对马克思曾设想的赎买方式的第一次实践。① 到 1956 年，已经基本上完成了对农业、手工业和资本主义工商业的社会主义改造。农民、手工业者劳动群众个体所有的私有制，基本上转变为劳动群众集体所有的公有制，资本家所有的资本主义私有制基本上转变为国家所有制即全民所有的公有制。按当时的设想，社会主义改造的完成标志着过渡时期的结束即社会主义制度已经建立起来。但是，由于这一时期对资本改造过于迅猛，超过了生产力发展的要求，因而创造了一种"超前"的生产关系，即背离客观经济规律的生产关系。

1953 年春，当时任中央统战部部长的李维汉带队进行了一次著名的调查，得出了这样的结论：国家资本主义是我们利用和限制资本主义工业的主要形式，是我们将资本主义工业逐步过渡到社会主义的主要形式，是我们利用资本主义工业来训练干部并改造资产阶级分子的主要环节，也是我们同资产阶级进行统一战线工作的主要环节。当时，中央高度评价这个调查报告，并由此确定了对资本主义工商业的利用、限制、改造的方针。调查报告指出，社会主义经济同资本主义经济在不同方式下的联系和合作都属于国家资本主义，如加工订货、统购、包销等。其中，公私合营是国家资本主义的高级形式。调查报告还提出，对资本主义工商业采取赎买的办法。直接参与对私营工商业社会主义改造工作的薛暮桥在 1956 年末曾在一篇文章中写道："到这些个体经济和资本主义经济发展到一定程度的时候，再对他们进行社会主义改造。如果我们采用这种方法，对国家和人民可以是利多害少。"

总之，我国所有制形式的演变，并没有像毛泽东在新中国成立前夕设想的那样，将包括私人资本主义、国家资本主义经济成分在内的多种所有制并存的格局保持二三十年，新民主主义革命

---

① 《毛泽东传》上册，中央文献出版社 2003 年出版，第 461 页。

的阶段也像苏联"新经济政策"一样，没有持续预期的那样长久。

（三）治理通货膨胀，恢复生产，稳定经济

解放前夕，国民党兵败如山倒，政治经济全面崩溃，通货膨胀的严重程度难以用文字表述。与此同时，中共中央为应对解放战争和新中国成立的需求，发行了大量人民币。从1948年12月到1950年2月1日，人民币发行额从185亿元增加到4.1万亿元，增长了220多倍。当时，财政收支不平衡，货币发行过多，发生了严重的通货膨胀。当然，这是在特殊的战时需求下发生的现象。

当时，主持中央财经委员会工作的陈云具体领导了平抑物价、稳定经济的斗争，通过"统一财经""调整工商业"等重要举措，对当时混乱的经济进行了有力的治理。《陈云传》中提及，"陈云当时清醒地看到，在财政赤字过大的条件下，紧缩通货、抛售物资，对稳定物价来说还只是一种治标的办法……他在指挥实施治标之策的同时潜心思考着稳定物价的治本之路，从财政开源方面研究发行公债和增加税收的问题"。在陈云部署下，中财委采取了增产节约、抛售物资、紧缩通货等一系列措施，有效地制止了物价上涨风潮。同时，国家采取果断措施制止银元投机，使金融市场趋于稳定。

1950年，国家成功地发行了人民胜利折实公债。从1949年4月到1950年2月，全国出现了4次大的涨价风，1949年一年内，物价指数平均上涨了19倍，这种状况对新生政权的存在产生了严重的威胁。在陈云领导下，中财委集中精力从事稳定物价、治理通货膨胀的工作。薛暮桥在回忆当时情形时写道，"在经历了新中国成立初期几次平息物价波动的过程后，各大城市统一行动，大量地抛售粮食、棉布，投机商人认定物价还将上涨，不惜高利拆借巨款，继续吃进。但国营公司实力雄厚，敞开抛售后逐步降价。投机资本遭到沉重打击。"薛暮桥认为，不论采取何种措施，只要通货膨胀，物价就必然上涨，要使物价真正稳定下来，必须消灭

第二部分 恢复发展时期的宏观经济

财政赤字，制止通货膨胀，使货币发行和商品流通同货币的需要量之间保持平衡。在这次稳定物价过程中，国家不仅能够主动地对付物价波动，而且能够有计划、有步骤地达到预定的要求，无论是物价总指数，还是主要商品的价格都平息在预计的水平上。这次平息物价波动、治理通货膨胀的举措取得了极大的成功，显示了新生政权的执政者已具备了利用货币和价格运行的规律治理通货膨胀、稳定经济的能力。这是新中国成立后，中国经济发展史上第一次运用宏观调控手段治理经济的成功举措。这一段经验，对于以后中国经济发展过程中，甚至在改革开放过程中治理通货膨胀、稳定经济发展也具有重要的参考价值和借鉴意义。

（四）建立经济制度

在新中国成立初期，恢复生产、稳定经济的同时，尽快建立健全各项必要的经济制度是当务之急，是保证经济规范有序发展的基础性工作。

三年恢复时期，尽管面临着复杂的局面和严重的经济形势，由于国家采取了一系列治理经济的举措，卓有成效地控制了形势，使经济得到了稳定和发展。1949年，我国的社会总产值为557亿元，工农业总产值466亿元，当时的人均国民收入只有66元。第一产业比重约占58.5%，第二产业为25.9%，第三产业为26.4%。其中，作为一个典型的农业国，第二产业处于相当落后的状况。经过三年恢复时期，总体上达到了恢复生产、增加供给、稳定市场的目的，社会总需求和总供给的矛盾有所缓解，农业总产值年增长率达到14.1%，工业总产值年增长率在较低的基础上有了快速发展。1950年社会商品零售总额为170.6亿元，1952年增至276.3亿元。国民经济三年恢复时期，在政治建设和经济发展方面取得了巨大的成功，使新生的政权站稳了脚跟，预示着新中国将迎来光明的前程。

在稳定经济的同时，国家开始建立与经济发展相适应的经济制度。首先，过渡时期总路线从政治上标定了经济发展的主要格局和方向。其次，通过对工商业的社会主义改造，建立了最初的计划经济体制，即"政府主导型经济体制"，这一体制源于苏联的政治经济体制。计划经济体制的基础是中央集权的多层（中央、大行政区、省、市及专署、县、区、乡）政府机构。这一机构履行对整个国家的宏观调控和对国营经济、供销合作经济实施直接的计划管理。如何有效地履行政府的经济职能，在当时是一种崭新的尝试。第三，在稳定经济的过程中，在陈云的具体领导下，中财委和有关部门建立和提出了一系列适合当时经济发展状况的经济制度和有关政策规定。

1. 统一和建立国家财政经济制度

解放初期，国家财政承担了国家支出的大部分，以公粮、税收等形式收缴的财政收入，大部分用于地方支出，国家财政负担十分沉重，支大于收。在这种情况下，只能被动地增加货币发行，使通货膨胀的局面更加严重。1950年3月，陈云主持制定了《关于统一国家财政经济工作的决定》，主要内容为：其一，统一全国财政收支，使国家财政收入的主要部分集中到中央，除批准征收的地方税外，公粮、税收均由中央人民政府财政部统一调度使用。其二，统一全国物资调度，清理全国仓库物资，所有库存物资由中财委统一调度，合理使用，各地国家贸易机关的物资调动，由中央人民政府贸易部统一指挥。公营企业的利润和折旧的一部分归国库。其三，统一全国现金管理，指定中国人民银行为国家现金调度的总机构，一切军政机关和公营企业的现金除留若干近期使用外，一律存入国家银行。与此同时，建立一系列与上述制度相适应的经济运行的政策和规定。

2. 建立金融货币制度

陈云亲自主持了新中国货币制度的建立。（1）统一全国信贷资金与调拨资金结算方式。在统一财经、恢复经济，建立经济制度的过程中，中国人民银行建立了调节货币、稳定金融、调控国民经济的统一健全的货币制度。1950年3至4月，陈云主持中财委颁布《中央金库条例》《关于实行国家机关现金管理的决定》。由中国人民银行统一管理分散在国有企业和部门的现金。通过建立金库制度和现金管理制度，保证了国家财政收支和调度的统一，为实现现金收支平衡、财政收支平衡和物资调拨平衡创造了基本的条件，使各项平衡成为可能。在此期间，国家还颁布了《关于建立发行库的决定》《发行库条例》，规定了中国人民银行内部的资金往来必须经过发行库进行，并通过汇差出入库制度调拨资金头寸。发行库制度的建立，为资金的集中使用、汇兑的畅通、现金的灵活调拨提供了制度上的保证。（2）灵活运用货币信贷政策手段。充分运用金融政策工具，开办了各种储蓄、信贷业务，回笼货币。根据经济状况，实行灵活的货币信贷政策，使金融政策充分发挥了调剂余缺的作用，对活跃金融市场、集中资金、支持经济建设发挥了重要作用。从1949—1952年的4年间，中国人民银行按照中财委指示7次调整存贷款利率，基本统一了全国利率。（3）通过完善货币制度，稳定人民币币值。前文提及，1948年12月，中央在西柏坡成立了中国人民银行并首次发行了人民币，各解放区的货币以100∶1兑换成人民币。但在新中国成立前后通货膨胀十分严重的情况下，人民币的面额还是相当大的。随着经济恢复，为适应经济形势的需要，通过发行新人民币进一步稳定币值已成为当务之急，国务院于1955年3月1日发行了新人民币。新人民币发行工作经过了长期、细致、充分的准备，在发行时机、兑换政策等方面，与国家的经济状况相符合，新人民币的发行工作进行得十分顺利，对稳定经济和"一五"时期的经济发展起到了强有力的支撑作用。新人民币的发行是建立我国货币制度的标志性步骤，极大地增强和鼓舞了人民群众对新生政权的信心。

3. 对私营金融业的改造

旧中国的金融业虽然称不上发达，但也具备了一定的规模，对经济发展给予了有力的支持。新中国的领导者们敏锐地看到了金融在国民经济发展中的重要性,在对私营经济改造过程中,把对私营金融业的改造放在了首位。《共和国经济大决策》一书对金融业改造的相关资料进行了归纳。资料中提及,旧中国私营金融业在新中国成立初期率先完成全行业的社会主义改造,固然与其在国民经济中的重要地位和当时的资金短缺有关,但也与其积弊太深,不能适应新民主主义经济体制和国民经济恢复发展要求有很大关系。旧中国的私营金融业是在半殖民地半封建社会的政治经济环境中产生和发展起来的,由于民族资本主义经济很弱小,再加上连年战争,社会动荡,经济凋敝,使得金融业逐渐成为旧中国经济部门中资本投机的重点,大量资金流入金融业,1935年国民党币制改革,用纸币取代了银元,为其实行通货膨胀政策提供了可能。从1936年9月—1949年5月,国民党政府的货币发行额增加了1445亿倍。由于国民党政府剧烈的通货膨胀政策,金融业成为国民经济各行业中最有利可图的行业,其他产业凋敝衰落,独有其畸形繁荣,机构猛增,投机活动愈演愈烈。

旧中国的私营金融业,主要有以下几个特点:一是私营行庄的数量和机构大大超过了社会正常生产和流通的需要;二是脱离正常业务,以投机为主;三是机构臃肿、冗员众多、开支浩大。

国家在改造私营金融业的过程中,步步为营,采取了一系列措施:一是没收、改组官僚金融资本。二是通过金融货币制度的建立,加强新组建的国家银行。前面提到的现金集中管理制度,使国家银行的实力大增。1950年底,国家银行的存款与同年3月统一财经制度以前相比,增加了10倍,其中90%是从国营企事业单位集中来的存款。1951年底国家银行的存款比1950年底增加了1.33倍。三是采取提高存款利率、开办特种储蓄、折实存款,再加上保值、保息存款等灵活的吸收存款的业务,使国家银行私人存款迅速增加。1951年以后国家银行已经控制全国存款总额的90%和贷款总额的97.7%。四是对私营行庄进行改造。国家对于私营行庄的整顿是当时建立新的金融秩序的一个关键，这一工作具有很强的政策性。随着社会主义改造的开展，私营行庄的经营越来越困难。1951年11月，实行公私合营的银行已占全部行庄（不包括国家银行和外资银行）家数的10%，机构的92%，人员的63%，存款的73%。1952年下半年，中国人民银行开始对私营金融业的全行业进行公私合营改造。1952年底，全国的公私合营银行与私营行庄已经合并为统一的银行，由公私合营银行总管理处进行管理。至此，私营金融业的历史告一段落。

通过经济恢复时期对金融业的改造，国家经济决策和管理部门对金融业的特性及其在宏观经济中的地位和作用已具有相当程度的认识，金融业开始在国家的完全控制下运行。

4. 实行财政收支、信贷收支、物资供需和外汇收支平衡

很多学习经济学和从事经济工作的年轻人都知道综合平衡理论，但他们不一定知道这一理论是陈云在新中国成立初期提出来的。陈云是根据中国国情，特别是针对经济发展方面的盲目性和追求高指标等现象，经过长时期思考，提出了在经济发展中要实行综合平衡的设想。"一五"计划期间，陈云提出了"综合平衡"理论，即财政收支、信贷收支和物资供需平衡，其后又增加了外汇收支平衡，被称为调节控制国民经济内部关系的"四大平衡"。陈云认为，为了保证国民经济平衡、有序、渐进地发展，必须随时注意组织财政收支、银行信贷、物资供应和外汇收支四个方面的平衡。财政收支是各种经济指数的综合反映，国民经济的不平衡必然会在财政收支上有所反应；积累加消费超过了国民收入就会出现财政赤字，赤字不能解决，以发行钞票弥补，就会出现信贷不平衡，造成通货膨胀；外汇不能平衡，形成逆差，在国际收支上就会形成负债，结果会影响总体平衡；物资平衡的一个重要方面是人民购买力和消费品的供应之间的平衡，供应紧张就会使物价波动，甚至出现黑市交易、投机倒把和囤积居奇，物资供求的平衡直接受财政信贷外汇平衡的影响，后者平衡，则前者就整

体而言也会是平衡的,反之,就会造成物资供应紧张以至于平衡的破坏。同时,要充分发挥金融调控在实现综合平衡中的积极作用。

随着中国经济的发展,陈云又对他的综合平衡理论不断进行完善。陈云在 1957 年初中央召开的一次会议上强调,建设规模的大小,必须和国家的财力、物力相适应。适应还是不适应,这是经济稳定或不稳定的界限。他还强调,财政收支和银行信贷都必须平衡,而且应该略有节余。只要财政收支和信贷是平衡的,社会购买力和物资供应之间,就全部来说也会是平衡的。陈云关于综合平衡的观点,在国家对经济运行进行宏观调控过程中发挥了极为重要的作用。

经济恢复时期国家在平抑物价、恢复生产、稳定经济方面采取的宏观调控措施取得了显著成效,获得了极大成功,实在是难能可贵。这一段工作进程及取得的成就已经载入历史史册,陈云为此做出了重大贡献,体现了老一辈革命家开创经济工作的巨大智慧和能量。陈云在解放战争时期一直在思考经济问题,在发展根据地经济以及构思新中国经济建设方面付出了大量心血,积累了丰富的经验。这一切在新中国成立后得到了充分的发挥。经济发展的正常运行离不开宏观调控,宏观调控处置的是否得当,对经济运行具有直接的、重要的影响。高明的宏观调控举措,可以使处于混乱和困难中的经济,摆脱困境、走向规范;反之,错误的宏观调控举措,也可以使经济陷入更大的困境,甚至导致经济走向崩溃。正可谓军中无戏言,夹不得半点马虎。经济恢复时期的宏观调控工作,为日后新中国进行长期的经济建设以及宏观调控积累了初步而宝贵的经验。

三、第一个五年计划的诞生

(一)"一五"计划诞生的背景和过程

经济计划尤其是中长期经济计划,通常是从宏观经济的角度审视经济发展,是从一个较长的时间段考虑经济发展问题。编制国家中长期发展规划的主要目的,是对经济发展的规模、范围和质量等方面作出指导性安排,通过控制经济的总量比例关系,促使国民经济保持持续协调稳定发展。

新中国成立前夕,共和国的缔造者们在西柏坡就讨论过未来经济发展的体制问题,讨论过苏联的经济制度,预计新中国成立后将实行计划经济体制,将编制经济发展规划。

新中国成立后编制国民经济计划始于 1950 年的年度计划,当时的年度计划由中财委负责编制。1950 年的国民经济计划主要由经济发展方面的一系列指标组成,目的是对经济发展发挥控制作用。1950 年的国民经济计划指标包括工业计划、农业计划、交通运输及邮电通信计划、基本建设计划、劳动计划、成本计划、零售商品周转计划、文化建设计划和保健及体育计划。年度计划根据中财委下发的控制数字和计划表格,自下而上地由基层生产单位编制计划草案。1951 年的年度计划仍由中财委负责编制。

1950 年 5 月,中财委曾提出编制 1951—1955 年经济计划建议,即第一个五年计划。由于当时处于经济恢复时期,这一建议没有能够实现。1951 年 2 月,国家根据国民经济已趋于稳定的实际情况,决定着手编制第一个五年计划,并从 1953 年起实施。这样,第一个五年计划的期限即定为 1953—1957 年。编制第一个

"五年计划"的工作由政务院负责。中财委于1951年11月在北京召开全国计划工作会议,部署了编制第一个五年计划的具体工作。1952年7月,中财委完成了第一个五年计划轮廓草案,草案提出了五年计划的基本任务:为国家的工业化打下基础,以巩固国防、提高人民的物质文化生活,并保证我国向社会主义前进。五年计划的方针是:经济建设的重点是工业,工业建设又以重工业为主、轻工业为辅。五年建设的布局是:要有利于国防和长期建设,并且与目前实际情况相结合,因此要充分利用东北及上海的工业基础,并继续培养与充分利用这些工业基础与技术条件,为建设新厂矿、新基地创造条件。五年计划的主要指标是:工业总产值年平均增长20.4%,农业总产值年平均增长7%,五年货币发行量增长一倍,五年基础建设投资505亿元,此外,还提出了军事工业的有关指标。当时编制五年计划在相当大程度上参考了苏联的做法。苏联领导人对于这份五年计划也表示了高度关注。根据中央的决定,周恩来、陈云、李富春率政府代表团于1952年8月前往苏联,专门与苏联领导人讨论中国的第一个五年计划草案。斯大林认为工业年平均增长20%的速度比较勉强,建议降到15%左右,并提出计划不能打得太满,要留有后备力量。1953年初,中财委会同国家计委及有关部委和大区对草案进行了进一步的修改。其中,采纳了苏联的部分意见,把工业年平均增长速度由20%调为14%~15%,并提出加快发展农业和交通运输业。1954年初,中央又成立了五年计划纲要编制工作的8人小组,由陈云任组长,成员有:高岗、李富春、邓小平、邓子恢、习仲勋、陈伯达、贾拓夫。① 草案又根据当时已经提出的过渡时期总路线进行了相应的修改。最终,第一个五年计划草案于1955年6月18日在国务院全体会议第12次会议上讨论并通过。1955年7月30日,第一届全国人民代表大会第二次会议审议通过了第一个五年计划。到此为止,

---

① 《陈云传》(下册),中央文献出版社1995年出版,第873页。

第二部分 恢复发展时期的宏观经济

第一个五年计划的建设期已经整整过去了一半的时间。也就是说，国家要在余下的两年半时间内，正式按照五年计划的部署发展经济，完成五年计划的各项指标。

第一个五年计划的主要内容充分反映了经济恢复时期取得的经验，参照苏联的计划编制方法，结合国情，第一次正式提出了新中国的经济发展大纲。

《中国十个五年计划研究报告》[①] 中提及，毛泽东对第一个五年计划的编制过程是不满意的。这一点主要来源于毛泽东后来的一些相关言论，1958年毛泽东曾讲过："政治设计院究竟在哪里？""我是个主席，也没有参与这个设计。每年的年度计划，总是到外面看戏的人已经到了，演员要登台了，然后请你签字，叫作强迫签字。""老是在国务院讨论，总是拿不出来。千呼万唤不出来。千呼万唤出来了还算好，他就不出来。为什么不出来呢？说没有搞好。等到梳妆打扮一跑出来的时候，我们说不行，时间迟了！"[②] 由此看来，毛泽东认为第一个五年计划的编制过程，没有很好地征求政治局委员们，主要是他本人的意见。在后来人看来，"一五"计划基本体现了过渡时期总路线的思想，并没有背离毛泽东的思路。时任国务院副总理、国家计委主任李富春曾对第一个五年计划在实施2年后才正式完成作了如下解释："这是由于对全国资源情况缺乏调查，统计资料也很少，有多种经济成分同时并存，我们又没有编制长期计划的经验，建设工作的经验又很不够。而且，从国家的整个情况来说，1950年开始的抗美援朝战争，到1953年7月底才实现了停战。苏联帮助我国建设的156个工业单位中的主要部分——第二批91个单位，也到1953年5月才确定。所有这些，都说明了过去两年，只能一面进行建设，一面编制长期计划……"。[③]

---

① 《中国十个五年计划研究报告》，人民出版社2006年出版，第59页。
② 《陈云传》（下册），中央文献出版社1995年出版，第1128页。
③ 《李富春传》，中央文献出版社2001年出版，第453页。

(二)"一五"计划的几个特点

第一个五年计划的内容和编制过程有以下几个特点:

1. 计划编制过程受苏联政治经济体制影响相当大

如前所述,在"一五"计划的制定过程中,从计划框架到主要内容以及发展思路,都在相当大程度上参考了苏联计划体制运行的具体做法。前文提到,1952年8月周恩来、陈云、李富春率政府代表团,曾带着"一五"计划的轮廓草案专程到苏联向斯大林征求意见。斯大林对草案提了一些原则性意见。第二年初米高扬向李富春通报了苏共中央和苏联国家计委对我国"一五"计划草案的意见,从经济发展速度、注重工业化、大力发展手工业和小工业、巩固人民币等方面提出了比较系统和具体的建议。"一五"计划相当完整地采纳了苏联的建议。① "一五"计划的一个重要任务是推进苏联援建的156个工业建设项目,这些建设项目最终基本上得以建成,对稳固和推进中国经济建设发挥了基础性作用。在这一过程中,大批苏联专家深入到有关建设项目中,帮助中国工程技术人员和管理人员建立、健全和完成了一系列具体的技术和管理工作。随着"一五"计划的实施,苏联的经济制度对中国经济制度的建立和完善产生的影响日益加深。总之,"一五"计划的制定受到苏联经济制度的影响很大。在生产技术方面,苏联的影响也相当大。

2. "一五"计划的编制正式确立了计划经济体制

(1)"一五"计划的制定使计划经济体制正式在中国经济发展中起主导作用。计划经济是指国家通过编制国民经济和社会发展计划预先决定各种重要的比例关系,是使国民经济有计划发展的社会经济制度。制定"一五"计划的过程实际上是进一步确立计

---

① 《中国十个五年计划研究报告》,人民出版社2006年出版,第56-57页。

划经济体制的过程。经济体制和政治体制是密切关联的。中国和苏联都是以夺取政权的形式建立了新的国家，都是在小农经济或者说薄弱的资本主义基础上进行建立社会主义制度的尝试。列宁在十月革命后曾经打算通过实施"新经济政策"，从而逐步走向计划经济。斯大林最终完成了计划经济体制的建立。我国新中国成立后经过三年恢复时期，建立了计划经济体制的框架。在这种计划经济初建时期，国家所面临的经济基础是落后、分散的个体经济和经过对资本主义工商业改造形成的国营经济，能否通过计划体制控制市场、把握经济命脉、规范经济运行尚是一个未知数。按照苏联的经验，稳定新生政权，发展经济，必须通过计划经济体制来实现。中国最初的计划经济体制是中央集权的、政府主导经济管理型的机制。国家希望通过计划经济形式整顿战后混乱的经济局面，避免无政府状态，使政府的经济职能得以有效发挥，从宏观经济管理到微观经济管理都能够有效地运行。"一五"计划标志着计划经济体制开始主导中国经济进程。

今天的一些经济学家在讨论新中国成立初期的计划经济体制时，存在不同的观点。一种观点认为，按照苏联的思路建立计划经济体制本身是一种错误路径，而且成为中国长期没有发展市场经济从而导致经济落后的根源。另外一些学者认为，在"薄弱环节"建立社会主义制度本身，无法用马克思的科学社会主义理论来解释，因为马克思所设想的科学社会主义只能建立在发达的资本主义基础上，因此苏联和中国通过革命建立政权后只能实施独创的经济发展模式，即通过发展国家资本主义逐步向社会主义过渡。在一个小农经济的基础上，在没收或赎买资本主义工商业的基础上，只能采取由国家控制的计划经济的模式，以此作为一种过渡，逐步向市场经济发展。我们正是沿着这样一个路径走到了今天。

关于我国最初的计划经济体制，吴敬琏曾撰文指出，"高度集权的行政社会主义体制20世纪50年代中期刚刚在全国全面建立，就遭到众多的批评。1956年秋季和1957年春季,正是毛泽东提倡'百花齐放、百家争鸣'的时期,政治环境比较宽松,学术讨论相当活跃,一些经济学家对计划经济模式提出了尖锐的批评。其中一位著名的代表人物是当时任国家统计局副局长的孙冶方。而当时对问题看得最深刻的,则是在中国科学院经济研究所工作的经济学家顾准。他在1956年就指出,社会主义经济的问题是废除了市场制度,应当让市场力量在资源配置中起决定性的作用。遗憾的是,这在当时并没有引起依然拘泥于传统社会主义经济学的偏狭见解的大多数经济学家的注意。不久以后,顾准被划为'资产阶级右派分子',他的学术观点就更被断定为异端邪说,从此湮没无闻了"。吴敬琏认为,1956年初中国领导人为准备预定在1956年8月举行的中共第八次全国代表大会,对第一个五年计划前几年的工作进行了总结。在总结时发现,20世纪50年代中期建立起来的这一套经济体制,虽然能够发挥命令经济的优越性,但也有不少缺陷需要消除。当时对传统体制弊病的认识,集中地反映在1956年4月毛泽东在中央政治局的讲话——《论十大关系》中。毛泽东认为,"我们不能像苏联那样,把什么都集中到中央,把地方卡得死死的,一点机动权也没有。"① 因此,改革现有体制的根本措施在于向下级政府和企业下放权力。

这里插一段:吴敬琏老师曾和笔者讲过他与顾准相识和相处的日子,那是一段患难之交。笔者的父亲李人凤20世纪40年代曾任山东渤海区行署主任,1947年被康生以所谓"富农路线"撤了职,顾准随后任行署副主任,负责财经工作。笔者父亲曾说过,顾准为人正直,对经济很在行。笔者见过父亲写给顾准的几份经济工作的调研报告。后来在华东局财委父亲也和顾准共过事。顾准是那个时期党内少有的出类拔萃的经济专家,对中国经济问题有着广博的研究,其研究深度和对问题的独特见解在国内几乎无

---

① 《论十大关系》之五。

人能及。顾准一生多次遭受迫害，1974年在磨难中病逝于北京，时年不到60岁。可以说，顾准的早逝，是我国经济理论界极为重大的损失。笔者认真拜读过一套四册的《顾准文存》。

（2）国家计划委员会的设立。新中国成立后，主持国家经济工作的中财委，内设财经计划局。当时，国家划分为东北、华北、华东、华中、西南、西北6大行政管理区，各大区分别设有计委，中财委的一系列计划工作都是通过各大区的计委具体实施的，其中包括编制第一个五年计划的相关工作。1951年11月，中财委召集了新中国成立后的第一次全国计划会议，讨论了计划工作的方针和组织机构等问题。当时，全国计划工作的领导机关为中财委计划局，主要职能是编制国家计划并负责检查执行情况。而独立意义上的全国性计划工作委员会是在1952年11月成立的中央人民政府国家计划委员会，该机构是在政务院财经委员会（即原中财委）计划局基础上组建的，主要负责审查、草拟、核定国家的五年计划，主席为高岗，邓子恢任副主席，陈云、彭德怀、林彪、邓小平、饶漱石、薄一波、彭真、李富春、习仲勋、黄克诚、刘澜涛、张玺、安子文、马洪、薛暮桥为委员，马洪任秘书长。①1954年9月，成立国家计划委员会，李富春任主任，张玺、薛暮桥、彭涛、顾卓新等15人任副主任。主要职能为：第一，根据国家过渡时期总任务和国务院的指示，在国务院各部、各委员会和各省、自治区、直辖市编制的国民经济计划草案的基础上，按照需要与可能以及积极平衡的原则，综合编制长期的和年度的国民经济发展计划草案。第二，审查国务院各部、各委员会和各省、自治区、直辖市的国民经济计划草案，并向国务院提出审查意见。第三，检查各部门、各地区计划执行情况，并向国务院提出保证完成计划的各种措施的建议。第四，编制主要生产资料的分配计划草案和国家物资储备计划草案，报请国务院批准。第五，编制

---

① 《中国十个五年计划研究报告》，人民出版社2006年出版，第21页。

长期的、年度的综合财政计划草案,审查财政部的年度国家预算、各国民经济部门财务计划、国家银行季度信贷计划和现金计划,并向国务院提出审查意见。第六,拟定编制国民经济计划的计划方法、计划表格和计划审批程序以及有关编制计划的各种规定。第七,研究国民经济计划中的重大问题并及时提出建议。办理国务院交办的有关国民经济计划工作方面的事项。

(3)"一五"计划也有"非计划"举措。随着计划经济体制的确认和"统一财经"政策的实施,国家始终保持着对于财政经济工作统一领导、统一计划和统一管理的形式,同时,国家也从实际出发,考虑具体国情,把一部分适于由地方政府管理的职权下放给地方。这就是说,"一五"计划也没有完全照搬苏联的一套,中国的计划经济中也有一定的灵活性,有"非计划"举措。当时,实行了"统一领导、适度分权、按行业或产品设置管理机构"的"条""块"结合的管理体制,一直延伸到以后长期的经济发展过程中,如何调整"条"与"块"的关系,也始终是一个焦点和难题。从总体看,当时虽然有苏联计划经济的模式作为借鉴,我国也在相当大程度上采取了苏联的模式,但毕竟有自身的国情,许多计划经济体制方面的具体环节还需要根据实际情况加以调整和安排。

(4)计划经济和市场经济体制下的经济计划。国家计委于2003年最终改为国家发展和改革委员会。国家计委工作使命的结束,并不意味着中国削弱计划编制工作。经济计划和计划经济是两回事。其区别在于,第一个五年计划以及计划经济向市场经济转轨前的几个五年计划,是计划经济体制下的指令性计划。转轨后的五年计划是指导性计划。改革开放后的指导性计划是以发展社会主义市场经济为基础框架的,在计划编制的目标、内容和程序等方面都发生了根本性的变化,促使计划编制工作进入到一个全新的阶段,体现出计划经济向市场经济转轨的成果。众所周知,任何国家和社会制度都会不同程度地使用经济计划来安排和指导经济发展，定期发布和披露各种预算和决算。成熟的市场经济国家也会根据市场经济的发展规律、供求关系、宏观经济发展趋势等因素考虑经济发展的框架和数量比例关系并发布若干预期的指标，由此推进国家经济获得均衡和持续的发展。西方社会也存在一系列经济计划，这些计划并不排斥市场，例如美国政府发布经济增长率等预期总量指标，一些西方发达国家的城市公共交通、机场、森林、环境保护，以及电力、水利、邮政等部门，通常都是由国家制定发展的指导性计划指标。苏联和中国所采取的计划是建立在中央集权计划体制上的计划经济，马克思认为资本主义发展到生产力和生产关系不相适应的时候，即需要由计划调解来指导生产。马克思设想，在社会主义社会能够根据社会需要分配生产资料，满足社会需求。新《帕尔格雷夫经济学大辞典》中，在"中央集权计划"条款中说明："中央集权计划国家基于这样的假设：'社会'（实际上是政治领导当局控制下的计划部门）知道或能发现需要什么，能按需要分配生产资料，并发布命令协调这些需要，所以能最经济地满足需求。"

在一般情况下，计划经济这一概念的对立面是市场经济。中国实行计划经济的过程中实际上始终在研究市场经济，并试图与市场经济相结合，曾提出以计划经济为主，市场经济为辅，以及以指令性计划为主，以指导性计划为辅，有计划的商品经济等思路，直到发展社会主义商品经济逐步建立社会主义市场经济。在中国已实施市场经济的今天仍然存在着计划经济与市场经济的观念上的争论。关于计划与市场的关系还将在本书的以后章节中加以讨论。

3. 促使国民经济进入全面发展的轨道

"一五"计划对经济发展格局作出了全面安排。新中国成立后，中财委计划局集中力量考虑经济发展的全面框架。当时，统计数据不全、经济情况不明、来自国际间可借鉴的相关资料十分有限。编制经济计划的主要参照物是苏联的经济社会发展计划，还有少量其他国家的相关资料。在陈云的领导下，经过艰苦细致的努力，逐步产生了第一个五年计划的基本内容。编制五年计划的过程就是全面考虑国民经济发展框架的过程。

第一个五年计划的内容主要包括：（1）第一个五年计划的任务；（2）第一个五年计划的投资分配和生产指标；（3）工业；（4）农业；（5）运输和邮电；（6）商业；（7）提高劳动生产率和降低成本的计划指标；（8）培养建设干部，加强科学研究工作；（9）提高人民的物质生活和文化生活的水平；（10）地方计划问题；（11）厉行节约，反对浪费。

第一个五年计划的基本任务，一是集中主要力量，进行以苏联帮助我国设计的156个建设单位为中心的工业建设，由此建立社会主义工业化的初步基础；二是发展部分集体所有制的农业生产合作社，并发展手工业生产合作社，建立对农业和手工业进行社会主义改造的初步基础；三是基本上把资本主义工商业分别纳入各种形式的国家资本主义的轨道，建立对私营工商业的社会主义改造的基础。

可以想象，要完成第一个五年计划的上述内容，对于新中国的执政者来说，无疑是一项巨大的挑战。当时，西方的一些政治家曾经断言，中国共产党人虽然取得了战争的胜利，但他们却难以维持新的政权，难以驾御如此庞大的国家机器。面对复杂的经济局面，中国共产党人从国情出发，利用一切可以利用的力量，全方位地完成从战争到建设的过渡。在团结和调动各方力量过程中，采取了一系列手段。当时，中国的各个经济部委的部长基本上都由具有一定经济管理知识和能力或具有一定声望和社会影响的民主人士担任，同时，尽力发挥国民党时期经济部门留用人员的力量。

五年计划的编制过程，是国家全面构思国民经济发展的重要起点。随着计划的诞生和实施，需要全面整顿相关经济部门，理顺相关的经济关系，并配备各层次的工作人员和管理人员。对于推进经济工作，实施第一个五年计划，最大的困难还是缺乏相应的经济管理方面的人才和技术人员。毕竟新中国成立只有两年，刚刚放下枪杆子，就两手空空地搞这么一个大国的经济管理，谈何容易。中财委能在如此短的时间内，做出五年计划的构想，已然是极其不易，是一个了不起的开端。

（三）"一五"时期的宏观调控

"一五"期间在运用宏观调控的方式把握经济运行方面迈出了重要步伐。在编制"一五"计划过程中，新中国的执政者开始考虑经济发展方面的一系列全局性问题。"一五"时期，集中研究和确定了一系列国民经济发展过程中的重大的比例关系，这些比例关系涉及到生产、分配、消费和积累核算，涉及到国民收入和财政收入以及投资的比例关系。"一五"时期在宏观经济政策方面着重把握了以下几点：

一是把握适当的经济发展速度。所谓"适当"就是发展中要保持相应的经济效益，切忌盲目发展。处理好速度和效益的关系，从新中国成立伊始就是一个难题，是一个始终伴随我国经济发展进程的突出问题。新中国成立后，在经济需要全面恢复发展的局势下，加快发展成为各行各业的强烈愿望，形成一种"发展冲动"。"一五"计划指标定得很高、很满，各部委和地方仍然呼吁定得再高一些。这些要求和愿望，显然是脱离国情和不切实际的。新中国成立初期，生产能力、原材料供应和技术力量都是十分有限的，供给能力远远跟不上需求。实际上，最初制定的"一五"计划指标已经过高，不但不能层层加码，而且需要压缩。应当制定一个符合实际、留有余地、注重效益的五年计划，但是，在当时全国性"发展冲动"的环境下，一个体现正常速度和效益的五年计划是难以产生的。

二是把握积累与消费的关系。在我国经济发展过程中，正确处理积累和消费的关系,是处理财政收支平衡、把握国民经济发展进度、控制宏观经济大局的重要环节。在新中国成立初期,经济快速发展的局面下,尤其需要处理好积累与消费的比例关系。薄一波在1956年党的八大上提出了"二、三、四"比例关系,即:积累占国民收入的20%左右,财政收入占国民收入的30%左右,基本建设投资占财政支出的40%左右。这一著名的"二、三、四"方针,是对当时国民经济进行宏观调控的重要政策措施。"二、三、四"方针是宏观调控的"大盘子",这一方针在我国长期以来制定宏观政策的过程中,一直具有重要影响。

三是进行合理的经济发展布局。1952年,我国沿海各省的工业产值约占全国工业总产值的70%,其中钢铁80%在沿海(主要在鞍钢),纺织70%在上海、天津、青岛三市。这些钢铁、纺织产业的规模很弱小,因此,讨论新中国成立初期的经济发展布局问题,实际上并不是关于现有布局是否平衡的问题,而基本上是从头做起,进行全面的规划。正如毛泽东曾说过的,一张白纸没有负担,好画最新最美的图画。

四是调整农轻重关系。"一五"计划制定了优先发展重工业的方针,重工业与轻工业的比例为1:7.3。旧中国遗留下来的官僚资本中,重工业相当薄弱,轻工业也不发达,因此谈不上极端不平衡问题。但作为基础工业,重工业滞后会直接影响轻工业和整个国民经济的发展。因此,在研究农轻重发展比例关系时,"一五"计划强调了优先发展重工业的方针。采取这一方针的另一个原因,是中国领导人要从基础工业着手,逐步建立起自己的工业体系,减少对外来资本和技术的依赖。

此外,我国适当地把握了争取外援的问题。新中国成立初期,建立我国自己的工业体系面临极大的困难,接受苏联的经济援助是一个正确的选择。"一五"期间,苏联对华援助力度较大,在建立我国工业基础方面给予了有力支持。在苏联援助过程中,国家保持了清醒的认识,始终注意处理好外来援助和自力更生的关系。

第二部分 恢复发展时期的宏观经济

也就是说,在制定和实施经济计划的过程中,不能完全依赖苏联的援助,要有分寸地利用外援,始终要把自力更生放在重要位置。

上述分析,基本上概括了"一五"时期与宏观调控相关的几个主要问题,围绕这些问题产生了最初的关于宏观经济和宏观调控问题的研究和讨论。讨论中产生的一系列观点对以后的经济建设产生了长期的影响,比如计划经济和市场经济问题、速度和效益问题都是长期处于争论中的话题。

关于发展速度问题,当时在很大程度上被看作是一个政治问题。按照毛泽东的思路,私营工商业改造进度不断加快,社会主义制度建立的时限不断提前,由此出现了急于把中国从一个农业国变为强大的工业国的设想。"一五"计划执行过程中,不断加速,曾数次出现经济建设"冒进"。从表面上看,"一五"计划提前一年完成,实际上这一状况表明了"一五"计划被大大突破,其原因并不是计划订得保守,而是计划执行得"冒进",私营工商业社会主义改造过急过快,经济发展出现节奏和速度失控的现象。

(四)"一五"时期主要宏观经济指标

以下简要地归纳一下"一五"时期的主要宏观经济指标,即"四要素"。这是以当今的视角,归纳和分析早期的经济发展状况,试图为宏观经济的历史性对比研究积累一些基础资料。

1. 关于经济增长

回顾第一个五年计划期间的经济增长,大致要分为两个阶段,一是1953—1956年;二是1956—1957年。其原因是,1956年国家宣布第一个五年计划提前一年实现,也就是说,"一五"时期的计划指标到1956年已经基本完成,其中一部分已超额完成。1953—1956年,国家用于基本建设投资总额达484.9亿元,其中对重工业基本建设投资达151.5亿元,对轻工业基本建设投资达26.4亿元;1956年,全国国民生产总值达1639亿元,比1952年增长

60%左右;工农业总产值为1252亿元,国家财政收入为287.4亿元,均比1952年增长60%左右;工业总产值642亿元,农业总产值610亿元,平均每年递增19.6%和4.8%;交通运输和各项社会事业得到比较迅速的发展。

一年后的1957年,我国社会总产值达到1606亿元,工农业总产值为1388亿元,比1952年增长67.84%,其中,工业总产值为784亿元,比1952年增长128.6亿元;农业总产值为604亿元,比1952年增长24.8%;基本建设投资总额为143.32亿元,比1952年增长229%;财政总收入为310.2亿元;钢535万吨,比1952年增长296.3%;煤1.31亿吨,比1952年增长98.5%;粮食1.9505亿吨,比1952年增长19%。

在"一五"期间苏联援建的156个项目中有146项投入施工,大多数工程项目计划都按期或提前完成。其中,作为标志性项目的长春第一汽车制造厂,是我国第一家大型汽车制造厂。1953年7月15日,工程破土动工,1956年7月12日,开出了国产第一辆"解放"牌汽车。根据"一五"计划,我国要扩建当时最大的钢铁基地——鞍山钢铁公司,还要兴建两个新的钢铁基地,即武汉钢铁公司和包头钢铁公司。鞍山钢铁公司的建设是钢铁建设的中心环节。

从经济增长看,到1957年底,全国国民生产总值比"一五"计划前的1952年底增长了57.3%,"一五"时期国民生产总值年均增长9.5%。在此基础上,工农业及相关行业的生产获得了比较均衡的发展。在整个国民收入中,国营经济、合作经济和公私合营经济所占比重由1952年的21.3%上升到92.9%;建成了一大批重要工程,五年内完成基本建设投资总额550亿元,新增固定资产460.5亿元,相当于1952年底全国拥有的固定资产总值的1.9倍。595个大中型工程建成投产,初步铺开我国工业布局的骨架;工业总产值比1952年增长128.6%,五年合计钢产量1656万吨,等于旧中国从1900—1949年间钢的总产量760万吨的218%,煤产量达到 1.31 亿吨，比 1952 年增长 98%；产业结构发生新的变化，在工业总产值中，工业产值所占比重由 1949 年的 30% 提高到 56.5%，重工业的比重由 26.4% 提高到 48.4%。1957 年粮食产量达到 3901 亿斤，棉花产量达到 3280 万担，都超额完成计划。

2. 关于通货膨胀率

《中国十个五年计划研究报告》在回顾"一五"期间经济状况时提及："一五"期间市场物价基本稳定，通过国家有计划地调解，工农业产品价格剪刀差有所缩小，以 1952 年为 100，1957 年全国农产品采购价格指数为 122，全国农村工业品零售物价指数为 101.6。以 1952 年为 100，1957 年 29 个大中城市的零售物价指数为 109.5，12 个大城市职工生活费指数为 109.2。1957 年，全国人民的平均消费水平为 102 元，比 1952 年的 76 元提高 34.2%，其中，城镇居民为 205 元，比 1952 年提高 38.5%，农民为 79 元，比 1952 年提高 27.4%。居民消费价格指数，以 1952 年为 100，1953—1957 年分别为 107.9、104.1、103、102.6 和 105.4，完全走出了新中国成立初期高通胀的影响。

经济专家们认为，"一五"时期，按照周恩来和陈云搞好财政、信贷、物资三大平衡的指导思想，加强了国民经济的综合平衡，有效地克服了 1956 年经济建设中急于求成倾向带来的不利局面，国民经济继续稳固增长。1957 年末，居民消费价格指数为 105.6（以 1952 年为 100），货币流通量不仅没有增加，而且减至 52.8 亿元（1956 年末为 57.3 亿元），市场情况良好，物价稳定，但是这种好的形势未能保持下去，相关情况在以后章节中叙述。

3. 关于失业率

"一五"时期，失业问题得到了相当大程度的解决。新中国成立初期，经济秩序陷于混乱境地，失业率极高，以至于在短期内难以统计出确切的数据。到 1957 年底，国家职工人数为 2451 万人，比 1952 年增长了 55.1%，城市失业问题得到很大改观。1957 年全国职工的年平均工资达到 637 元，比 1952 年增长 42.8%，农民生活也有较大改善，1957年城乡居民的储蓄存款比1952年增长两倍多。

4. 关于贸易余额

在新中国成立初期经济处于恢复状况的基础上，"一五"期间的对外贸易也有较大发展，1957年进出口贸易总额比1952年增长62%。在进出口贸易结构上，继续实行进口替代政策，随着我国工业生产水平的提高，工矿产品在出口贸易额中的比重"一五"时期上升了10%。

不少经济学工作者在回顾我国"一五"计划完成情况时，认为前期经济走势是比较稳定和健康的，后期社会主义改造不断加速，没有按预定的计划执行。但总体看，还是为我国以后的工业化发展打下了重要的基础。周恩来曾指出，第一个五年计划基本上是正确的，成绩很大，但是错误不少。所谓错误除计划经济体制本身对经济发展的负面影响外，主要是指全力发展工业，对农业的重视和安排不够，以及经济增长发生过"冒进"现象。有专家认为，"一五"计划期间是1979年改革开放前我国经济效益最好的时期。据经济学家张曙光分析，"一五"时期每百元积累增加的国民收入为35元，投资系数为1.56，即每增加1元国民收入所需投资不超过1.6元。在国际上，对于中国"一五"计划的完成也有着比较正面的评论，美籍华人学者费正清在《剑桥中华人民共和国史》一书中写道："从经济增长的数字看，'一五'计划相当成功。国民收入年均增长率为8.9%（按不变价格计算）……第一个五年计划具有决定性的加速作用。就是同20世纪50年代大多数新独立的、人均年增长率为2.5%左右的发展中国家相比，中国的经验也是成功的。"与此同时，不少中外学者也指出，"一五"时期的快速发展使经济发展从市场经济参与调解供求关系快速转变为由国家计划进行资源配置，对私营工商业过急过快的社会主义改造预示着中国将进入计划配置需求的短缺经济时代。

这里，不再对"一五"时期政治经济发展作过多的评论，仅以吴敬琏教授在研究"一五"时期经济发展时所讲的一段话结束本节:当时,为了实现快速赶超的目标,中国通过短短一年多的社会主义改造运动,在1956年实现了对个体农业和私人资本主义工商业的社会主义改造,几乎消灭了一切非社会主义经济成分,使以国有制和准国有的集体所有制为主要形式的公有制成为国民经济的唯一基础。在这一基础上,全面建立了苏联式的集中计划经济体制。

"一五"时期的增长势头表明中国经济基本上从新中国成立后的极端困难状况中走了出来,有希望进入一个全面发展的阶段,遗憾的是这一比较稳定的发展局面并没有能够持续下去。

第三部分

动荡发展时期的宏观经济
（1958—1976 年）

　　"大跃进"和"文化大革命"是动荡发展时期的主题。背离经济发展规律和非经济因素的影响是这一时期经济发展的明显特征。这一特殊的历史时期给中国经济造成了灾难性损失。

　　频繁调整的"二五"计划，集中体现了急于求成倾向和"冒进"思路。"反冒进""反反冒进"的争论以及"调整、巩固、充实、提高"八字方针的出台和七千人大会、西楼会议是这一时期发生的重大经济事件。

　　贯穿于"文化大革命"的"三五"计划和"四五"计划，在"红海洋"中难以正常推进，一系列宏观经济政策发生严重扭曲，宏观经济指标残缺不全，难以进行有效的统计分析。

——题记

第三部分　动荡发展时期的宏观经济

"大跃进"和"文化大革命"是1958—1976年间的主题，这两段岁月给中国人民留下了极其深刻的记忆。这一部分的题目使用了"动荡发展时期"这样一种表述，是想突出这一时期的经济发展处于特殊的历史阶段，产生了一系列背离经济发展规律的现象，经济发展受到非经济因素的强烈影响。因此，从宏观经济分析角度，回顾这一经济发展过程，是一种十分困难的尝试。由于笔者能力有限，只能以缺乏可比性和不完整的数据及有关资料为依据，对这一时期的经济发展作一概述。

一、关于"二五"计划

（一）"反冒进"和"反反冒进"

讨论"二五"计划时期或1958年以后的经济发展，需要提及1956年前后发生的"反冒进"和"反反冒进"这一历史过程。

1953年，即"一五"计划的第一年，一度曾出现经济过热、生产紧张的状况，原因是在全国经济趋于稳定之后，上上下下都想加快建设步伐，出现了新中国成立后经济建设上的第一次"冒进"现象。

"冒进"和"过热"不尽相同，一般而言当年的"冒进"与20世纪80年代以后所讲的"过热"相比较，其受政治因素的影响更为明显。在财政方面，1953年的预算总收入为233.5亿元，比1952年增长23.3%；总支出也是233.5亿元。预算收支制定得没有一点余地，打得过满。中国古代的理财家主张"量入为出"。收支相等的预算难以把握，支大于收的结果在预料之中。在基本建设方面，将上一年财政节余的30多亿元列入当年收入，扩大了用于基本建设的投资。各地盲目上项目，通过压缩库存、挤出流动资金来安排基本建设，1953年的基本建设投资总额计划比上一年增长75.5%，最终实际增长了83.7%。在商业和金融方面，为配合基本建设，银行和国营商业部门过渡压缩商业库存和流动资金，当时称为"泻肚子"，结果使国营工业企业的某些产品销不出去，同时降价出售库存。在农业方面，指标也定得过高，为完成农业方面的高指标，普遍出现了强迫农民执行的做法。面对"冒进"的趋势，周恩来领导的经济工作决策层认识到这种违背经济发展规律，靠压商业库存和流动资金、一味地扩大基建投资的做法是难以为继的，是一种经济上的"冒进"行为，如不及时纠正，必然带来严重后果。周恩来等人及时总结工作，批评了基本建设投资上的盲目性和"冒进"倾向，强调计划必须建立在可靠的基础上，使当时的"冒进"倾向得到了比较及时的纠正。这是我国经济发展史上第一次提出反"冒进"的主张。

1956年，即第一个五年计划的第四年，再次出现"冒进"。在"一五"计划进行得比较顺利，国民经济处于稳定发展的形势下，在经济决策层开始出现脱离实际的、不断加快发展的"冒进"情绪，层层提高计划指标，忽视综合平衡。这次"冒进"是在1955年下半年出现的社会主义改造高潮和批判右倾保守主义的口号声中形成的，比1953年的"冒进"来势要迅猛得多，在1955年10月党的七届六中全会上，提出在经济建设和文化建设各个方面批判右倾保守思想。1955年12月中央传达了毛泽东关于批判右倾保守思想、争取提前完成过渡时期总任务的指示。而在现实经济生活中，1955—1956年已出现明显的"冒进"倾向：一是基本建设规模过大。1956年的计划投资额比上年增长71%，高于1953年和1954年投资的总和。铁路等建设项目大幅追加投资，远远超过"一五"计划。与此同时，基本建设增长速度超过财政收入增长速度，基本建设投资增长速度超过生产资料生产的增长速度。二是职工总数增长过快。职工工资总额的增长超过消费资料的增长，

第三部分 动荡发展时期的宏观经济

致使社会消费品供不应求，形成持币待购，影响了货币回笼。三是信贷突破计划，货币发行增加。1956年底，市场货币流通量比1955年增加42%，大大超过工农业总产值和社会商品零售总额的增长速度。四是农业生产急于求成，指标定得过高。基本建设投资规模、职工总数、信贷计划、农业发展4个指标一起迈大步，使国家财力、物力日趋紧张。其中，基本建设规模过大使物资供应紧张，是1953年和1956年两次"冒进"的主要原因。全面"冒进"的形势使国家整体经济难以承受，对国民经济的正常运行产生了直接影响。

从1956年初开始，周恩来和李富春、李先念等就开始提出反对"冒进"急躁现象。其后，刘少奇、周恩来、陈云在不同会议上多次提出防止"冒进"问题。① 陈云对私营工商业社会主义改造过快，数次表示担忧，他曾讲"要让私营工业发展，发展起来后还在中华人民共和国，跑不到外国去，最后还会变成国家的财产"。② 周恩来在1956年2月曾说："现在有点急躁的苗头，这需要注意。社会主义积极性不可损害，但超过现实可能和没有根据的事，不要乱提，不要乱加快，否则就很危险。领导者的头脑发热了的，用冷水洗洗，可能会清醒一些。各部专业会议提的计划数字都很大，请大家注意实事求是。"③ 周恩来还强调要"使我们的计划成为切实可行的、实事求是的计划，而不是盲目冒进的计划"，④ 其后国务院多次提出反对"冒进"的方针。毛泽东虽然也不止一次地提出注意急躁"冒进"思想，但实际上并不赞成"反冒进"。1956年5月，在刘少奇主持下，由中宣部组织撰写了《要反对保守主义，也要反对急躁情绪》的社论，在《人民日报》发表。当稿子送交毛泽东审阅时，毛泽东批了"不看了"三个字，

---

① 《陈云传》（下册），中央文献出版社1995年出版，"二十七、检讨反冒进"。
② 同上，第959页。
③ 《周恩来传》，中央文献出版社出版，第三册第1104页。
④ 同③，第三册第1102—1103页。

表露他对反对急躁冒进的不满。① 这三个字预示着一场"反反冒进"的风暴即将来临。

实际上，加速对私营工商业进行社会主义改造的进度一直居于主导地位。毛泽东1956年8月曾讲过这样一段话："你有那么多人，你有那么一块大地方，资源那么丰富，又听说搞了社会主义，据说是有优越性，结果你搞了五六十年，还不能超过美国，你象个什么样呢？那就要从地球上开除你的球籍！"② 这段话体现了毛泽东加速过渡的心境，也是"超英赶美"口号的一个来源。一些经济学者认为，"一五"时期追求高速度和高投入是以后国家出现按计划实行资源配置的短缺经济的一个重要根源。周恩来、陈云等人关于防止"冒进"的一系列建议，最终发挥了作用，得到了毛泽东的一定认可，总体看，"一五"计划执行后期出现的"冒进"现象得到了比较及时的纠正。但从后来的情况看，毛泽东同意纠正"冒进"是比较勉强的。

在中共八届三中全会上毛泽东提出：当前我国社会的主要矛盾，是无产阶级和资产阶级的矛盾，社会主义道路和资本主义道路的矛盾，这就在实际上改变了八大决议的正确论断。③ 党的八大提出的主要矛盾是：国内主要矛盾已经不再是无产阶级和资产阶级的矛盾，而是人民对于经济文化迅速发展的需要同当前经济文化不能满足人民需要的状况之间的矛盾。毛泽东在党的八届三中全会上否定了八大提出的社会主要矛盾，说明毛泽东和具体负责经济工作的领导人在推进国家经济建设的方针方面，认识上存在相当大的差异。

党的八大前后，继续推进"反冒进"的方针，由于多数人坚决主张"反冒进"，毛泽东没有表示明确的反对意见。到了1957

---

① 《刘少奇传》下册，第792页。
② 《毛泽东传》（上册），中央文献出版社出版，第523页。
③ 同上，第722页。

年9月—10月间，毛泽东的忍耐告一段落，他在1957年召开的党的八届三中全会上及1958年初召开的南宁会议和成都会议上，对"反冒进"提出了尖锐批评，其措词上升到惊人的政治高度。毛泽东提出：一种是马克思主义的"冒进"，一种是非马克思主义的"反冒进"，南宁会议为"冒进"究竟采取哪一种，我看应当采取"冒进"。"反冒进"泄了六亿人民的气，犯了政治方向的错误。① 此后，"反反冒进"不断升级，周恩来、陈云受到毛泽东的严厉批评。自中共八届三中全会以来，毛主席不适当地批评反冒进是"方针性的错误"、是"反马克思主义的。""陈云和周恩来多次进行检讨。后来的历史证明，批评反冒进带来了'大跃进'和党内政治生活的不正常。"②

（二）"二五"计划的基本内容

在当时"既反保守，又反冒进"的特殊局势下，"二五"计划需要兼顾以上两方面的意图，这显然是一项十分矛盾的难题。国家计委在这样一种矛盾的局面下，于1955年夏季报送过两个"二五"计划方案。周恩来和陈云敏锐地指出，第一方案"冒进"了，第二方案虽然削减了一些，但也是不可靠的、危险的。周恩来、陈云和薄一波等主管经济工作的领导人都主张把一再提高的粮、棉、钢的指标降下来，降到能够实际完成的水平。③

在周恩来主持下，李富春和薛暮桥、张玺等人根据国家在过渡时期的总路线和总任务，编制出了《十五年远景计划（草案）》，并在此基础上编制出《第二个五年计划的建设草案》，最终在1956年9月召开的党的八大上讨论通过了《关于发展国民经济的第二

---

① 《李富春传》，中央文献出版社出版，第50页。
② 《陈云传》（下册），中央文献出版社1995年出版，第1136页。
③ 同上，第1014页。

个五年计划的建议》。①

与"一五"计划相比较,"二五"计划有以下几个主要内容:其一,国民经济要保持比较高的发展速度。1962年的工农业总产值比1957年计划增长75%,其中,工业产值比1957年计划增长一倍左右。其二,积累在国民收入中所占的比重稍高于第一个五年计划已经达到的水平。财政支出中用于经济和文化建设的支出,从"一五"计划的56%提高到60%~70%;"二五"计划的基本建设投资比"一五"计划大约增加一倍左右。其三,中心任务仍然是优先发展重工业,同时,在农业发展的基础上适当加快轻工业的建设。其四,大力发展农业生产。此外,在发展运输和邮电事业、发展商业商品流通、进行国民经济的技术改造、推进科学研究事业以及处理中央和地方关系等方面,也提出了具体要求。

"二五"计划提出的基本任务是:继续进行以重工业为中心的工业建设,推进国民经济的技术改造,建立我国社会主义工业化的巩固基础;继续完成社会主义改造,巩固和扩大集体所有制和全民所有制;在发展基本建设和继续完成社会主义改造的基础上,进一步发展工业、农业和手工业生产,相应地发展运输业和商业;努力培养建设人材,加强科学研究工作;在工农业生产发展的基础上,增强国防力量,提高人民的物质生活和文化生活的水平。

五年内确定的主要指标是:1962年工农业总产值比1957年原计划增长75%左右,工业总产值增长1倍左右,农业总产值增长35%左右,钢产量达到1050万~1200万吨,煤产量1.9亿~2.1亿吨,粮食5000亿斤左右,棉花4800万担左右,基本建设投资总额比"一五"增长1倍左右,国民收入比1957年增加50%。

在当时的特殊背景下,"二五"计划尽管各项指标定得仍然偏高,但还是尽可能地体现出了从实际出发的方针。正因为如此,"二五"计划被视为偏于保守,没有能够得以实施。

---

① 《中国十个五年计划研究报告》,人民出版社2006年出版,第121页。

（三）频繁调整的"二五"计划

"二五"计划期间，随着"大跃进"的进程以及其后进行的经济调整，可大致分为两个阶段：第一阶段是 1958—1960 年；第二阶段是 1961—1962 年。以下先回顾一下前一阶段。

如前所述，"二五"计划试图体现既积极又稳妥，既反保守又反冒进的方针。可想而知，这样一个计划是不可能在"大跃进"的氛围下得到执行的。在"二五"计划期间，计划不仅没有得到实施，其基本思路实际上在其后的岁月中遭到了否定。

在"二五"计划执行过程中，计划被频繁调整，大致经历了以下几次大的调整和修正。

1. 国家计委的主动调整

党的八大以后，国家计委根据八大的精神，通过调查研究，对"二五"计划提出了若干修改的建议，这些建议依然是体现"既反保守，又反冒进"的思路，力求使计划更接近于实际。国家计委提出长期计划应当充分可靠，年度计划应当积极可靠，两者都应该利用各种有利条件，调动各种积极因素，发挥潜在力量，注意瞻前顾后。这样，才能既可防止冒进，也可防止保守。

2. 在"反反冒进"局势下进行的调整

在毛泽东发表了一系列批评"反冒进"言论的影响下，几乎所有对"冒进"持批评态度的领导者都层层做检查，经济工作为政治所左右，改变了航向。1957 年底，毛泽东再次强调经济管理体制要下放。毛泽东要求，各省市县都要搞规划，并提出以一个大城市为经济中心，结合周围省市，考虑通盘的协作规划，在此基础上逐渐形成经济区。毛泽东强调，1956 年有些工作是搞多了，但不能说是"冒进"，一反"冒进"就松劲。还要促进，今冬明春还要来一股劲头。并指示第二个五年计划先搞出一个框框来拿到中央讨论。根据毛泽东的要求，国家计委需要对"二五"计划作进一步的修改，1957年也就无法按计划出台"二五"计划的正式文本。① 实际上，在批评"反冒进"的紧张态势下，"二五"计划正式文本出台以及计划的实施已经陷入困境之中。②

3. 编制"二五"计划的"两本账"

1958年1月南宁会议期间，在批评"反冒进"的情况下，曾提出搞"两本账"的提议。所谓"两本账"就是要在原计划的基础上再搞一个高指标的计划，以适应"反反冒进"的声势和要求。国家经委于1958年4月提出了1958年年度计划的第二本账。第二本账中将农业和农副业产值由上一年的16%提高到21%，工业和手工业产值由33%提高到34%。同年6月份，毛泽东提议将1958年钢产量指标比1957年的535万吨提高一倍，达到1070万吨。在这种气氛下，许多地方政府和部门都纷纷把原有计划指标加码，一些地方负责人提出地方工业在"二五"期间不是增长百分之十几、百分之几十，而是要增长几倍、十几倍。"二五"计划的制订者们面对这种局面，深感跟不上形势的变化，陷于困惑之中。在地方政府和部门的积极表态下，国家计委被迫再次调整"二五"计划指标，以至于形成了一个比较完整的"两本账"。第二本账的主要内容是："二五"期间基本建设总投资额从第一本账的1500亿元提高为1600亿元；工业总产值比1957年从原计划增长一倍左右，调整为增长2至2.5倍；农副业总产值比1957年增长80%到110%；主要工农业产品产量均做了较大幅度的提高。从总体看，第二本账中的绝大部分指标与第一本账相比，需要提前三年完成，即使这样一个两本账，也并没有按要求提出实现加快发展进度的高指标。

4. "大跃进"中重新编制"二五"计划

---

① 《中国十个五年计划研究报告》，人民出版社2006年出版，第139页。国家计委关于毛泽东对计划工作的指示，参见《中华人民共和国国民经济和社会发展计划大事辑要》，红旗出版1985年出版。

② 《李富春传》，中央文献出版社2001年出版，第499页。

"总路线""大跃进"和"人民公社",这"三面红旗"刮起了一股跃进风,在这一新的全面的冒进风潮下,"二五"计划草案需要重新编制。1958 年 3 月毛泽东预计"十年可以赶上英国,再有十年可以赶上美国"。① 1958 年的年度计划和"二五"计划即是在这样一种高热度的状况下重新编制的,各项工业指标进一步加码,其中,1962 年钢产量先增至 3000 万吨,又翻一番,变成 6000 万吨。重新编制的"二五"计划各项指标均以 1962 年生产 6000 万吨钢为标志进行编制,即要以此为参照提升各项指标。1958 年 8 月,中央政治局在北戴河举行会议,作出《中共中央关于 1959 年计划和第二个五年计划问题的决定》,对"二五"计划草案进行了全面修正。在新的"二五"计划中,1962 年的工业总产值为 5700 亿元,比 1957 年增长 7.4 倍;农业总产值为 2400 亿元,比 1957 年增长 2.5~2.8 倍;基本建设投资为 3850 亿元,比"一五"计划增长 6.8 倍。当时还提出,作出这样的计划调整是要经过第二个五年计划的努力建成社会主义,并且为第三个和第四个五年计划期间开始向共产主义过渡准备物质和思想条件。在"大跃进"的形势下,建设热度不断高涨,致使经济计划不停地被修改,不断地向上调整。在这种状况下,五年计划实际上已经失去了原有的意义,不是根据计划安排和控制生产节奏,而是根据"热度"不断调整和制定计划,计划总是滞后于加快经济发展的要求。

5. 编制"三本账"

1958 年初,毛泽东提出了《工作方法 60 条(草案)》,要求生产计划做三本账,② 其中,中央两本账,一本是要完成的计划,对外公布;另一本是预计完成的计划,对外不公布,这本账同时也作为地方需要完成的计划;第三本账是地方预计完成的计划。编制多本账是中央的作法,地方也就层层搞自己的两本账、多本

---

① 《毛泽东传》(上册),中央文献出版社 2003 年出版,第 81 页。
② 《毛泽东传》(上册),中央文献出版社 2003 年出版,第 777 页。

账,各行各业都编制几本账,一本比一本指标高,其目的是适应"大跃进"的形势。这种做法被私下称为编制"政治账"。这种"政治账"势必使计划指标层层加码,追求高指标的做法不断加剧。1960年7月18日,面对异常严峻的国民经济形势,李富春在中共中央北戴河会议上建议,从1961年起年度计划只搞一本账,只搞一个计划,不搞第二本账。当时的中国经济运行已全面紧张,"多本账"已经搞不下去了。李富春的意见得到中央工作会议的赞成。①

6. 庐山会议后要求提前两年完成"二五"计划

1959年7月2日至8月16日,中共中央在江西召开了政治局扩大会议和中共八届八中全会,即著名的庐山会议。会议开始时,大家对"大跃进"存在的问题提出了若干意见,许多人认为需要进一步"纠左",期间,彭德怀写了那封著名的信,对相关内容不再赘述。总之,会议的结论是,"保卫总路线、击退右倾机会主义的进攻,已成为党的当前的主要战斗任务"。庐山会议后,在"反右倾、鼓干劲"的口号下,已经削减的国民经济指标再次被不断加码,以至提出"提前两年实现原定'二五'计划的主要目标"。高指标进一步蔓延,使国民经济陷入严重的失调状态。②

7. 三年补充计划

三年补充计划是为提前三年完成"二五"计划而制定的。1960年元旦,人民日报发表社论宣称党的八届八中全会关于在1959年前提前三年完成第二个五年计划的主要指标的号召已经胜利实现。为此,制定了第二个五年计划后三年(1960—1962年)的补充计划。毛泽东提出,1963—1965年这三年作为一个过渡阶段,继续贯彻调整方针,打下底子,从1966年起再搞"三五"计

---

① 《李富春传》,中央文献出版社2001年出版,第545-546页。
② 《中国十个五年计划研究报告》,人民出版社2006年出版,第173-174页。

划。① 三年补充计划提出，以冲天的干劲和必要的物质技术基础相结合，力争我国经济面貌"三年小变、五年中变、十年大变"。补充计划以 3600 万吨～3800 万吨钢和 6600 亿～7000 亿斤粮食为纲安排各项计划，强调要保持"大跃进"的发展速度。

在这样一个时期，编制和实施五年计划必然陷入一种特殊的境地，编制和实施工作始终处于一种极不正常的状态。实际上，不仅第二个五年计划没有产生应有的作用，每一个具体的年度计划也是一变再变，没有起到计划应有的指导作用。从某种意义上讲，"二五"计划是下功夫最大，反复最多，而收效甚微的一个五年计划。从"二五"计划编制和执行过程来看，也可以得到若干启示，无论从计划经济还是市场经济的角度，都不可能在完全背离经济规律的前提下推进经济发展，离开了经济规律，不仅远离市场经济，即使搞计划经济也会感到无所适从，一头雾水，编制经济计划也失去了应有的意义。

1958—1960 年的"大跃进""人民公社化"使国民经济遭受了新中国成立以来最严重的挫折。通货膨胀、经济衰退、财政连年赤字，使人民生活陷入最困难的时期。党的八大二次会议正式制定了"鼓足干劲，力争上游，多快好省地建设社会主义"的总路线。从 1958 年开始的"大跃进"这一"经济建设高潮"，是在 1957 年整风反右之后出现的，将全国人民带入了"一天等于二十年"的时代，在全国大办"人民公社"，随之"瞎指挥""浮夸风""共产风"在全国泛滥。农业战线处于"人有多大胆、地有多大产"的气氛中，工业战线则出现了全国人民"大炼钢铁"的局面。这些人为因素加上自然灾害方面的原因，使国民经济雪上加霜。农业生产急剧减产，1960 年夏季全国范围内出现了严重的粮食供应紧张局面，担任重体力劳动的钢铁工人每月仅供应二两肉，而且这一水平也难以维持。高指标必然导致积累和消费比例

---

① 《中国十个五年计划研究报告》，人民出版社 2006 年出版，第 257 页。

失调，消费水平下降，工农业比例失调，重工业畸形发展。从1957年到1960年，重工业增长2.3倍，农业下降22%，钢铁工业挤占能源、原材料和交通运输。各项经济发展比例的全面失调，导致财政收支不平衡、社会购买力和可供商品的比例严重失衡、财政赤字增加、市场供应紧张、人民生活困难、国民经济陷入危机。这段时期是我国经济波动幅度最大的时期，工业产值增长速度最高时达到54.8%，最低时为-38.2%。"大跃进"变成大倒退。这里不再具体回顾"大跃进"年代，只是强调在如此特殊的年代中，无经济规律可言，在当时也无法进行宏观经济分析和调控。1960年9月，中央在批复国家计委制定的《关于1961年国民经济计划控制数字的报告》时，提出了国民经济"调整、巩固、充实、提高"的"八字方针"。从1961年起，国家开始被迫进入经济调整时期。

笔者当时刚刚上小学，对"困难时期"的情景印象颇为清晰，榆钱、桂花伴着棒子面蒸的窝窝头、酱油渣子饽饽，是天天吃的主食，而且能吃饱已很知足。蒸锅里偶尔出现的两个馒头是留给姥姥和爸爸吃的，孩子们都不敢动，姥姥常常悄悄掰半个馒头塞给孙子。从亲友口中时常听到农村饿死人的消息。那时只知道遇到了天灾，只有熬过去。40多年后，从有关资料中才得知在当年的那场灾难中饿死人的数字，天灾加人祸一说才得以面世。

（四）"二五"计划后期的经济调整

1961—1962年，"二五"计划被迫进入调整时期，这一调整实际上一直持续到1965年，持续到"文化大革命"的前夕。当时的调整，就是国家运用宏观经济政策对严重失调的经济进行调整，避免整个国民经济继续向无序甚至崩溃发展。这一调整的难度是极大的，其最大的难点在于既要调整又要把握分寸，即不能明显地否定"大跃进"。否则,调整极有可能再度受挫,其原因不言而喻。"调整、巩固、充实、提高"的八字方针,就是在这种状况下出台的。

1. 关于"调整、巩固、充实、提高"八字方针

八字方针是我国经济发展史上的一次重要的宏观调控。国家计委的《关于1961年国民经济计划控制数字的报告》提出,1961年国民经济计划的方针应以整顿、巩固、提高为主,增加新的生产能力为辅。周恩来将"整顿"改为"调整",并增加了"充实"二字。八字方针以调整为首,实际上强调国民经济进入调整时期。八字方针的基本内容是:以调整为中心,调整国民经济各部门之间失衡的比例关系,巩固生产建设取得的成果,充实新兴产业和短缺产品的项目,提高产品质量和经济效益。调整的内容不仅包括产业结构,实际上也包括了生产关系。这一调整大约持续了五年,促使经济发展开始向比较健康的轨道行进。若干经济学家认为,如果八字方针的思路能够持续下去,将对中国经济的稳定发展发挥更大作用。

2. 经济调整时期的重要事件

在经济调整时期,经历了一系列重要的经济事件,这些事件对以后的经济发展进程具有深远的影响。以下简要列举部分重要的事件:

(1) 关于总结"大跃进"教训。经济调整是在总结"大跃进"教训的基础上进行的。1960年11月,李富春在国家计委召开的全国计划工作会议上,总结了"大跃进"以来的10个方面经验教训,其中包括必须以农业为基础、在农村必须坚持以生产队为核算基础的三级所有制、贯彻执行全国一盘棋的方针、全面安排国民经济计划、必须合理布局等。[①] 薛暮桥1959年在总结"大跃进"教训时指出,在"大跃进"中"过分强调高速度,比较忽视

---

① 《李富春传》,中央文献出版社2001年出版,第550—552页。

按比例","只重视多快,不重视好省","生产大跃进,供应大紧张"。在当时能够如此评价"大跃进",可谓过于大胆,体现了求真务实的精神。

（2）关于"工业七十条"。1961年9月,出台了《国营工业企业工作条例（草案）》,简称"工业七十条"。"工业七十条"是在薄一波的具体主持下制定的,是调整时期整顿工业企业、加强企业管理的重要文件,通过理顺企业内部关系、加强企业管理,逐步使大部分在"大跃进"中受到破坏的国营工业企业恢复了元气。"工业七十条"对于恢复当时的企业生产、稳定整个国民经济,功不可没。

（3）关于"七千人大会"。1962年1月11日—2月7日,召开了扩大的中共中央工作会议,简称"七千人大会"。会议讨论的中心是对国民经济是否需要调整。一部分人认为,形势严重,不退够就不能前进;另一部分人认为,没有那么严重,并预期一次新的反右倾运动即将开始。后一种看法不足为怪。刘少奇引用湖南农民的话,提及1959—1961年的三年灾害,是"三分天灾,七分人祸",在会议上引起很大震动。联系到此前的"冒进""反冒进"和"反反冒进",人们开始进行新的反思。"七千人大会"上,几种观点进行了激烈的交锋,最终,大会对经济形势做出了比较实事求是的分析,即下大的决心调整国民经济,但对困难的估计依然不足。

（4）关于"西楼会议"。1962年2月21—23日,在中南海的西楼大院中的西楼会议室召开了中央政治局常委扩大会议,后称"西楼会议"。会议继续讨论经济形势,陈云在会议上指出,目前的处境是困难的,并提出了克服困难的六点意见,包括减少城市人口、"精兵简政"、制止通货膨胀、尽力保证城市人民的最低生活等。从此，国民经济进入了全面调整时期。①

（5）关于若干经济关系的讨论。在调整期间，以国家计委为中心讨论了一系列重要的经济关系。如农、轻、重的关系，其要点是农业和重工业谁放在首要地位，调整中强调要把农业放在国民经济的首要地位，提出按照农、轻、重的次序安排经济，通过加强综合平衡，提高农业和轻工业的发展速度，适当控制重工业的发展速度；执行全国一盘棋、上下一本账的方针，货币全归中央，财政要集中，不打赤字预算，把全国财力、物力集中起来，用于最迫切需要的方面；调整城乡观念，减轻农民负担；压缩货币流通量，稳定和调剂市场，缓和市场供应的紧张局面；调整积累和消费的比例，改变财政收支不平衡以及社会购买力和可供商品的比例严重失衡、财政赤字增加、生产供应紧张、人民生活困难的状况。总之，要从根本上改变"大跃进"期间"高指标、高积累、高估产、高征购"造成的国民经济比例失调的局面，促使国民经济走向良性循环。

（6）关于"四个现代化"的提出。1964年12月，周恩来在三届全国人大一次会议上提出了"四个现代化"，并宣布将从第三个五年计划开始我国的国民经济发展可以按两步来考虑，第一步，建立一个独立的、比较完整的工业体系和国民经济体系；第二步，全面实现农业、工业、国防和科学技术的现代化。

1965年底，国家宣布1963年9月中央工作会议确定的1963年到1965年过渡时期的主要任务已经完成。至此，经济调整时期基本结束。

3. 关于价值规律的讨论

20世纪60年代初期，围绕稳定和调整物价等问题，当时的经济学术界曾比较集中地讨论过价值规律问题。这些讨论在很大程

---

① 《陈云传》（下册），中央文献出版社1995年出版，第1300页、第1304－1305页。

度上是基于"大跃进"不尊重经济客观规律、造成重大经济损失的局面展开的。实际上，对于价值规律的认识，是认识和建立市场经济的基础环节。

20世纪60年代初，《红旗》《经济研究》等杂志发表过不少关于价值规律的文章，学者们对于如何认识价值规律、如何认识价值规律和商品生产的关系有着若干不同看法。这些看法直接关系到对于宏观经济政策的认识，关系到一系列经济发展的大政方针。当时担任国家物价委员会主任的薛暮桥在1963年7月撰写的《价值规律和我们的价格政策》一文中指出："国家在决定商品价格的时候，必须正确地利用价值规律，慎重地考虑价值规律所能起的作用。社会主义国家必须根据国民经济有计划、按比例发展规律，以及价值规律的要求来制定正确的价格政策，以促进生产发展，便利物资交流，安定人民生活，巩固和发展社会主义经济"……"价值规律是属于客观性质的东西，它不以人们的意志为转移。因此，我们在制定价格政策的时候，必须对价值规律进行认真的研究"。薛暮桥还指出："当某些商品供求不平衡的时候，集市贸易价格背离国家计划价格的现象是会经常发生的。集市贸易的价格基本上由买卖双方自己制定，因此，它必然在很大程度上受价值规律的影响"。在当时普遍存在全面实行计划经济、忽略价值规律观点的情况下，能够强调价值规律的作用是很不容易的。有相当一批人持不同观点，认为价值规律是资本主义的东西，反映的是资本主义经济现象，在社会主义条件下，按照计划经济完全可以指导国家经济发展，不需要考虑价值规律的因素。实际上，这种观点就是否认客观经济规律在经济发展中的作用。违背客观经济规律，必然影响宏观经济决策，最终将受到经济规律的惩罚。这一惩罚在"大跃进"过程中已充分体现出来。

在社会主义社会价值规律的作用是否受到限制的问题上，孙冶方认为，价值规律既然是客观规律，它就不能加以限制；限制价值规律，同取消或者改造价值规律犯着同样的错误。他还认为，价值规律在没有自由市场或自由市场受约束的条件下，它变得不灵敏了，可是它存在着。因此，我们更应重视它，通过计算去寻找它、发现它、尊重它，并进一步掌握它，使它为我们服务。同时，孙冶方强调产品经济，认为价值规律应建立在产品经济，而不是商品经济的基础之上。他认为价格不是由供求关系决定，是由生产价格决定，而生产价格是可以被掌握和计算出来的。

伴随着关于价值规律的讨论，这一时期，经济学界也围绕计划经济和商品生产（商品经济）的关系等相关问题进行了一系列研讨。然而，在当时计划经济框架下，这些讨论具有很大的局限性，学者们的市场经济观点难以得到比较充分的发挥。从当时的一系列文章中可以看到关于市场经济的观点已在酝酿和生成中。这些观点是理论和实践结合的产物，尽管在当时还比较弱小，但已逐步显现出经济理论工作者们追求真理，按客观经济规律探索经济科学的信念，预示着科学的经济理论在日后必将越来越直接地影响经济发展的进程。

（五）部分领导人对"二五"时期经济发展的看法和评论

"二五"时期，中国领导人和经济专家处于全面认识和探讨中国经济发展问题的阶段，他们对经济问题发表了大量评论，提出了一系列重要的建议。这些建议包含着对中国经济发展进程的探索和深刻总结，是集体智慧的结晶，对以后的政治、经济发展进程产生了深刻的影响。与此同时，从这些讲话中也可以看出各位领导人对形势的看法存在着不同的见解，其中包括相当尖锐的观点，这反映出在这一特殊历史时期，进行经济发展决策、推进经济发展是相当艰巨的，是一个十分复杂的进程。这些记载无论什么时候拿来一读，都使人感到价值非凡、回味无穷。于此，将本书中没有引用的部分国家领导人对"二五"时期经济评论作一简要摘录。

毛泽东在 1960 年 6 月中共中央政治局上海会议期间发表了《十年总结》一文，文中指出对于我国的社会主义革命和建设，我们已经有了十年的经验了，已经懂得了不少的东西。但是，我们对于社会主义革命和建设还有一个很大的盲目性，还有一个很大的未被认识的必然王国。我们还没有深刻认识它。我们要以第二个十年的时间去调查它，去研究它，从中找出它的固有的规律，以便利用这些规律为社会主义的革命和建设服务。

刘少奇在 1960 年 6 月主持各大区和省、市、自治区以及中央一些部门主要负责人参加的座谈会上说："最近半年以来，我们在工作中发生了比较多的问题，这些问题是比较严重的，有粮食问题，浮肿病问题，非正常死亡问题，事故问题，计划完成情况的问题，还有一些其他问题。""计划偏大、有些事情不那么切合实际，统计又不那么确实，有浮夸之风。""这些问题的发生，包括中央在内。"① 错误必须纠正，否则就会进一步扩大。刘少奇在 1961 年 5 月的一次会议上，根据他在湖南农村调查中所掌握的材料，指出当时的经济困难不能归于天灾，困难的原因在大多数地方，主要是由于党在工作中的缺点错误。刘少奇在 1961 年底召开的中央工作会议上指出，这几年的缺点错误，责任是谁的？第一，中央负责；第二，省市负责；第三，省市以下也有责任，各有各的账。刘少奇代表中共中央，对工作中的缺点错误承担了责任。② 刘少奇在 1962 年 1 月 11 日召开的"七千人大会"报告中，纠正了最近几年中央和地方提出的一些不正确的口号和提法，如："人有多大胆，地有多大产"、把重视客观条件叫做"唯条件论"，"左"比"右"好以及用经济上的具体指标和数字来划分"左派"和"右派"等。③

---

① 《刘少奇传》（下册），中央文献出版社出版，第 856－857 页。
② 同上，第 889 页。
③ 同上，第 893－894 页。

第三部分　动荡发展时期的宏观经济

周恩来在编制第二个五年计划过程中强调："二五"计划的编制，要既积极又稳妥，要合理地积累和分配资金，正确地安排基本建设计划。周恩来在八届二中全会上讲："上不去，就不能勉强，否则把别的都破坏了，钱也浪费了，最后还得退下来。凡是不合实际的都可以修改，这样就把我们的思想解脱了，不然自己圈住了自己。①

陈云在调整1962年年度计划时讲，今年的年度计划就要搞综合平衡，开步走就要综合平衡。陈云认为，只要综合平衡了，指标低一点，也不怕。看起来指标低一点，但是比不切实际的高指标要好得多，可以掌握主动，避免被动。②

1961年9月5日，邓小平在庐山中央工作会议上指出："现在我们的国民经济实际上是一个半瘫痪状态，我们要有一个时间来结束这个状态，基本上把生产恢复起来，把现有的设备能力恢复起来。"他强调，从今天起到第三个五年计划末的1967年止，都要贯彻执行"调整、巩固、充实、提高"的方针。邓小平提到的三年调整时期各项生产指标，是真正后退了的指标，这就从根本上贯彻了调整的指导思想和目标。③

1962年3月，陈云在中央财经小组会议上提出"农业问题、市场问题，是关系五亿农民和一亿多城市人口的大问题"，"为了农业、市场，其他的方面'牺牲'一点是完全必要的"。周恩来插话说："可以写一幅对联，上联是'先抓吃穿用'，④下联是'实现农轻重'，横批是'综合平衡'。"⑤当时，刘少奇担心这种提法

---

① 《周恩来传》第三册，中央文献出版社出版，第1130页。
② 《陈云传》（下册），中央文献出版社1995年出版，第1314-1315页。
③ 《邓小平传》（下册），中央文献出版社出版，第1200页和第1203页。
④ 最早提出抓"吃穿用"思路的是陈云。陈云在1962年2月中南海西楼会议上指出，"增加农业生产解决吃、穿问题，保证市场供应，制止通货膨胀，在目前是第一位的问题。"
⑤ 《陈云传》第三卷，中共中央文献编辑委员会编辑，人民出版社1995年5月出版，第205页、第210页。

对形势是否讲得过于严重了，毛泽东是否难以接受。刘少奇专程到武汉向毛泽东作了汇报，回到北京时，他高兴地对秘书连连说："毛主席同意了！毛主席同意了！多好啊！多好啊！"① 国家主席为此高兴得像孩子一样。这一事例是当时中央领导人讨论和推进经济工作过程的真实写照。这其中充满了焦虑、担心、苦恼、兴奋。

（六）"二五"时期宏观经济综述

如前所述，"二五"时期由于对经济计划做了多次调整，又进行长达数年的经济调整。1960年9月提出的国民经济"调整、巩固、充实、提高"的八字方针，是"二五"时期宏观调控的成功之举，这一调控最终基本上达到了预期的目的。

"二五"时期的经济发展，从数据上看，大起大落，是经济增长最不稳定，起伏最大的时期。"二五"期间，国民经济年均增长0.65%，最高年增长32.2%，最低年增长-31%。1962年与1957年相比，工业总产值增长20.7%，年均增长3.8%；农业总产值增长-19.9%，年均下降4.3%；国民收入增长-14.5%；全民所有制职工平均工资增长-5.4%。其中：

（1）"前三年"即1958—1960年，国内生产总值由1957年的1068亿元增加到1960年的1457亿元；1958—1960年的净出口分别为0.9亿美元、1.4亿美元和-0.9亿美元。1957年的国家基本建设投资总额为138亿元，1958—1960年的三年"大跃进"期间，分别达到267亿元、314亿元和384亿元，全国积累基金分别达到397亿元、558亿元和501亿元，积累率分别上升到33.9%、43.8%和39.6%。粮食产量逐年下降，1958—1960年，粮食产量分别为4000亿斤、3400亿斤和2877亿斤；棉花产量也跌落到1951年的水平。消费水平大幅下降，1960年全国平均农民消费水

---

① 《中国十个五年计划研究报告》，人民出版社2006年出版，第258页。

第三部分 动荡发展时期的宏观经济

平比 1958 年下降 25%，1961 年职工平均消费水平比 1958 年下降 22%。

（2）"后两年"即 1961—1962 年，国民生产总值由 1960 年的 1457 亿元下降到 1962 年的 1149 亿元，其中，1961 年为 1220 亿元，比 1960 年下降 237 亿元，1962 年比 1961 年又下降 71 亿元。1961 年、1962 年的净出口分别为 -27.3 亿美元和 -5.6 亿美元。大幅降低工业发展速度，1961 年工农业总产值为 1414 亿元，比 1960 年的 2060 亿元降低 646 亿元；1962 年为 1280 亿元，比 1961 年又降低 134 亿元。1962 年工业总产值指标比 1960 年下降了 47%，重工业下降了 57%，轻工业下降了 26%。农业主要产品产量大幅增加，粮食由 1960 年的 2877 亿斤增加到 1962 年的 3100 亿斤。大力压缩基本建设总额，1962 年基建投资由 1961 年的 123 亿元压缩到 67 亿元；国家投资由 1961 年的 90 亿元减少为 56 亿元；预算外投资压缩到 11 亿元，是 1953 年以来最低的。压缩财政支出，1962 年财政支出比 1961 年减少 61.7 亿元。大力精简职工和城镇人口，两年间，共精简职工 1940 万人，城镇人口总计减少 2600 万人，其中回乡、下乡参加农业生产的有 1300 万人。

如前所述，"二五"时期的经济是在"大跃进"的热潮中进行的，各项宏观经济政策需要支持经济发展，因此经济决策是随着人的"热气"变化，升温—降温、降温—升温。宏观决策几乎没有多少规律性可言，随意性极大。回顾"二五"时期的宏观调控，涉及一系列对"大跃进"的评论，紊乱的经济局面最终止于"二五"后期的"八字方针"。对此前文已提及，不再多讲。"二五"前期的宏观政策和宏观调控，主要可以概括为以下几方面：

其一，以多变的计划调控经济发展进程。一系列修改计划的举措基本上都是被迫进行的，这些计划调整主要是做"加法"，其中也包括在国民经济比例发生严重失调、经济发展陷入危机的状况下被迫对计划指标做"减法"。但总趋势是"加法"。制定"多本账"和"前三年""后两年"计划指标，是这一时期计划工作的一大特征。

其二，放弃了综合平衡的调控手段。在当时的计划经济体制下，经济计划是依据综合平衡的方式编制的。根据预先的设计，拟对关系国计民生的重要经济指标进行综合平衡，合理安排各种经济总量的比例关系，促进国民经济的协调发展，实现社会生产和社会需求的平衡。但"二五"计划的实施过程并没有体现综合平衡的设想。关于如何把握综合平衡，陈云结合中国经济的实际情况提出了关于综合平衡的设想。① 陈云的综合平衡思想（前文已有所论述）对于克服"二五"时期经济发展的困难局面曾起到重要的作用，但是在"反反冒进"的批评声中，综合平衡的思想难以实施。作为综合平衡重要手段的银行信贷等一系列经济管理制度，被当作生产发展的"绊脚石"予以破除和取缔，这是造成比例失调、经济发展失控的重要原因。国家计划制定部门为适应"大跃进"的形势，适应"十五年赶上英国"的口号，被迫改变按照党的八大建议的关于制定"二五"计划的初衷，将"超英赶美"和"大跃进"的热度作为编制经济计划的依据，根据"温度"制定计划。实际上，在"二五"计划制定和实施过程中，为体现"大跃进"的"热度"，放弃了综合平衡这一编制计划的主要依据和宏观调控手段。

其三，把经济管理权力下放给地方。通过管理权下放，实行"以地区综合平衡为基础的、专业部门和地区相结合的计划管理制度"。当时，建立了东北、华北、华东、华南、华中、西南和西北七个协作区，以此种形式促进国民经济计划的实施和经济发展。以现在的眼光看，下放计划管理权、下放基本建设项目审批权、下放物资分配权、下放财权和税收权、下放劳动管理权、下放商业管理权、下放信贷管理权等做法，类似于从计划经济向市场经济转轨，但当时这样做显然与此无关，一切下放都是为了推进

---

① 《陈云传》（下册），中央文献出版社1995年出版，第1314页。

第三部分 动荡发展时期的宏观经济

"大跃进",其结果是导致了地方各自为政、自成体系、盲目发展、投资规模迅速膨胀,最终加剧了国民经济发展计划和比例的全面失调。

在"二五"计划期间,在经济发展陷入混乱的同时,计划经济的制定者和执行者们也从中总结了一系列经验教训,尽管这些教训成本过高、代价十分惨重,但毕竟可以给后人留下一笔宝贵的财富。其一,必须按照经济发展的客观规律制定和实施经济发展计划。经济计划的制定,如果脱离经济规律,必然受到经济规律的惩罚。其二,要从国情和国力出发,实事求是地进行经济发展决策。在经济发展比较落后的时期,要特别防止急躁和冒进情绪,欲速则不达,要防止毕其功于一役的思想。其三,要坚持综合平衡的思想。在计划指标安排上要杜绝相互攀比,要从全局考虑。其四,制定计划只搞一本账,不搞计划外的东西,不留缺口。多本账是"大跃进"的产物,是导致"四高"的主要根源。

在1963—1965年三年的调整时期,到1964年国家财政经济情况开始出现根本性好转,各项经济指标逐步恢复到正常水平。周恩来在1964年《政府工作报告》中宣布,调整时期基本结束,国家进入新的发展时期。这一调整时期始于1961年1月正式通过"调整、巩固、充实、提高"八字方针。持续数年的所谓调整时期都是针对"大跃进"带来的严重恶果而言的。1965年,工农业总产值恢复到1957年的水平,与1962年相比平均每年增长15.7%,农轻重关系基本实现了平衡发展。积累和消费的比例关系基本上恢复正常,国家财政收入开始好转,到1965年已做到收支平衡略有节余,市场供应显著改善,物价趋于稳定,经过调整时期的艰苦努力,取得这样的成绩实属不易。

国家终于迎来了摆脱困境,全面发展国民经济的新局面。但是,随之而来的"文化大革命"使国民经济建设再次遭受重创。

二、"文化大革命"时期的中国经济

从 1966 年开始的"文化大革命",历经 10 年,涵盖了"三五"计划(1966—1970 年)和"四五"计划(1971—1975 年)两个时期。

如果说"大跃进"摧毁了新中国成立后中国经济前 10 年的发展成果,使经济走向倒退,那么"文化大革命"则使中国经济彻底走到了崩溃的边缘。本书所讨论的宏观经济问题,在这一历史时期几乎失去了对象。因此,从宏观经济的角度,研究"文化大革命"时期的经济发展似乎可以大为简化。然而,把这一段时期和中国整个历史联系起来加以审视,在经济发展方面还是可以得到一些特殊的启示。

从宏观经济政策角度看,伴随着"文化大革命"一同起步的"三五"计划经历了以下三个阶段:其一,以"吃穿用"为中心的"三五"计划;其二,以"吃穿用"加"三线建设"为中心的"三五"计划;其三,以战备为中心的"三五"计划。概括地讲,这三个中心完全是根据毛泽东的"大决策"确定的。

(一) 以"吃穿用"为中心的"三五"计划

1963 年,李富春在《关于编制长期计划工作的报告》中明确提出第三个五年计划的目标要集中力量基本上解决"吃穿用"问题。① 如前所述,首先解决好"吃穿用"是陈云最早提出的。实际上,这一思想是经历了"大跃进"带来的全国性经济困难之后得

---

① 《李富春传》,中央文献出版社 2001 年出版,第 627 页和 629 页。

出的经验之谈。李富春在1964年又进一步提出"编制'三五'计划必须以农业为基础，在这个基础上来搞工业"，进而提出"三五"计划的基本任务是"大力发展农业，基本上解决人民的'吃穿用'问题；适当加强国防建设，努力突破尖端技术；与支援农业和加强国防相适应，加强基础工业，使国民经济建设进一步建立在自力更生的基础上；相应地发展运输业、商业、文化教育和科研事业，使国民经济有重点、按比例地向前发展"。

"三五"计划按照时间序列应当在1963—1967年实行，面对"大跃进"造成国民经济全面衰退的局面，毛泽东决定1963—1965年为过渡阶段，进行国民经济的调整和恢复，从1966年起实行"三五"计划，而1966年爆发了"文化大革命"，致使"三五"计划的最终形成和实施受到重大影响。经过过渡阶段的经济调整，1966年国民经济曾出现趋于全面恢复的良好的发展势头。以"吃穿用"为中心的计划思路符合当时的国情，毛泽东也表示赞同。这一局面使刘少奇、周恩来等人颇感欣慰，大家期待着一段稳定发展时期的到来。

在听取国家计委汇报"三五"计划初步设想时，邓小平曾指出"计划留有余地也是一个方针问题"，"一切计算都要以低数为基础，年度计划可以在此幅度中进行调整"。[①] 显然，这是要防止"大跃进"盲目追求高指标的做法再现。邓小平的意见得到了广泛的赞成，人们对"大跃进"追求高指标造成的严重危害历历在目、心有余悸。

（二）以"吃穿用"加"三线建设"为中心的"三五"计划

从20世纪60年代初期开始，中苏关系日益僵化，美国进行了

---

① 《中国十个五年计划研究报告》，人民出版社2006年出版，第260页。

以中国为假想敌的核战争演习,印度也于1962年10月向中国领土发动了大规模入侵。根据部队的一份应对可能发生的国际间对中国的突然袭击的报告,毛泽东在1964年年中提出了搞"三线建设"的提议,毛泽东讲"我们不是帝国主义的参谋长,不晓得他们什么时候要打仗。要搞三线工业基地的建设,一、二线也要搞点军事工业建设",由此"三五"计划在解决"吃穿用"的同时,加上了大力推进"三线建设"、加强战备的内容。关于搞"三线建设",毛泽东的态度十分坚决,他在一次会议上曾表示,"你们不搞攀枝花,我就骑毛驴去那里开会;没有钱,拿我的稿费去搞"。①此后,"三五"计划完全加入了"三线建设"、加强战备的步调。尽管李富春迅速改变了原有的"三五"计划初步设想,在计划工作上做了一系列调整,但毛泽东还是不满意。根据毛泽东的意见,"三五"计划初步设想进行了重大修改:一是制定计划的依据要以农轻重为序,从能生产多少粮食出发,而不是从要计划生产多少钢铁倒推。二是在分配投资时,要重点考虑基础工业、国防工业,然后才是农业。实际上,毛泽东对宏观经济政策提出了不同思路,作出了重大调整。②

(三) 以"战备"为中心的"三五"计划

随着形势的发展,国际局势日趋紧张,美国派出第七舰队轰炸越南北方,中国在1964年10月进行了第一次核试验。在这种状况下,"三线建设"加速推进,应对侵略战争的准备工作气氛越来越浓,"吃穿用"加"三线"的"三五"计划指导思想迅速调整为以"战备"为中心的战略决策。

---

① 《李富春传》,中央文献出版社2001年出版,第632页。
② 同上,第633页和第636页。

第三部分 动荡发展时期的宏观经济

　　从此时起，毛泽东对国家计委的批评越来越多，甚至说"计委、经委都不汇报工作。封锁我和少奇同志，他们底下也是一样封锁，他们6个口子互不来往，合作不好，我把陈伯达塞进去，才搞了一点消息。我给富春说，我是当面讲，你们革命好，不革命也好，今明两年再不改，要另立机构"。毛泽东在陈伯达打的一份指责计委工作的小报告上批示："计划工作方法，必须在今明两年内实行改变，如果不变，就只好取消现有计委。另立机构"。① 李富春诚惶诚恐，多次检查，一再表示要把加强战备和"三线建设"作为计划工作的重点，并再三作了相应调整，但毛泽东仍不满意，对国家计委批评的调子越来越高。毛泽东在李富春拟定的《关于编制长期计划的程序问题》上批示："……十几年来，形而上学盛行，唯物辩证法很少人理，现在是改变的时候了"。② 1964年底，毛泽东提名当时任石油工业部部长的余秋里挂帅组建专门制定计划的新班子，即"小计委"。"小计委"超脱于国家计委之外，专门研究战略问题。余秋里提名时任建筑工业部部长的李人俊、浙江省委书记林乎加、北京市委工业书记贾庭三等人加入"小计委"。③ 此后，几乎凡是"小计委"写的报告，毛泽东总是表示赞成。到此，国家计委已大权旁落。

　　1966年5月，中共中央政治局通过的"516"通知，标志着"文化大革命"的正式爆发。"文化大革命"的爆发对"三五"计划的实施和整个国民经济建设产生了巨大的干扰和影响，包括"三线建设"项目也因为社会动乱被推迟了。负责经济领导工作的刘少奇、邓小平、陈云、李富春、薄一波等人纷纷被打倒，余秋里也受到冲击和批判。国民经济计划从1967年开始已无法正常执行。主要经济指标直线下降，国家财政发生严重困难，财政收入

---

① 《李富春传》，中央文献出版社2001年出版，第639页。
② 《中国十个五年计划研究报告》，人民出版社2006年出版，第274页。
③ 《邓小平传》（下册），中央文献出版社出版，第1304页。

只完成419亿元,比上年减少24.9%,仅完成计划的68.8%,出现了22.5亿元的财政赤字。1968年是我国建立计划经济以来唯一没有年度计划的一年,经济全面下滑,国民收入减少13.2%,财政收入减少35.3%。1969年召开的全国计划会议成了"大批判"会。规章制度全面废止,无政府主义泛滥成灾。"文化大革命"的前三年(1966—1968年),国民经济遭受的损失日趋严重;1969—1970年,随着加强战备的进程,一批被搁置的"三五"计划重点项目重新投入实施,在此带动下,1969年的经济趋于好转,工农业总产值比上一年增长了23.8%;1970年的国民经济计划被称为是一个备战的计划、跃进的计划,也是一个积极可靠、留有余地的计划。最终,"三五"计划"在战备中掀起高潮并得到勉强完成"。与此同时,从宏观经济角度看,这一突发的跃进也带来了基建规模过大、积累率过高、消费与积累比例失调等问题。一些经济专家认为,1970年的高投入使原定指标较低的"三五"计划得到了勉强完成,但也埋下了"三个突破"(见下文)的潜在危机。

(四)"文化大革命"进程中的"四五"计划

1971—1975年的"四五"计划是在"文化大革命"进程中制定和实施的。在此期间,经济管理部门已"政治化",一系列规章制度被废止,生产企业也处于无政府状态。在一系列极左思潮的干扰下,"四五"计划难以得到实施。

最初的"四五"计划,依然是盲目追求高速度、高指标的计划,致使"四五"计划前几年经济进一步趋于恶化,国民经济出现了"三个突破",即:职工人数突破5000万人、工资支出突破300亿元、粮食销售突破800亿斤。"三个突破"使国家财力物力无法承受,使经济发展难以为继,造成了国民经济比例失调、积累率过高、农轻重比例不合理,其结果是导致经济效率降低、人民生活水平趋于下降。

第三部分 动荡发展时期的宏观经济

在这一时期,各项主要的宏观政策再现追求高指标的一幕,说明在当时的历史背景下,经济决策者难以从客观经济规律出发制定和把握宏观经济政策。与此同时,周恩来和1973年复出的邓小平等国家领导人,努力从宏观经济政策方面调控经济运行,促使中国经济再次走出困境。在这方面最突出的是两件事,一是周恩来的两年经济调整,二是邓小平的经济整顿。在"文化大革命"这样的特殊历史条件下,周恩来、邓小平等国家领导人顶着巨大的政治压力,不断地努力寻求在可能的限度内,将调整经济的思想体现到经济工作中,尽可能地挽回国家的经济损失。

1971年林彪事件发生后,周恩来主持了两年经济调整,对"四五"计划进行了多次修改,对高指标作了调整,进而努力将以战备为中心的计划指导思想向强调经济效益、注重沿海经济和"三线建设"并重转变。经过两年的调整,经济状况趋于好转。首先,庞大的基建规模被压缩,国民经济各部门失调的比例关系得到调整。1972年工业基建投资比1971年降低了21.24亿元,1973年继续降低,工业投资比重由1971年的61.5%降低到53.8%。国家基础工业支出占财政支出的比例,三年调整时期为18.5%,"三五"计划时期上升到23.2%,"四五"计划前两年达到了25%以上,而1973年、1974年随着提高支出的压力被压缩到平均每年23.9%。其次,1973年国民经济计划完成较好,安排也大体符合实际,是"一五"计划以来经济增长最快的一年。工业总产值达3967亿元,比上年增长9.5%;农业总产值1179亿元,比上年增长8.4%;经济效益也有了提高,全民工业劳动生产率在连续两年下降后,比上年提高了3.3%。同时,"三个突破"基本得到了控制。

邓小平1975年主持经济整顿工作后,进行了一系列拨乱反正的经济调整,促使"四五"计划最终基本得以完成。1975年3月,在整顿的关键之仗——解决铁路运输问题的"中共中央全国主管工业党委书记会议"上,邓小平指出"只敢抓革命,不敢抓生产,说什么'抓革命保险，抓生产危险'。这是大错特错的"，① 并提出一系列整顿铁路运输业的政策措施。随后，有重点、分步骤地对国防工业、军队、工交、科技以及文艺、农业、教育、财贸等领域展开了整顿，使得原油、原煤、化肥、发电、铁路运输等众多行业在 1975 年 5、6 月份都开始创造出每月产量的历史最高水平，基本上遏制住 1974 年 1 月"四人帮"利用"批林批孔"运动给经济带来的打击（1974 年是"四五"期间国民经济遭受干扰破坏最严重的一年，许多企业处于半瘫痪状态，交通堵塞，主要产品产量比 1973 年大幅下降），使国民经济发展形势开始趋于好转。

处于"文化大革命"后期的"四五"计划，由于国民经济主要比例严重失调，经济效益不断下降，经过修订的"四五"计划纲要规定的主要经济指标有近一半没有完成计划。"四五"期间，国民生产总值由 1970 年的 2253 亿元增加到 1975 年的 2997 亿元，年均增长 5.87%。国民经济平均增长 7.76%，最高年份为 12.2%，最低年份为 1.4%，工农业总产值平均每年增长 7.8%。1975 年，工农业总产值完成计划的 101.7%，财政收入完成 98%。在"文化大革命"如此困难的情况下，"四五"计划能够勉强完成，主要是依靠这一时期建成的骨干企业、重点项目和基础设施，这些工程使国家的经济总量有了较大增长。从国民经济发展规划看，"三五""四五"时期是我国建立独立的、比较完整的工业体系和确立工业化建设总目标的重要阶段，但由于这一重要阶段是在"文化大革命"中渡过的，其工业化步伐和建设质量势必受到极大影响，这一历史阶段造成的损失，只有在其后的发展进程中加以弥补。

"二五"期间和"文化大革命"时期，一系列宏观经济政策发生严重扭曲，分析以"四要素"为标志的主要宏观经济指标，其应有的经济意义已十分有限。和"一五"时期相比较，分析这些

---

① 《邓小平文选》第二卷，人民出版社 1994 年出版，第 4 页。

第三部分 动荡发展时期的宏观经济

指标更加缺乏必要的统计数据支持，不同阶段的数据之间缺乏可比性。因此，本节暂不对"文化大革命"时期的"四要素"等宏观经济指标进行具体分析和评论。然而，只要国家层面的经济活动没有停止，宏观经济运行就存在，只不过"文化大革命"时期是一段不按照客观规律发展经济的时期。从中，我们可以清楚地看到不遵循经济规律受到的惩罚，这就是经济发展停滞和倒退给国家和人民带来的重重灾难。

中国宏观经济与宏观调控概说（修订版）

第四部分

经济体制转型初期的宏观经济
（1977—1990 年）

　　党的十一届三中全会标志着中国进入改革开放时代。解放思想，冲破长期以来"左"的思想束缚，按照客观经济规律发展经济，推进从计划经济走向市场经济的转轨进程，是这一时期的主题。

　　在工业领域，强调经济发展要以提高经济效益为中心；在农业领域，坚定地推进联产承包责任制；与此同时，以价格改革为重点，全面推进各行各业的改革进程。通过宏观调控，多次治理经济过热，宏观调控手段不断完善，逐步从直接调控转为间接调控。

　　经济转轨过程中带有计划经济体制的色彩，在中国现有国情下，要把握好以行政手段、法律手段和经济手段调控经济的度，促使经济朝着遵循客观经济规律的方向发展。

——题记

第四部分　经济体制转型初期的宏观经济

随着"四人帮"的倒台和"文化大革命"的结束，各行各业逐步恢复生机，中国迎来了走向改革开放的全新发展时期。从计划经济走向市场经济，是一个巨大的历史性转变，要完成经济体制的转型。这一转变，包含着意识形态和体制机制上的一系列重大变革，要创建若干新的观念、新的思维和新的模式。在这一过程中，国家经济发展将面临前所未有的机遇和挑战。经历了若干挫折的中国经济，期待着一场真正的变革，期待着改革开放时期的到来，期待着经济的持续稳定发展。为叙述方便，本部分所论述的经济体制转型初期，包括1977—1979年的经济改革酝酿时期和1980—1990年的改革开放初始阶段。

一、经济改革酝酿时期（1977—1979年）

1981年6月，中共十一届六中全会通过《关于建国以来党的若干历史问题的决议》，对"文化大革命"作出了历史总结和历史评价，实事求是地评论了毛泽东在中国革命中的历史地位。"文化大革命"的结束，使中国再次面临经济得以正常发展的机遇。

从"文化大革命"结束到1979年，实际上是经济改革的酝酿时期，从宏观经济层面看，这一阶段发生了一系列事关中国经济发展命运的重大事件。

（一）编制"五五"计划

第五个五年计划（1976—1980年）是在1974年1月由国家计委提出初步设想的。与此同时，国家计委还提出了1976—1985年的10年远景规划。"五五"计划设想，国民经济的发展可以按两步来考虑：第一步，建立一个独立的比较完整的工业和国民经济体系；第二步，全面实现农业、工业、国防和科学技术的现代化，使我国经济走在世界前列。1980年以前，建成我国独立的比较完整的工业和国民经济体系，有步骤地建设经济协作区，基本上实现农业机械化。1975年初，邓小平主持工作后，着手编制1976—1985年发展国民经济十年规划纲要草案以及"五五"和"六五"两个计划的设想。其后，随着"批邓""反击右倾翻案风"运动的开始，十年规划和五年计划的实施受到直接的干扰。①

（二）制定《国民经济发展十年规划纲要》

1977年底，中央批准并下达了《国家计委关于1976—1985年国民经济发展十年规划纲要（修订草案）》。该纲要提出，工农业生产10年平均增长速度为8.7%。其中，工业速度为10%；财政收入10年合计为1.28万亿元；1985年钢产量为6000万吨、煤9亿吨、化纤150万吨、原油2.5亿吨，国家计划新建和续建120个大型项目，其中包括10个大型钢铁基地、10个大油气田等。1978年到1985年的基本建设投资相当于过去28年的总和，每年要投资700亿元。这一规划脱离了国情，超出了当时国家的经济能力。

（三）十一届三中全会标志着中国进入改革开放时代

1978年12月，中共十一届三中全会召开，做出了"把工作重点转移到社会主义现代化建设上来"的战略决策，从指导思想上做到了拨乱反正。一个国家以发展经济建设作为政府的工作重点，本应是天经地义，然而在我国工作重点转移到经济建设上竟然经历了一个极其艰难的过程，付出了沉重的代价。这一点是由于我

---

① 《中国十个五年计划研究报告》，人民出版社2006年出版，第380页。

国特殊的国情和历史原因造成的,值得后人深思。党的十一届三中全会强调,必须按照客观经济规律办事,初步提出了调整、改革的任务和措施。会后不久,对脱离国情的十年规划纲要进行了修正。党的十一届三中全会成为中国进入改革开放时代的起点。首次把改革明确地列为经济工作的重点任务,使我国经济工作由新中国成立以来不断地进行局部调整,转变为对经济体制进行全面、广泛、深刻变革的新时期,冲破了长期以来"左"的思想的严重束缚,结束了在徘徊中前进的局面,实现了一次伟大的转折。党的十一届三中全会是一次划时代的会议,预示着国民经济将从计划经济体制向市场经济转型,中国将进入一个按照客观经济规律管理经济的新时代。

邓小平在这次全会前召开的中央工作会议上作了题为《解放思想,实事求是,团结一致向前看》的讲话。讲话中提出,"如果现在再不实行改革,我们的现代化事业和社会主义事业就会被葬送。要允许一部分地区、一部分企业、一部分工人农民,由于辛勤努力、成绩大而收入先多一些,生活先好起来"。这一提法,体现了邓小平巨大的政治魄力,是解放思想、实事求是思路的精华。

(四)"新八字"方针

1979年4月,中共中央召开工作会议,正式提出了"调整、改革、整顿、提高"的方针,被称为改革开放后的"新八字方针"。这是这一时期对经济运行做出的一次重大的宏观调控。这次会议决定,要从1979年起用三年时间进行调整,改变国民经济比例严重失调的状况。继续整顿好现有企业,积极、稳妥地改革工业管理和经济管理体制,使整个国民经济真正纳入有计划、按比例、健康发展的轨道。对"五五"计划过高的基本建设投资规模进行了压缩,提出降低重工业增长速度,努力发展农业、轻工业,逐步开展多种经营形式和开辟多种流通渠道,增加就业,改善人民生活。从 1980 年年底开始,国民经济主要比例关系逐步改善,经济发展趋于稳定。

(五)"新跃进"

"五五"计划前期再次出现经济过热,被一些学者称为"新跃进"。当时,由于国家仍然全面实行计划经济,没有通过改革从根本上转变经营观念和管理方式,在"五五"计划初期,再次出现盲目发展的局面。从"五五"计划前期的完成情况看,1977—1978 年,社会总产值、工农业总产值、国民收入连续两年大幅度增长,主要工农业产品的产量恢复或者超过了历史最高水平,1978 年社会总产值为 6846 亿元,比 1977 年增长 13.1%;1978 年国民生产总值为 3010 亿元,比 1977 年增长 12.3%;财政收入和支出连续两年大幅度增加,收入略有节余,扭转了 1974 年开始的连续三年的财政赤字。在此情况下,又重现盲目追求高指标、高速度的老毛病,出现了明显的"过热"倾向,对经济发展指标规定得过高、要求得过急。与此同时,相应的经济管理仍然实行老一套模式,出现了新形势下的"新跃进"。从宏观角度看,此轮"新跃进"主要有以下三个方面特点:一是盲目加快农业机械化的进度,忽略质量,提出了不切实际的要求,加剧了国民经济各方面的比例失调;二是过大的积累比重与比例结构失调,重工业过重,农业、轻工业过轻的情况没有得到改善;三是引进项目规模过大,实施过急,对若干引进项目缺乏可行性研究,仓促上马,给国家财政和国民经济造成沉重负担,进一步加剧了长期存在的经济结构的比例失调。

(六)关于计划经济与市场经济的新一轮讨论

党的十一届三中全会前后,一批专家学者研究和提出了发展商品经济和市场经济的思路,为计划经济向市场经济转型做出了重要的理论准备。虽然国家当时仍是实施有计划、按比例的发展方针,还没有明确提出市场经济的发展思路,但是关于商品经济、市场经济体制的探讨已经成为学术界的重要课题。

一批杰出的经济学家把经济理论与中国的国情结合在一起,提出了最初的发展商品经济的设想。在党的十一届三中全会前后,年近八旬的薛暮桥深入研究和提出了关于发展商品经济的一系列主张,从"计划经济为主、市场调节为辅"到按照客观经济规律发展"社会主义商品经济",思路不断深化,是最早提出发展商品经济和市场经济的学者之一。从计划经济逐步走向市场经济的观点,经历了长期曲折的过程,是经济学与中国经济发展实践相结合的产物,是无数经验教训的结晶。这些思想的产生,为计划经济向市场经济转轨奠定了重要的理论基础。在实践中,关于计划和市场的争论,是一场马拉松式的争论,始终伴随着我国的经济发展。这些争论涉及经济工作者、经济学家,乃至各级负责人、国家领导人。

关于计划经济与市场经济的争论,实际上是关系到能否顺利地推进改革开放的最重要的理论基础和思想基础。在20世纪50年代中期,理论界曾引发过社会主义经济是否存在商品生产,价值规律能否起调节作用等讨论,其结果是强调价值规律的观点受到批判。薛暮桥、孙冶方、顾准、吴敬琏等一批学者参与了讨论,对运用价值规律问题不断发表自己的论点。前文提到,20世纪60年代初期,理论界再次比较集中地探讨商品生产和价值规律,人们通过不尊重客观经济规律造成的惨重代价,特别是"大跃进"的后果,加深了对于价值规律调节作用的认识。1978年底召开党的十一届三中全会以后,这些思想禁区并没有很快被打破,冰冻三尺非一日之寒,冰雪融化也需数日之功。20世纪80年代初,薛暮桥曾由于说过"计划调节大部分要通过市场调节来实现",不得不在他自己主持的经济体制改革理论座谈会上作检讨;刘国光由于在《人民日报》发表文章,称"随着买方市场的逐步形成,随着价格的合理化,要逐步缩小指令性计划的范围,扩大指导性计划的范围",遭到严厉批判。对这类讨论和批判不一一列举。随着思想解放和种种禁区的破除,经济学界逐渐迎来学术探讨的春天。随着对计划和市场问题讨论的深入,"计划经济为主、市场调节为辅"的提法见诸报端,党的十二届三中全会又以"有计划的商品经济"取代了这一提法。1992年初,邓小平关于计划和市场的重要谈话,为社会主义市场经济奠定了理论基础,正如吴敬琏所说,在改革的计划取向和市场取向出现激烈争论时,小平南方谈话一锤定音。1992年3月,中共中央政治局明确提出,"计划和市场都是经济手段。要善于运用这些手段,尽快发展社会主义商品经济"。1992年10月,在党的十四大报告中明确提出,我国经济体制改革的目标是建立社会主义市场经济体制。市场经济体制成为经济发展的目标,经历了一个如此漫长和曲折的过程,人们希望关于计划和市场的讨论,不要再成为经济学界的议题,到此为止,把有限的精力投入到发展社会主义市场经济中去。从根本上讲,是解放思想推进了理论创新,理论创新促进了改革的不断深化。

以上,是"文化大革命"结束直到国家开始实施改革开放政策之前,从思想上和经济建设方针等方面全面酝酿和推进计划经济向市场经济转型的阶段,为日后的改革开放做出了重要的前期准备,发挥了理论先行的导向作用。

二、改革开放的初始阶段(1980—1990年)

从"文化大革命"结束到1979年底,在党的十一届三中全会方针的指引下,通过推进"新八字方针"和理论界的一系列关于计划经济和市场经济的探索，为全面实行改革开放打下了重要的基础。20世纪70年代末期，国家开始了改革开放的航程。1980年至1990年，国家着手在各个领域，按照轻重缓急，推进改革开放。在此期间，开创性地制定了一系列关于改革开放的方针政策。这些方针政策虽然还不够完善，但对比旧体制已发生了巨大的变化，质疑声也已然不绝于耳，改革的阻力来自社会的各个层面。改革者要取得成功，不但要战胜旧体制、旧思想，还要战胜自己，也就是说，首先要解放思想，使自身摆脱旧体制的束缚，十分坚定地击碎一系列阻碍改革的观念和枷锁。在改革者面前没有现成的模式，改革的路径完全要依靠自己去设计，去创造。改革开放最初的10年，对改革的认识时常是众说纷纭。按照不少经济学者的提法，我们在本书中暂且将1980—1990年称为改革开放的初始阶段。

（一）"五五"计划的完成与"六五"计划的实施

"五五"计划（1976—1980年）在实施过程中可以分为两个阶段：一是1976年"文化大革命"结束到1978年底党的十一届三中全会召开，这一时期经济发展处于"文化大革命"结束后的恢复时期。二是党的十一届三中全会到1980年，这一阶段经济处于调整时期。从总体看，1978年7月中央批准的《1976—1985年发展国民经济十年规划纲要和今后23年的设想》提出了脱离国情的过高的目标，加剧了国民经济比例关系的失调。党的十一届三中全会以后，在推行"新八字方针"过程中，从宏观角度，重点作了以下调整：一是加快农业和轻工业的发展，改善农轻重之间的比例关系，调整农村政策，实行多种形式的生产责任制；二是调整国民收入分配，改善积累与消费的比例。这些工作使"五五"计划后期，经济趋于好转。

"五五"时期，国民经济平均增长7.84%，工农业总产值平均

中国宏观经济与宏观调控概说（修订版）

每年增长8.1%，其中，农业总产值增长5.1%，工业总产值增长9.2%。到1980年底，粮食达到6411.1亿斤，棉花5414.4万担，钢3712万吨，原煤6.2亿吨，原油10595万吨。五年间，城乡人民的平均消费水平提高了26.8%。"五五"期间的后两年，出现了较大的财政赤字，货币发行过多，商品价格上涨。"六五"计划（1981—1985年），即是在这样一个基础上开始实施的。

尽管"新八字方针"的提出对一系列高指标进行了有力的调整和纠正，但"六五"计划的第一年，即1981年，还是在具有100多亿元赤字、国民经济比例失调的状况下开始实施的。1980年底，中央召开工作会议，提出了"在经济上实行进一步调整，政治上实现进一步安定"。陈云在会议上明确指出，"调整意味着某些方面的后退，而且要退够，不要害怕这个清醒的、健康的调整"。① 李先念强调："陈云同志说，过去经济建设方面的主体错误是'左'的错误。在'左'的错误领导下，也不可能总结经验。这是非常深刻的。"② 1981年，国家进一步进行调整，实现财政、信贷基本平衡，作到消费品生产的增长同社会购买力的增长相适应，保持市场物价的基本稳定，决心再用五年或更长一点时间完成各项调整任务，实现经济结构和管理体制合理化。经过1981年的经济调整，促使国民经济走向健康发展的轨道。从总体看，经过"五五"计划后期和"六五"计划开局之年的调整，"六五"计划有了一个不错的起步阶段，与其他计划一样，"六五"计划也是边实行边调整，在实施中完成编制的。

从编制时间看，"六五"计划拖得时间较长，最初是根据1975年《政府工作报告》中的提议与《1976—1985年国民经济计划纲要》着手编制的，经过1975年、1978年两次编制后，若干主要指标仍处于不切实际的高水平，到了"六五"计划即将开始实施前

---

① 《陈云传》（下册），中央文献出版社1995年出版，第1605页。
② 同上，第1607页。

第四部分 经济体制转型初期的宏观经济

的1980年,原方案基本被推倒重来。"六五"计划提出的计划控制数字,是在中共中央政治局于1981年10月举行的扩大会议上通过的,1982年1月由国务院下达。"六五"计划最终在1982年12月进行的第五届全国人大第五次会议上获得通过,这时已是计划实施的第二年年底。应当说,"六五"计划是"一五"计划之后制定的一个比较完备的五年计划。

1980年以后制定"六五"计划的主要指导思想:一是积累率不能太高,发展速度不能要求太急;二是要有一个稳定的增长速度;三是使人民的生活逐年有所改善;四是在所有制方面不要"一刀切";五是发展社会主义商品经济,发挥价值规律的作用;六是立足于现有的基础,十分注意经济效果,在这个基础上,进行经济改组、技术改造、体制改革。关于制定长期计划的这些认识,是在深刻总结中国长期经济发展中出现的经验教训的基础上,以解放思想、实事求是的态度,对中国经济发展提出的新的思路,很实在,很到位。

"六五"期间,工农业总产值的增长速度计划定为4%,争取达到5%,作了一个留有余地的计划。强调"六五"计划要以调整为中心,争取国民经济得到根本好转。1982年,在党的十二大上确定了我国经济建设的战略目标,即在不断提高经济效益的前提下,到20世纪末实现工农业总产值翻两番。这一战略目标分两步走,前十年打基础,后十年创造一个新的经济振兴时期。"六五"计划时期是前十年打基础的第一个五年。

"六五"期间,工农业总产值平均每年增长11%。原煤产量由6.2亿吨增加到8.5亿吨,原油产量由1.06亿吨增加到1.25亿吨,钢产量由3700万吨增加到4666万吨。财政收入由下降转为上升,1979年至1980年,财政赤字约300亿元;1985年财政收入1829亿元,实现了收支平衡。进出口贸易总额达2300亿美元,比"五五"时期翻了一番。五年合计安排就业劳动力3500多万人。

"六五"期间,依然存在追求速度,忽视经济效益的倾向,存在固定资产投资规模过大问题,发生了较严重的经济过热现象。但"六五"计划能够取得上述成绩,主要是贯彻执行"调整、改革、整顿、提高"八字方针的结果。从此,国民经济主要比例关系趋于协调,经济进入稳步发展的轨道。经历了长期动荡、折腾的中国,终于迎来了改革开放的新时期。人们对于中国经济的未来,对于以后的日子,充满了期待。这一时期,笔者从中央财政金融学院(现在的中央财经大学)毕业,教了两年书,来到国务院经济研究中心,给我国著名经济学家薛暮桥做秘书,参加到为改革开放设计具体方案的行列中。给薛老做秘书,是笔者一生最大的幸运(参见本书附文)。

(二) 宏观经济方面的几件大事

1. 强调经济发展以提高经济效益为中心

新中国成立以后,在我国经济发展过程中,一直存在着重速度、忽略效益的状况,高指标此起彼伏,攀比之风盛行,由此带来的是经济效益低下、国民经济发展比例失调。对这种状况,多年来进行过不间断的调整。问题是盲目追求速度的做法为什么屡禁不止,一再主导经济发展。对这一问题,将在本书第六部分讨论。"六五"计划明确地提出经济发展以强调提高经济效益为中心,改变过去制定计划一味追求高速度、高指标、高积累的做法,这是宏观经济决策的重大调整,对其后的经济计划制定工作和经济发展必将产生重大影响。

"六五"计划初期,国务院提出了围绕提高经济效益进行经济建设的十条方针,力图在提高经济效益方面开创一个新局面。十条方针是:第一,依靠政策和科学,加快农业的发展;第二,把消费品工业的发展放到重要地位,进一步调整重工业的服务方向;第三,提高能源的利用效率,加强能源工业和交通运输业的建设;第四,有重点有步骤地进行技术改造,充分发挥现有企业的作用;

第五，分批进行企业的全面整顿和必要改组；第六，讲究生财、聚财、用财之道，增加和节省建设资金；第七，坚持对外开放政策，增强我国自力更生的能力；第八，积极稳妥地改革经济体制，充分有效地调动各方面的积极性；第九，提高全体劳动者的科学文化水平，大力组织科研攻关；第十，从一切为人民的思想出发，统筹安排生产建设和人民生活。十条方针从解决供需矛盾出发，强调挖掘潜力，体现了从实际出发、实事求是的思路，对提高经济效益，保持经济持续发展发挥了重要作用。

从历史上看，也多次强调过效益问题，甚至在"大跃进"期间，也提出过"多快好省"的口号，其中，"好""省"即包含了提高效益之意。但实际上，在盲目快速发展的大趋势下，落实的是"多"、是"快"，"好"和"省"势必被忽略。经济发展的实践告诉我们，成功的经济发展追求的是有效益的速度和有质量的规模。历史经验一再说明，不顾效益的高速度是不能持久的，是没有生命力的。要保持经济的持续发展，必须不断提高经济效益，要靠经济效益支撑经济的持续和稳定发展。进一步讲，要不断地提高经济效益，必须从改革入手，要从转变经营机制，建立一系列适合经济规律的制度入手。十条方针充分体现了调整和改革的思想，为进一步创造条件促使国民经济结构调整和经济体制改革打下了坚实的基础。

2. 推进农业改革，实行联产承包责任制

中国是一个农业大国，研究经济问题，首先要从农业问题着手。经历了"大跃进"和"文化大革命"阵痛的广大农村，在"文化大革命"结束后，亟须寻求新的有生命力的发展途径。农村、农业、农民问题，即"三农"问题解决得如何，直接关系到国家的经济全局，关系到国家的稳定。在中国，解决好"三农"问题，是一个最大的宏观经济问题。"包产到户"这个概念，在新中国成立后多次在农村出现，但屡屡受挫，一批经济学家，甚至高级干部，也曾因为包产到户问题遭受打击，以致于在广大农村、在整个经济界，提"包"色变。"文化大革命"结束后，随着人们思想的进一步解放，"包"字再次被提上议事日程。最初，是"包产到组"，其后开始探讨"包产到户"，在这场农民求生存、农村求发展的浪潮中，安徽、广东、四川等省走在了前面。然而，在相当一段时间里，这种支持包产到户的声音还是十分弱小的，是承受着巨大压力的。最终，还是邓小平挺身而出，于1980年5月发表了《关于农村政策问题的谈话》，旗帜鲜明地支持"包产到户"和"大包干"。他说，农村政策放宽以后，一些适宜搞包产到户的地方，搞了包产到户，效果很好、变化很快。他认为，总的来说，现在农村工作中的主要问题还是思想不够解放……从当地具体条件和群众意愿出发，这一点很重要。① 从此，邓小平的谈话成为一个转折点，包产到户迅速得以发展，逐渐形成了家庭联产承包责任制。在"六五"计划期间，中央连续对农村经济问题发了五个"一号文件"，在广大农村全面推行联产承包责任制。1983年底，实行联产承包责任制的生产队已占到生产队总数的99.5%，其中，实行包干到户的占97.8%。"六五"期间，农村经济由此得到了快速发展，成为新中国成立以后，农村经济发展最快的时期，广大农民的生活得到了相当显著的改善。联产承包责任制的实施，是改革的一项重要成果，使农村经济发展尝到了改革的甜头，由此坚定了经济决策者和广大人民群众推进改革的信念。

3. 1984年的经济过热和宏观调控

在改革的推动下，"六五"计划得以顺利实施，1984年的国民经济发展相当快，工农业总产值达到10627亿元，年增长14.2%；进出口贸易总额为1201.2亿元，年增长39.7%。在这种情况下，1984年第四季度经济生活中再次出现盲目追求超高速度，致使工业生产发展速度过快，固定资产投资规模过大，消费基金增长过猛，货币投放过多，国家结存外汇下降。核心问题是基本建设投

---

① 《邓小平文选》第二卷，人民出版社1994年出版。

资规模过大,消费基金增长过猛,由此导致1984年第四季度经济发展出现过热。

关于这一时期的经济工作,薛暮桥认为,这一时期我国经济发生了前所未有的宏观失控。他回忆道:1984年下半年,有关部门讨论金融体制和工资管理体制改革的方案,决定要扩大专业银行贷款的自主权,允许各专业银行自主支配的信贷资金数额同存款增减挂钩按比例浮动;决定要扩大企业工资分配的自主权,企业工资总额可以同企业经济效益挂钩浮动。这些本来是好事,但在具体实施办法上出现不该有的失误。银行系统设想1985年各专业银行贷款数额的浮动,要以1984年实际贷款数额作为基数;劳动部门设想1985年各企业工资总额的浮动,要以1984年实际数作为基数。有关这两项基数核定办法的风声传出,立即导致从10月份开始的信贷和工资增长严重失控。许多金融单位不顾大局,为了增加信贷基数,竞相放贷;许多企业和行政事业单位从本位主义出发,为了增加工资基数,乱提工资,滥发奖金和补贴。致使银行信贷、投资数量和消费基金急剧增长。1984年12月银行贷款总额比上年同期猛增48.4%,全年增长28.9%;第四季度奖金发放比上年同期增加1倍有余,工资总额(包括奖金)增长38%。国务院在11月中旬就发现这个问题,发出了控制基建投资和工资奖金的紧急通知,规定1984年增发货币180亿元的计划不准突破。但没有公开宣布撤销关于两个基数核定办法的初步设想,银行对基建贷款仍然是不但有求必应,而且送款上门。1984年第四季度货币发行量比上年同季增加164%,全年合计增加49.5%,全年增发货币达262亿元,大大突破原来的定额,开始出现了明显的通货膨胀。

到了1984年12月份,通货膨胀的局面日益明显。1985年初,国务院召开会议强调加强宏观调控,连续召开省长会议,纠正失误,严格控制信贷和工资奖金等发放,实行财政和信贷双紧政策。1985年4月份,几个中央部门和主要媒体共同举办了"中国

中国宏观经济与宏观调控概说（修订版）

中青年经济改革学术讨论会",就宏观调控、财政金融改革、价格体制改革、增强企业活力等议题，进行了广泛深入的探讨。当时参加会议的代表，都是改革早期参与研究经济改革理论的中青年人，如马凯、马小冈、马建堂、田源、李剑阁、周小川、楼继伟、郭树清、卢建、冯仑、卢中原、刘伟、朱民、朱嘉明、华生、宋国青、李小溪、笔者、宋国清、张维迎、杜夏、沈柏年、吴晓求、周其仁、金立佐、郑洪庆、何小培、徐景安、曹思源、周八骏、陈晓梅等（名单不全，遗漏请谅），他们都是获得优秀论文奖的作者。30多年过去了，真希望大家能聚到一起，再聊聊中国的经济改革历程。薛暮桥为获奖优秀论文选《腾飞的构想》题写了"济济英才，满腹经纶，青出于蓝，后继有人"。这一时期经济理论研究的学术氛围还是很浓厚的，老一辈经济学家和具有丰富经验的老领导，经常和年轻人一起长时间地深入分析改革中的难点，特别是当时的通胀问题，无形中带出了一批人才。薛老提到的"后继有人"事关我国改革的未来。

1985年9月初一批重量级的中外学者在长江乘坐的"巴山"号游轮上，召开了宏观经济管理国际研讨会，来自国外的学者主要有詹姆斯·托宾、阿来克·凯恩克劳斯、布鲁斯、诺什·科尔奈、埃明格尔、巴伊特、林重庚、小林实等；我国的著名经济学家和学者薛暮桥、马洪、安志文、童大林、刘国光、高尚全、吴敬琏、张卓元、赵人伟、周叔莲等到会，当时的年轻学者项怀诚、洪虎、楼继伟、郭树清、田源等也参加了会议，我作为薛老的秘书有幸登上了巴山轮。会议对中国改革目标、如何向市场经济过度，以及1984年经济过热、物价大幅上涨等问题展开了热烈的讨论，历时6天的会议取得了丰硕的成果。

当时的国家领导人在1985年9月接见参加"巴山轮会议"的外国学者时说，1984年第四季度发生银行信贷失控，投资猛增，消费基金增长过快，物价上涨幅度能达到10%，国务院决定实行财政、信贷紧缩的政策。

第四部分 经济体制转型初期的宏观经济

1985年9月下旬召开的中共全国代表会议上讨论了"七五"计划建议，陈云在会上提出，还是要有计划、按比例地稳步前进，否则造成种种紧张和失控，难免出现反复。由于实行双紧政策，信贷失控的状况逐步得到了控制。对通货膨胀应积极进行抑制的观点得到了广泛的赞成。

4."七五"期间的经济过热和宏观调控

1986—1990年的"七五"计划，是在体制转轨的过程中制定和实施的。"七五"计划的方针是：遵循建设有中国特色社会主义的总要求，遵循对内搞活经济、对外开放的总方针，继续推进经济发展战略和经济管理体制由旧模式向新模式的转变。"七五"时期的主要任务：一是进一步为经济体制改革创造条件，努力保持社会总需求平衡。二是保持经济持续稳定增长，在控制固定资产投资总额的前提下，大力加强重点建设、技术改造和智力开发。三是在发展生产和提高经济效益的基础上，继续改善城乡人民生活。

"七五"期间，再度发生的经济过热及采取的宏观调控措施，是改革过程中的一件大事，值得引起深思，吸取经验教训。从总体看，1986年经济发展经历了一个比较平稳的时期。从1986年末起，固定资产规模偏大、消费需求增长过快、企业经济效益偏低、国家财政和外汇收支不平衡等现象，又逐步趋于抬头。针对这种情况，1987年国家采取了严格控制固定资产投资总规模等一系列宏观调控措施。与此同时，为了稳定市场物价、维持市场秩序，国家出台了《关于加强物价管理、保持市场物价基本稳定的通知》，提出坚持改革、稳定前进、保持物价基本稳定的方针。尽管1987年采取了一系列宏观调控措施，但由于持续几年的过热，固定资产投资和消费双膨胀，总供给与总需求不平衡，经济结构不合理，经济效益不高，加上持续的通货膨胀和物价上涨，1988年国家经济出现了比较严重的过热。

当时，在认识和应对通货膨胀方面，存在着明显的不同观点，由此关系到不同的政策取向。在实行双紧政策的过程中,加上企业原本存在的材料、能源及流动资金缺乏等原因,从1986年起工业生产速度有所下降。为此,经济界有人提出经济出现滑坡,主张保持适度的通货膨胀来刺激经济起飞,并引用国外有些经济学家曾提出过的通过温和的通货膨胀刺激经济发展的观点。薛暮桥、马洪、刘国光、吴敬琏等学者则认为经济过热和通货膨胀形势已很严重,必须采取措施,要降温,要坚决抑制通货膨胀。他们认为,在当时的情况下通货膨胀直接破坏刚刚形成的改革的良好环境,危害极大,建议加强宏观调控,坚决克服已经出现的投资和消费双膨胀的局面,维护改革,稳定经济。他们还强调,如果对无节制地扩大基本建设规模,固定资产投资偏大,银行的信贷资金增加过猛,消费基金也增长过猛,以致货币投放过多等现象不加以及时控制,经过几年调整所取得的大好形势仍有可能得而复失。薛暮桥写信给国务院领导人,提出各地领导同志头脑过热,提前翻番、急于求成的劲头很大,要降温,希望中央领导同志不要再去鼓气、加油。他还在信中说,党的十二届三中全会的决议提出,改革不合理的价格体系,是整个经济体制改革成败的关键,我想加上一句,严格控制社会总需求(包括积累基金和消费基金)、保障社会总供给和总需求的平衡是改革不合理的价格体系,从而理顺经济关系的成败的关键。他还强调,根据几年来的经验,我们的经济体制改革在搞活微观的同时,必须加强宏观控制,使社会总需求和总供给保持平衡。当时,经济学家们的意见没有引起决策层的足够重视,固定资产投资继续膨胀,零售物价指数不断攀升,经济形势日趋严重。

当时,经济改革和发展面临两种选择:一是坚决制止通货膨胀,通过理顺价格,抑制物价猛涨,由此,继续推进改革;二是忽略通货膨胀,试图绕过价格改革,用推广企业上缴税利包干的办法,继续保持经济高速增长。1988年底,经济过热,通货膨胀不断加剧,供求总量矛盾和结构性矛盾越来越突出,货币投放量

第四部分 经济体制转型初期的宏观经济

过多,物价上涨幅度过大,已经对经济发展和人民生活造成严重的影响。此时,国务院开始认真考虑抑制经济过热问题。1988年9月,开始实施"治理整顿、深化改革"的方针。1988年11月30日,当时的国家领导人在勤政殿找薛暮桥、刘国光和吴敬琏谈话,主要讲最近一年对通货膨胀的判断有失误。薛老说不是一年,至少已有三年。谈完话上车时,薛老对刘国光和吴敬琏说:现在想明白,太迟了……后来薛老又说过,这时找我们听意见,一是对通货膨胀问题表个态,二是考虑对策。虽然迟了,也是好的。

这一整顿持续了三年,整顿的过程实际上是对"七五"计划进行了调整。治理整顿的主要内容是:其一,压缩全社会固定资产投资规模;其二,控制消费基金的过快增长,压缩社会集团购买力;其三,采取系列措施稳定金融,严格控制货币发行;其四,克服经济过热现象,降低工业增长速度。力图通过治理整顿,压缩社会总需求,抑制通货膨胀。通过这一时期的治理整顿和宏观调控,市场零售物价趋于稳定,流通秩序实现好转,通货膨胀得到有效抑制;固定资产投资有所回升,投资结构进一步得到调整;经济继续增长,社会总供给增加;城乡居民收入增加,人民生活继续改善;1990年进出口贸易实现顺差,全年进出口货物总额达1154.1亿美元,比上一年增长3.3%;国际收支状况有所改善,国家现汇结存增加到110亿美元,对外支付能力有所增强。这是实行改革开放后的又一次重大的宏观调控。在治理整顿过程中,改革的步伐有所放慢。这是经济过热付出的代价,需要通过治理整顿、稳定经济促使改革回到既定的轨道。这一轮宏观调控体现了将国家对经济的直接控制向间接控制转变,这是改变宏观调控方式的重要尝试,实际上,是计划经济向市场经济转轨的一项重要内容和步骤。

在改革方面,"七五"计划期间主要在以下领域迈出了新的步伐:其一,农村改革继续完善以家庭为单位的联产承包责任制;其二,以公有制为主体、多种经济成分并存的所有制结构得到发展；其三，企业活力进一步增强，横向经济联合发展，一批大型国有企业开始向生产经营型转变，企业之间的兼并、联合发展较快；其四，市场体系逐步建立和完善，市场调节作用加强，工业生产的计划管理范围缩小，城乡集市贸易市场形成网络，价格体系改革由以调为主转为调放结合；其五，对外开放，国民经济逐步从封闭型向开放型转变。

经济改革在"七五"期间得以全面推进，经济发展在改革的推动下开始进入稳定持续发展时期，但由于发展心切，改革中有些政策不配套，特别是宏观调控体系不健全，直接影响了宏观经济的稳定与协调。从总体看，"七五"前三年经济发展失控，出现经济过热，偏离了计划轨道。"七五"计划规定，全社会固定资产投资额平均每年增长3.7%，但前三年平均每年增长17%左右，大大超出计划，致使以后两年经济发展无法按计划执行。"七五"时期，国民生产总值平均增长7.8%，国民收入平均增长7.5%，工农业总产值平均增长11.3%。海关进出口总额为4864亿美元，比"六五"时期增长92.7%。实际利用外资460.9亿美元。社会商品零售总额达8255亿元，平均每年增长14%，扣除物价上涨因素，实际增长3.4%。"七五"时期，安置城镇待业人员2070万人。信贷资金运用达到10686亿元，大大超过计划安排的5745亿元；货币投放量计划安排1000亿元，实际达到1657亿元。全社会零售物价总水平大幅度上升，年均涨幅达10.1%，比"六五"时期平均涨幅高两倍，1988年达到18.5%，1989年为17.8%。通货膨胀达到很严重的程度。

回顾"七五"期间的经济建设，人们深感在推进改革开放的过程中，还远未形成高效的稳定的经济发展机制，需要在科学的符合实际的宏观经济政策支撑下运行，宏观调控尤为重要。改革不能打乱仗，要以国情为基础，循序渐进，稳步推进。与此同时，改革者们也深深感到，改革中虽然遇到了一定的困难和挫折，推进改革的决心绝对不能动摇。在经济转轨时期，不改革是没有出路的。只有通过改革，只有沿着社会主义市场经济的趋向发展，中国经济发展才有前途，才可能将经济最终推进到持续稳定的良性发展轨道。"七五"期间后期的治理整顿展现了国家通过总结经验教训继续推进改革开放的决心。

5. 国家宏观管理和调控开始从直接控制为主向间接控制为主过渡

20世纪80年代初期，特别是1984年以后，国家对计划、财政、信贷、物价、工资等方面的管理全面进行改革。1984年，党的十二届三中全会通过的《关于经济体制改革的决定》提出："建立自觉运用价值规律的计划体制，发展有计划的商品经济。"注重价值规律的作用，正式提出发展有计划的商品经济，这是将经济拉回到尊重客观经济规律轨道上的重大举措。国家逐步缩小指令性计划范围，实行指导性计划，这是计划体制上的一次重大宏观调控。随着投资体制、金融体制、财政体制的改革，国家开始尝试运用经济手段和法律手段调控经济。这一时期，一系列重大改革措施陆续出台。财税制度在1980年实行的"划分收支、分级包干"的基础上，1985年开始实行"划分税种、核定收支、分级包干"的政策。中国人民银行行使中央银行职能，成立中国工商银行、中国农业银行、中国银行、中国建设银行四大商业银行。在这一时期，建立了存款准备金制度，增加了中央银行对信贷规模的间接控制，开始运用利率的杠杆作用。这一系列改革大大强化了宏观调控的手段，使宏观调控进一步向市场化转变，逐渐告别了依靠行政命令管理经济的方式。

随着商品经济的发展，生产资料所有制发生变革，逐步形成了多种经济形式共同发展的新局面。"六五"期间，在所有制结构上，逐步改变了过去单一的公有制，在全民所有制经济占主导地位的前提下，积极发展城乡经济和个体经济，并在一定范围内，允许中外合资企业、外国独资企业发展。

6. 价格双轨制与价格改革

实行价格双轨制,是我国经济生活中的一件大事,是宏观调控的一项重要举措,其对我国的政治经济生活产生了深远的影响。根据标准化的概念,价格双轨制(Double-Track Price System)是指我国经济体制向市场经济过渡中的一种特殊的价格管理制度,可以说是计划经济向市场经济转轨过程中的一项特殊举措,在其实施过程中始终是理论界和实际工作层面争论的焦点。在计划经济体制下,物资分配体制以行政区划为界,以行政指令为手段,通过层层申请、层层分配,并在此基础上有组织有限制地订货,价格完全由国家有关部门控制,结果是产品价格多年不变,市场被管死,企业经营效益低下。20世纪80年代初,国家逐步允许企业在完成计划的前提下自销部分产品,其价格由市场决定。这样就产生了国家指令性计划的产品按国家规定价格统一调拨,企业自行销售的产品的价格根据市场决定的双轨制。在当时的情况下,价格双轨制是改革的产物,体现了价值规律的作用。价格双轨制具有两重性,既有积极的作用,又有消极的作用。一方面,它是实现中国价格模式转换的一种很好的过渡形式,它开辟了在经济体制转轨时期进行生产资料价格改革的道路,推动了价格形成机制的转换,把市场机制逐步引入到国营大中型企业的生产与交换中,促进了主要工业生产资料生产的迅速发展。另一方面,在经济过热,供求矛盾尖锐、计划价格与市场价格之间高低悬殊的时候,某些不法之徒,大搞权钱交易,钻双轨制价格的空子,时而将平价的商品转为市场出售,时而又将市场的商品变为平价商品。随着改革的不断深入,市场经济的建立和不断完善价格双轨制正在逐渐缩小,直至消失。同一商品中国家统一定价和市场调节价并存的价格管理制度。因同时实行计划调节和市场调节两种运行机制而形成。主要涉及粮食价格及生产资料价格。第一,粮食价格双轨制是指粮食收购制度改为合同定购后,国家规定"倒三七"比例价格收购,属于国家定价;合同定购以外的粮食,由农民和粮食部门协商制定价格,属于市场调节价。第二,生产资料价格

第四部分　经济体制转型初期的宏观经济

双轨制是指同一城市、同种工业生产资料同时存在计划内、计划外两种价格的状态，即国家计划任务内的生产资料实行国家牌价，超计划生产部分和按国家规定的比例允许企业自销部分实行市场价格。价格双轨制体现了经济体制转换时期新旧体制并存的状况。

上述有关资料的记载，是汇总了一些经济学工作者对双轨制的观点，可算是关于双轨制的梗概。在推进双轨制的过程中，当时的一批青年经济学工作者发挥了重要作用，华生回忆说："从1979年经济体制改革以来，计划经济的控制在边缘上已经松弛，非国有经济开始受到市场需求的指引，价格也已经向市场化方向发展。随着企业自主权的扩大，国家开始允许国营企业超计划生产的产品有不超过20%的价格浮动权，这样更推动了价格多元化的发展。但由于没有统一、合法的市场渠道，计划外产品的价格浮动范围有限，而且呈扭曲的多元形态存在。更为严重的是，在占统治地位的计划价格体系中，供需缺口相对较小的一般工业消费品，计划控制较弱，而对供需严重失衡的生产资料，计划控制尤其严格。因此，当时面对的现实情况是，生产资料在计划低价下供需极度失衡，由于其对中下游产品的传导作用，导致整个价格体系严重扭曲。"田源等人提出了对严重扭曲的价格体系必须进行大步调整的建议；周小川、楼继伟、李剑阁等人则提出用"小步快调"的办法，不断校正价格体系，既减少价格改革过程的震动，又可以逐步逼近市场均衡价格的主张。华生等人综合双方的观点，提出了"放调结合"的双轨制价格改革思路。这一思路是在1984年9月召开的"莫干山会议"上提出的。1985年3月，国务院废止了计划外生产资料的价格控制，价格双轨制改革正式开始实施。

吴敬琏等一批经济学者对价格双轨制改革持批评态度，认为双轨制就等于在同一条道路上同时实行可以靠左行驶和靠右行驶的双重规则，必然导致撞车和混乱。同时他们认为，双重价格并存必然助长计划内外的倒买倒卖和权力寻租现象，造成腐败蔓延。

随着经济发展和改革的进程，价格双轨制的问题逐步显现出来。计划外的价格控制取消了，但市场的培育和组织工作起步非常缓慢，多重价格并存的现象并没有很快消除。放调结合的双轨制确实在一段时间内出现了只放没调、放也不畅的局面，双轨乃至多轨价格的存在和相应的倒卖投机活动导致了社会的不满。对改革的产物——价格双轨制进行再改革，日益成为众人所关注的重大问题。

对于价格双轨制的直接冲击首先体现在 20 世纪 80 年代末的"价格闯关"。当时价格改革的指导思想是长痛不如短痛，争取一步到位。双轨制价格的摩擦很严重，例如普通钢材计划价格每吨 700 元，市场价格每吨 1800 元。然而，要绕过制止通货膨胀和缓解双轨价格的摩擦，实行"一步到位"的价格闯关，是难以实施的。经济界的一批专家学者认为双轨制是一种冲突性体制，必然引起经济生活的混乱，将对经济改革产生直接的根本性的影响，甚至使改革止步。

1986 年已经趋于平稳的物价问题和市场秩序问题，1987 年再次反弹，从 1 月开始，物价逐月上涨。从 1 月份的 5% 逐步涨到 12 月的 9.1%，全年平均上涨 7.3%，超过了 1986 年平均 6% 的涨幅，1987 年物价的持续上涨最终导致了 1988 年的涨价风潮。在这一段时期，有一种观点认为，当时的通货膨胀并不严重，不会引起物价上涨，主张放弃宏观调控。另一种观点则认为，国家因怕物价上涨过多，命令物价局限制物价上升幅度，许多该涨价的商品不准涨价，这样，通货膨胀的相当大一部分就被掩盖起来，成为"隐蔽性的通货膨胀"。稳定物价的根本办法，是停止通货膨胀和逐步消化过去几年积存下来的"隐蔽性的通货膨胀"。为稳定物价，国务院出台了一系列文件，制止乱涨价、乱收费，国务院发言人还就价格问题发表谈话，确定了 1987 年物价工作的方针为"坚持改革，稳定前进，保持物价基本稳定"。这次物价上涨集中在农副产品上，可以说是由农副产品涨价引起的。物价上涨的原因主要是全社会的投资需求和消费需求失控,总需求超过总供给的局面没有得到改善。随着货币供应量的过度增加,最终导致通货膨胀。1988年上半年,随着通货膨胀加剧和物价全面上涨,稳定物价、整顿社会经济秩序已成为必由之路。

在当时的情况下,国家决定加快价格改革的步伐,冒风险推进价格改革,就是这一时期的"价格闯关"。当时,集中出台了一系列调价措施,主要是提高粮油和农副产品的零售价格。同时,彩电实行浮动价格,放开名烟名酒的价格。在这种局势下,消费者认为物价将全面提高,通货膨胀将进一步加剧,由此从1988年8月份开始,大中城市出现了居民抢购风潮,在一个多月的时间里,被抢购的商品相当广泛,是新中国成立以来少见的。由于消费者集中提取存款,导致银行储蓄大幅度下降。国务院于1988年8月底发出了《关于做好当前物价工作和稳定市场的紧急通知》,采取了下半年不出台新的涨价措施和由人民银行开办保值储蓄两大举措,逐步稳定了市场。9月份召开的中共十三届三中全会,提出把改革和建设的重点突出地放到治理经济环境和整顿经济秩序上来,为理顺价格创造条件,促使经济健康发展。

价格双轨制的进程大致分为几个阶段:第一阶段是1985—1988年。在这一时期价格改革迈出了相当大的步伐,出台了一系列调价政策,直到1988年"价格闯关"后,整个经济进入整顿阶段。第二阶段是1989—1991年。这一时期的价格改革以治理整顿为主,物价总水平涨势得到了控制。第三阶段是1992—1997年。1992年10月召开的党的十四大提出,"建立起以市场形成价格为主的价格机制",全面加快了价格改革的步伐,相继出台了粮食购销、煤炭、天然气、铁路货运等生产资料的调价项目,大面积地下放价格管理权限或放开价格,市场调节价格的比重进一步扩大。从1993年开始,又进一步放开了粮食、钢铁,部分统配产品价格,调整提高了原木、统配水泥的出厂价格,并在多数大中城市放开和多次调整肉禽蛋菜等多种生活必需品以及日用品价格。由于价格发生大幅度上涨，1994年国家对20种居民生活必需品和服务项目的提价进行监审和适度干预，1995—1997年期间，从总体上推进了价格体系和价格管理的改革。1992—1997年这一时期的价格改革，使原有的价格双轨制发生了很大的变化。从总体看，表现为在土地、劳动力、资金等要素价格远未市场化的情况下，商品和服务价格已经高度市场化了。一些经济学家认为，这两大体系之间的巨额租金的存在，使中国经济产生了一种新双轨制，即"以公共权力为背景，自下而上地寻找和套取商品和服务价格和因素价格之间的巨大的价格差"，这就是所谓新双轨制的来由。在此基础上，经济学界一直在探讨逐步实现双轨制的并轨，即实现完全的或更加完整的市场经济体制下的由价值规律左右的价格体系。

在上述10年间，宏观调控还包括以下方面：

从20世纪70年代末80年代初开始，国家实行放权让利，扩大企业经营管理的自主权，使企业逐步成为具有经营管理自主权和独立的经济效益的、具有内在动力的经济单位，这是企业发展方面的一个革命性的转变。在此基础上，扩大企业自主权的变革逐步完善，先后采取了利润留成、盈亏包干、以税代利等，最终出台了利改税制度。这些做法是宏观调控的重要措施，为企业全面实行市场机制打下了基础。

1978年底，党的十一届三中全会以后，提出了社会主义现代化建设要利用国内资源和国外资源这两种资源，打开国内市场和国际市场这两种市场。从此，对外开放作为一项基本国策成为宏观战略的一个重要的支点。从引进外资到设立经济特区，经历了一个曲折的过程，不充分解放思想、打破种种禁区，对外开放是不可能实现的。设立经济特区的初步设想在1979年4月得到了邓小平的赞同和支持。1980年8月，第五届全国人大常委会第十五次会议审议批准了建立深圳、珠海、汕头、厦门四个经济特区。对外开放是一项重大的宏观经济政策，对推进整个改革开放进程发挥了举足轻重的作用。

第四部分 经济体制转型初期的宏观经济

回顾实行改革开放到 1990 年的 12 年经济发展，从计划经济体制向市场经济体制的转轨迈出了坚实的步伐。但是，完成这一转轨显然是一个极为复杂的过程，转轨过程中带有计划经济体制的色彩，计划经济和市场经济并存的状况将延续一个相当长的阶段。在中国现有国情下，在经济体制转轨初期，要把握好以行政手段、法律手段和经济手段调控经济的度。我国的经济转轨，有可能出现若干反复，甚至重现激烈的争论和冲突，对此应当有充分的预见性。历史经验告诉我们，只有扎扎实实地做到不断深化改革，才可能呈现出一条相对平坦的发展道路，对于改革的任何犹豫和停顿，都会丧失目前已经获得的改革成果和经济发展的良好局面。

第五部分

全面建立健全社会主义市场经济体制时期的宏观经济
（1991年至今）

　　从"八五"计划到"十三五"规划，是市场经济体制下的新一轮五年计划（规划）。

　　通过宏观调控，治理新形势下的经济过热，实现经济"软着陆"；应对历史上首次出现的通货紧缩现象，实施积极的财政政策，扩大国内需求；进而实行稳健的财政和货币政策，促使中国经济进入稳定持续发展的轨道。

　　回顾我国经济发展道路，普遍存在于经济发展各个阶段的"冒进"和"过热"等现象，盲目追求高速度、忽略效益等做法，大都与无视经济发展的客观规律有密切关联。

——题记

第五部分　全面建立健全社会主义市场经济体制时期的宏观经济

这一部分试将"八五"计划开始的建立社会主义市场经济进程,划分为全面建立健全社会主义市场经济体制时期,其主要依据是邓小平在1992年初的南方谈话中对姓"资"姓"社"问题和"市场"与"计划"问题做出了明确论断,从理论基础和思想观念上坚定了全社会、全国人民走社会主义市场经济道路的信念和决心。其后的实践证明,从"八五"计划开始,国家经济建设进入了全面建立社会主义经济体制时期。

一、新一轮五年计划的编制和实施

随着市场经济进程,经济计划的制定趋于规范化,经济发展也逐步进入协调、稳定的步调。从"八五"计划起,连续几个五年计划的制定和实施逐步改变了过去存在的那种计划编制反复无常、难以实施的状况,并进一步将计划制定从直接的指令性计划向间接的指导性计划转变。一些经济专家将"八五"计划以后的几个五年计划称为市场经济取向的新一轮五年计划。政府进行宏观调控的水平即对于宏观经济的驾驭能力日益提高。下面从"八五"开始的几个五年计划,简要地回顾一下这一时期的宏观经济发展情况。

(一)"八五"计划(1991—1995年)

1. 计划的制定

"八五"计划的制定是在"七五"计划后期国民经济处于治理整顿阶段开始的。在这一阶段,通过压缩需求、整顿流通领域、稳定物价、调整结构、增加有效供给,使国民经济回到了稳定增长的局面。因此,"八五"计划的指导思想是寻求稳定增长,许多专家提出应保持6%左右的中等增长速度。

1989年6月召开的党的十三届四中全会选举江泽民为党的总书记，形成了党的第三代领导核心，我国经济发展随之进入了一个新的历史时期。1989年11月份召开的中共十三届五中全会通过了《中共中央关于进一步治理整顿和深化改革的决定》，这个决定体现了制定"八五"计划的指导思想。五中全会上对"七五"末期实行的治理整顿作了调整：一是延长治理整顿的时限，把原定两年改为用三年或更长时间基本完成治理整顿任务。二是充实和调整了治理整顿的任务和主要目标，继续强调紧缩财政和信贷、坚决控制社会总需求仍然是治理整顿的首要任务；强调提高经济效益是克服经济困难的根本途径；强调把经济结构调整的任务放到重要地位；强调经济秩序特别是流通秩序的整顿要坚持不懈。

1991年4月召开的第七届全国人民代表大会第四次会议批准了《中华人民共和国国民经济和社会发展十年规划和"八五"计划的纲要》，把10年规划远景和5年中期安排结合起来，从实现本世纪末战略目标的要求出发制定"八五"计划。10年规划部分设想的概略一些，着重是规定国民经济和社会发展的主要目标、基本任务和重大方针政策；"八五"计划部分具体一些，重点放在国民经济和社会发展的方向、任务、政策和改革开放的总体部署上。"八五"计划总的要求是：实现中国社会主义现代化建设的第二步战略目标，把国民经济的整体素质提高到一个新的水平，到20世纪末使国民生产总值按不变价格计算比1980年翻两番，10年平均每年增长6%，工农业总产值平均每年增长6.1%，人民生活从温饱达到小康。"八五"计划目标：1995年国民生产总值达18250亿元，全社会固定资产投资合计为26000亿元（不包括物价上涨因素）。

对于"八五"计划建议，邓小平曾在1990年12月发表意见："对这次统一思想，制定出新的五年计划和十年规划，我完全赞成。看来我们农业的潜力大得很，要一直抓下去。钢要有一亿到

第五部分　全面建立健全社会主义市场经济体制时期的宏观经济

一亿两千万吨才够用,这是个发展战略问题。核电站我们还是要发展,油气田开发、铁路公路建设、自然环境保护等都很重要。本世纪末实现翻两番要稳扎稳打。"① 邓小平也提出了他对"八五"计划的某些担心。他说:"现在特别要注意经济发展速度滑坡的问题,我担心滑坡……总之,经济能不能避免滑坡,翻两番能不能实现,是个大问题,使我们真正睡不着觉的,恐怕长期是这个问题,至少十年。"② 邓小平在1991年8月说过:"强调稳是对的,但强调得过分,就可能丧失时机"……"过去我们比上不足、比下有余,现在是比下也有问题了。东南亚一些国家兴致很高,有可能走到我们前面。我们也在发展,但与他们比较起来,我们人口多,世界市场被别的国家占去了,我们面临着这么一个压力,算作友好的压力吧。我们不抓住机会上一个台阶,别人会跳得比我们快得多,我们就落在后面。要研究一下,我总觉得有这么一个问题,机会难得呀!"③ 邓小平对于在这一时期保持较快的发展速度,是很看重的。

2. 计划的实施

"八五"期间,国民经济持续增长,提前五年实现了经济总量比1980年翻两番的战略目标。1995年国民生产总值达57650亿元,扣除物价因素,是1980年的4.3倍,比1990年增长75.9%,年均增长12%,比"七五"时期加快近4个百分点,经济波动不到5个百分点,是新中国成立以来增长速度最快、波动最小的五年。从宏观经济角度看,这一成绩是很难得的。"八五"期间,第一产业年均增长4.1%,第二产业年均增长17.3%,第三产业年均增长9.5%。一、二、三产业的产值结构由"六五"末期的28.4:43.1:28.5和"七五"末期的27.1:41.6:31.3转变为"八

---

① 《邓小平文选》第三卷,人民出版社1993年出版,第363页。
② 同上,第354~355页。
③ 同上,第368~369页。

五"末期的 20.3:47.7:32.0。"八五"期间全社会固定资产投资累计完成 38900 亿元，年均增长 17.9%，比"七五"期间高出 13.6 个百分点，其中国有单位投资年均增长 22.9%，大大高于"七五"期间年均 4.1% 的水平。固定资产投资加快，产业结构日趋合理。国有单位固定资产投资累计完成 43000 亿元，其中基本建设投资完成 23000 亿元。1995 年，粮食产量达到 46500 万吨，原煤 129800 万吨，原油 14900 万吨，天然气 174 亿立方米，钢 9400 万吨，"八五"时期中国一些主要产品的产量稳步增长。总量居世界第一位的有煤炭、水泥、棉布、电视机、粮食、棉花、肉类；居世界第二位的是钢和化学纤维；发电量居世界第三位。社会消费品零售总额实际年均增长 10.6%，贫困人口由 20 世纪 80 年代末的 8500 万人减少到 1995 年的 6500 万人，全社会固定资产投资累计完成 61637 亿元，年均增长 36.1%；工业增加值年均增长 17.8%；农业增加值年均增长 4.1%。"八五"期间，国民经济年平均增长 11.8%，最高年份为 14.2%，最低年份为 9.3%。

"八五"计划期间全部建成投产的基本建设大中型项目约为 845 个，建成投产的限额以上的重点技术改造项目约为 374 个，这些项目使主要产业部门的技术水平和企业的装备水平、市场竞争能力有了较大提高。

"八五"期间新建铁路干线 5800 公里，复线 3400 公里，电气化 2600 公里，公路新增 10.5 万公里，其中高速公路 1600 多公里，港口吞吐能力增加 1.38 亿吨，新建机场 12 个，铺设长途光缆干线 10 万公里，电话交换机总容量新增 5895 万门，发电装机总容量新增 7500 万千瓦，新增产电力年均增长 9%。

对外开放总体格局基本形成。对外开放的范围和规模进一步扩大，形成了由沿海到内地、由一般加工工业到基础工业和基础设施的总体开放格局。以上海浦东为龙头的长江地区的开发取得重大进展。中国对外开放的县市超过 1100 个，兴办了一大批经济开发区和 13 个保税区。外商直接投资由中小企业扩展为大企业。

第五部分 全面建立健全社会主义市场经济体制时期的宏观经济

"八五"期间对外贸易迅速发展。进出口总额五年累计达10145亿美元,比"七五"期间翻了一番,年均增长19.5%,高于"六五"期间的12.8%和"七五"期间的10.6%。年出口额已突破1000亿元,占世界商品贸易的比重从"七五"期间的1.6%增加到3%。1995年,中国进出口贸易总额居世界第十一位;国家外汇储备已达到736亿美元,比"七五"末期的111亿美元增加5.6倍。五年实际利用外资1600亿美元。

城乡人民生活继续改善。"八五"期间,城镇居民人均生活费收入达1578元,扣除物价因素,年均增长分别为7.7%和4.5%,明显高于"七五"期间的3.7%和2.8%。社会商品零售总额累计达67275亿元,扣除物价因素,年均增长10.6%,大大高于"七五"时期3.3%的水平。1995年底,城乡居民储蓄余额接近3万亿元,比"七五"末期增加两万多亿元。"八五"期间全社会劳动者总数约增加5000万人,其中城镇劳动力增加3740万人。贫困人口由20世纪80年代末的8500万人减少到6500万人。"八五"期间人口过快增长的势头得到抑制,人口自然增长率由1990年的14.39‰降到1995年的10.55‰。广播和电视人口覆盖率分别达到78.7%和84.8%,比1990年提高4和5个百分点。"八五"期间,城乡新建住房面积43亿平方米,到1994年末,农村人均居住面积达20.5平方米,城镇居民人均居住面积由6.7平方米增为7.9平方米。

3. 邓小平南方讲话对经济工作和"八五"计划的影响

1992年初邓小平南方讲话,对"八五"计划的实施产生了重要影响。邓小平在视察武昌、深圳、珠海、上海等地时提出,判断各方面工作的是非标准,应该主要看是否有利于发展社会主义社会的生产力、是否有利于增强社会主义国家的综合国力、是否有利于提高人民的生活水平,这就是邓小平提出的著名的"三个有利于"。这一提法的核心是解放思想、打破禁区。邓小平还论述了计划和市场的关系,强调改革开放胆子要大一些,抓住时机发展自己，关键是发展经济。发展才是硬道理。邓小平的讲话，极大地鼓舞了改革开放的信念，调动了国民经济各个方面加快推进改革开放和经济发展的积极性。邓小平的南方讲话精神，对中国政治经济发展的影响是极其深远的。有人做过这样的估计，假如没有邓小平的南方讲话，中国改革发展的步伐将可能放慢 5~10 年，或许更长，因为邓小平讲话解决的不仅是经济问题，更重要的是在政治上打破若干禁锢，跨出了关键性的步伐，以至于由此推进一个时代向前迈进。①

从 1992 年第二季度起，中国经济明显升温。1993 年，国家计委对"八五"计划进行了调整，重点是调整优化产业结构。调整主要涉及以下三个方面：（1）国民经济增长速度比原计划有较大幅度的提高。"八五"计划后三年，国民经济增长速度由原来平均每年 6% 调高到 8%~9%。（2）产业结构的调整。强化交通运输和通信等基础设施建设；加快能源和重要原材料工业的发展，加快能源工业的发展，重点是加快煤炭工业和电力工业的发展。重要原材料工业的发展，重点是加快钢铁、建筑材料和石化工业的发展，同时加强资源节约工作；加强农业，促进农村经济的全面发展。粮食产量指标未作调整，但要求大幅度地增加优质品种的产量；按照规模经济、合理布局和突出重点的原则，积极发展机械电子、石油化工、汽车制造和建筑业，使之成为国民经济的支柱产业；加快第三产业的发展。（3）对外贸易、利用外资及固定资产投资计划的调整。扩大利用国外资金、资源、技术和市场，扩大投资规模。与此同时，全面加快了经济体制改革的进度，并在一系列重要领域取得重要进展，出台了以分税制为核心的新财政体制和以增值税为主体的新税制，汇率顺利并轨，市场在资源配置中的作用明显增强，新的宏观经济调控体系开始发挥作用。

---

① 《中国十个五年计划研究报告》，人民出版社 2006 年出版，第 562 页。

第五部分　全面建立健全社会主义市场经济体制时期的宏观经济

（二）"九五"计划（1996—2000年）

1. 计划的制定

"九五"计划的制定是在实施国民经济"软着陆"的过程中运作的，制定工作当时面临着一些特殊的背景：一是要实现经济"软着陆"的目标势必要求"九五"计划做出相应的制度设计和计划安排。经济"软着陆"究竟要经过多长时间能够得以实现，实际上这在当时是一个未知数，本来设想"八五"期间起步的"软着陆"有望在"八五"期内完成，但实际情况说明，"软着陆"的实现要拖入"九五"期间，并寄希望在"九五"中期基本实现。当时负责经济工作的领导人和一些经济专家认为，推进"软着陆"不宜过急，各项措施要尽可能落到实处，以防止"软着陆"后经济问题再次出现反复，这一考虑也是源于对多年经济工作的总结。二是国际上经济全球化趋势日益明显，国际因素对我国经济的影响不断增强。1997年发生的亚洲金融危机对世界经济造成重大冲击，对于经济上尚未对外解禁的中国来说，在出口、利用外资等方面也产生了相应的影响，中国的香港和台湾地区受到重创。这一局势势必要求我国把相当大的一部分精力放在应对国际金融冲击方面，要认真考虑国家的金融安全，提出应对方案。"九五"计划的制定，需要对国际因素给予更多的考虑。"九五"期间中国将对香港和澳门地区恢复行使主权，并增加与台湾地区的经济交流。三是"九五"计划将担负完成现代化建设的第二步战略部署，实现人均国民生产总值比1980年翻两番的目标。

《中共中央关于制定国民经济和社会发展"九五"计划和2010年远景目标的建议》于1995年9月出台。这一《建议》作为《纲要》，是在1996年3月第八届全国人民代表大会第四次会议上审议通过的。李鹏在关于《纲要》的报告中，提出了今后15年的奋斗目标和指导方针。"九五"计划的目标是：全面完成现代化建设的

第二步战略部署,到2000年,在全国人口控制在13亿以内,也就是将比1980年增长3亿左右的情况下,实现人均国民生产总值比1980年翻两番;基本消除贫困现象,人民生活达到小康水平;加快现代企业制度建设,初步建立社会主义市场经济体制;推动科技进步,调整产业结构,提高经济效益,增强发展后劲。2010年国民经济和社会发展的奋斗目标是实现国民生产总值比2000年翻一番,使人民的小康生活更加宽裕,形成比较完善的社会主义市场经济体制。为下世纪初开始实施第三步战略部署奠定更好的物质技术基础和经济体制基础。《纲要》对《建议》提出的这一目标进行了细化,对国民经济发展的宏观调控目标做出了安排,提出了7大目标:(1)经济增长率。按国民生产总值年均增长8%左右来把握宏观调控力度。(2)价格总水平。物价年均上涨率低于经济增长率。(3)固定资产投资。保持适当的投资规模推动经济增长,投资率("六五"期间平均为25%,"七五"期间为29.3%,"八五"期间为33.2%)按30%左右考虑。(4)财政收支。努力实现财政平衡,控制国债规模,使年度发债规模保持在合理的界限之内,逐步减少财政赤字。(5)货币供应和信贷收支。保持与经济发展相适应的货币供应量,狭义货币供应量年均增长18%左右;广义货币供应量年均增长23%左右。信贷结构得以调整,金融宏观调控方式得以完善。(6)国际收支。保持国际收支的基本平衡。到2000年,经常项目的进出口贸易基本平衡;非贸易往来力争减少逆差。外汇储备有一定增加。(7)人口和就业。人口自然增长率控制在年均10.83‰左右,城镇失业率力争控制在4%左右。"九五"期间,强调要切实把经济工作的着重点放在转变经济增长方式上。《纲要》强调转变经济增长方式和实现可持续发展,是"九五"期间经济工作的重点。著名经济学家周叔莲指出,可持续发展的核心是发展,但要求在保持资源和环境永续利用的前提下进行经济和社会发展。转变经济增长方式的标志不应是一项而应是很多项,包括节约资源、保护资源、保护环境、控制人口等等。我们必须把转变经济增长方式和实现可持续发展的要求结合起来。经济理论工作者，在经济增长方式方面做出了一系列论证，对提升经济增长质量发挥了积极作用，做出了重要贡献。

2. 计划的实施

从"九五"计划的执行情况看，"九五"可分为两个时期，前期继续"八五"时期未完的任务，继续治理通货膨胀，抑制经济过热，实现了经济"软着陆"；后期，经济"软着陆"后在一定程度上出现了有效需求不足问题，进而出现供过于求、买方市场等通货紧缩的现象，这是"九五"期间经济发展最大的特点。"九五"计划就是在这样一种经济环境中实施的。

从 1993 年下半年连续三年加强和改善宏观调控，实行适度从紧的财政和货币政策，收到显著效果，成功地实现了经济"软着陆"。与此同时，由于短缺经济现象逐步消失，买方市场越来越明显；亚洲金融危机对我国经济发展总量的负面影响也日益显现出来。1998 年 5 月以后，中国的外贸出口在持续 22 个月正增长之后，出现负增长。在这种情况下，国家开始实施扩大内需方针，启动扩张性宏观政策。扩张性宏观政策在我国称为积极的财政政策。1998 年 8 月，对中央财政预算进行了调整，主要内容是增发 1000 亿元长期国债，将年初预算中原用于基础设施建设的 180 亿元调整为经常性项目支出。这次调整是为适应扩大内需的方针，使宏观调控政策由紧缩型的政策转向扩张型的政策。1999 年开始实行投资和消费需求双拉动，在努力扩大国内需求的同时，运用多种经济、政策手段支持外贸出口。在 1998 年提高部分商品出口退税率的基础上，1999 年进一步调高部分出口产品的退税率。

"九五"期间，国内生产总值年均增长 8.3%。2000 年，GDP 达到 9.92 万亿元，比上一年增长 0.96 万亿元，折合美元首次突破 1 万亿美元，人均国内生产总值达到 850 美元（当年人口为 12.7 亿）。国家财政收入平均每年增长 16.5%，五年累计超过 5 万亿元，是国家财力增长最多的时期，比"八五"时期增加了 1.3 倍。

中国宏观经济与宏观调控概说（修订版）

粮食生产能力达到5亿吨，农业生产大力调整生产结构，发展多种经营，不断向区域化布局、规模化生产、产业化经营发展。工业结构调整迈出新的步伐，大力淘汰落后和压缩过剩的生产能力。"九五"期间，全社会固定资产投资总规模达13.87万亿元。2000年，城镇居民家庭人均可支配收入和农村居民家庭人均纯收入分别达到6280元和2253元。"九五"期间，全社会消费品零售总额年均增长率达到10.6%。2000年，城镇居民家庭人均消费性支出和农村居民家庭人均生活消费支出分别为4998元和1670元。城镇居民消费中，食物性消费的比重（即恩格尔系数）由1995年的49.9%降低到2000年的39.2%，达到小康型标准（参见本书第六部分有关内容）。还有一个数字引人注目，即居民金融资产大幅增加，城乡居民储蓄存款余额2000年底达6.4万亿元，比1995年增长1.2倍。股票、债券等其他金融资产也大幅增加。"九五"期间，进出口总额达17739亿美元，其中出口9617亿美元，对外贸易规模年均增长11%，在世界贸易中的排名由1995年的第11位提升到2000年的第9位。五年累计实际利用外资2894亿美元，比"八五"时期提高79.6%，其中外商直接投资2136亿美元，利用外资的质量明显提高。"九五"期间，在1994年外汇并轨的基础上，统一了外汇调剂市场及银行间外汇交易市场，实现了人民币在经常项目下的完全可兑换，在外汇资源配置方面初步确定了市场调节的主导地位，形成了"经常项目完全可兑换，资本项目外汇审慎管理"的外汇管理体制。外汇储备2000年达1656亿美元，比1995年的736亿美元增加了1.25倍，居日本之后，为世界第二位。从总体看，"九五"期间顺利完成了现代化的第二步战略目标，国民经济持续快速健康发展，综合国力进一步增强，经济总量跃上一个新的台阶，提前三年实现了人均国民生产总值比1980年翻两番的目标，人民生活总体上达到了小康水平，为进一步实现第三步战略目标打下了良好基础。同时，"九五"期间经济体制改革进入一个新的阶段，初步建立起社会主义市场经济体制。

3. 新形势下出现的几个突出问题

（1）出现通货紧缩现象，扩大内需成为调控重点。如前所述，这一时期经济发展的最大特点，是我国主要商品的供求关系发生变化，长期以来存在的供不应求现象开始改变，供大于求的品种逐步增多，出现了生产过剩取代供给不足，需求约束取代需求过度膨胀，通货膨胀向通货紧缩转变。宏观调控从以往主要针对通货膨胀开始转向考虑通货紧缩问题。对于通货紧缩问题，将在其后的宏观调控部分进行分析。

（2）收入差距拉大。随着经济的快速发展，居民收入分配差距出现明显扩大的趋势。一是城乡之间的收入差距扩大。"九五"期间，城镇居民收入增长速度明显快于农村居民收入增长速度。2000年，农村居民收入人均仅为城镇居民的40.7%。二是城镇居民收入差距扩大。根据国家统计局公布的数字，对城镇住户进行的十等分组调查中，最高收入组与最低收入组人均收入的比例2000年为5，1995年为3.78。根据全国10万城乡住户调查，用国际通用的五等分法，以20%的高收入户和20%的低收入户人均收入比较，中国城乡居民的贫富收入差距为3.0倍，而国家统计局1999年第三季度对15万户城镇居民的调查显示，20%的高收入户占有全部调查户收入的42.4%。20%的低收入户仅占全部调查户收入的6.5%。高低收入的差距扩大到8∶1。三是不同行业间的收入差距进一步扩大。四是以基尼系数反应的居民收入差距逐年拉大，到2000年已超过国际公认的0.4的警戒线。收入分配的差距在社会中引起较大反响，成为全社会普遍关注的重点问题之一。

（3）国际影响加剧。在国际影响方面，集中体现在1997年发生的亚洲金融危机的影响。亚洲金融危机对世界经济产生了强烈的冲击，对我国的香港和台湾地区的经济发展造成了重大影响。我国虽因资本项下未对外开放，没有受到亚洲金融危机的直接冲击，但也产生了若干间接的影响。与此同时，经济全球化的发展也对我国政治经济提出了一系列新的挑战。当时我国已着眼于加入世界贸易组织，与国际有关组织正在进行一系列对话。1999年11月，中美达成双边协议。2000年5月，中欧达成双边协议。这两个双边协议为中国最终加入世界贸易组织奠定了基础。国际间的友好国家和人士称，亚洲金融危机后中国成为亚洲唯一的一块绿洲，高度赞扬中国经济取得的巨大成就。在国际间越来越关注中国改革开放和经济快速发展的同时，"中国威胁论"的提法不绝于耳。面对这种新的国际环境，我国必须从全局出发，要从作为国际社会一员的角度来审视国家的对外经济发展战略。要从对外贸易的发展、出口商品结构的改善、外贸体制改革、实施"走出去"战略以及利用外资等方面全面考虑经济计划和规划的制定。要从国情出发，制定维护国家利益的、切实可行的、具有中长期眼光的对外发展战略。亚洲金融危机的发生，使我国金融业的改革开放获取了宝贵的经验和启示，提示我们要从维护国家金融安全的角度完善金融体制，加快改革的步伐，促进金融业的健康发展。

（4）金融问题日益引起关注。从"八五"时期开始，随着金融市场的发展，同业拆借市场和股票市场出现了若干不规范的问题，有些部门违反非金融机构不能参与同业拆借市场活动的规定，介入拆借市场。拆借市场一度成为许多金融机构弥补信贷不足的重要渠道。利率过高、拆借期长，以及一系列违规做法严重干扰了金融市场秩序，大量拆借资金进入房地产市场、股票市场。银行资金违规进入股市，一些金融机构参与股票炒作，助长了当时的经济过热。从1994年起，国家对金融市场进行了重点治理，提出了一系列规范发展的政策要求，促使金融市场逐步回到正常的轨道。随着股市的扩大，证券市场对经济的影响越来越显著。截至1997年9月，上市股份公司已达708家，上市总股本1597亿股，市价总值16400亿元，相当于国民生产总值的24%。当时，在证券市场上仍然存在着过度投机、违规操作等现象，金融市场秩序有待进一步治理。

4. 为国有企业改革发展创造良好外部环境

1999年9月召开的党的十五届四中全会通过了《关于国有企业改革和发展若干重大问题的决定》，全会提出要调整国有经济的布局和结构，从总体上增强国有经济的控制力。全会还强调要为国有企业改革和发展创造良好的外部环境。良好的外部环境是国有企业改革和发展的必要条件。国有企业改革和发展涉及经济和社会的方方面面，是一项从微观到宏观的复杂的社会系统工程。搞好国有企业的改革和发展，需要在加强宏观调控、综合配套改革、扩大对外开放、制止不合理的重复建设、市场体系和秩序的建设与规范、健全法制等方面加大力度，为国有企业改革和发展创造良好的外部环境。

一是加强宏观调控，改善宏观经济环境。国有企业的微观经济活动离不开宏观经济环境的制约。搞好宏观调控，保持经济总量基本平衡，促进国民经济持续快速健康发展，才能为国有企业的改革和发展创造有利的宏观经济环境。近几年来，我国国民经济在总体上继续保持良好发展态势的同时，经济运行出现了前所未有的新特点、新趋势，一些深层次的问题不断显现出来。针对经济发展所面临的新情况和新问题，党中央和国务院从1998年开始，连续作出了一系列扩大需求、推动经济增长的战略部署，坚持实施积极的财政政策，进一步扩大国内需求，稳步推进各项改革，使国民经济保持了较快的增长速度。为进一步推动经济增长，改善宏观经济环境，加快国有企业的改革和发展，需要进一步加强宏观调控。主要任务是进一步加大实施积极财政政策的力度，努力发挥货币政策的作用，配合运用税收、价格等经济杠杆，有效地拉动消费、投资和出口需求，加快结构调整，开拓市场，增加就业，确保社会稳定，继续保持国民经济持续快速健康发展的势头。

二是继续扩大对外开放，提高国有企业的国际竞争力。对外开放使我国经济对外部资源和外部市场的依赖程度不断提高，国际经济波动对国内经济的影响越来越直接和明显，国有企业在经营决策上越来越需要考虑国际供求、汇率、国际经济周期、他国经济动向等外部因素。经济全球化进程对于我国国有企业的改革和发展，既带来机遇，也带来挑战。面对经济全球化，我们必须在继续扩大对外开放的大背景下推进国有企业的改革和发展。在主要依赖国内市场的基础上，必须积极进入国际市场，参与国际经济合作和竞争，更深入、更广泛地参与经济全球化的进程，充分利用经济全球化带来的有利条件发展壮大，增强实力，提高国际竞争力。积极培育一批实力强大、技术和管理先进的国有企业和具备一定国际比较优势的拳头产品参与国际竞争。在国际竞争不断加剧的情况下，需要着力实施以质取胜和科技兴贸战略，大力提高出口产品质量，优化出口结构，以扩大机电产品、高附加值产品和优质名牌产品出口为重点，不断提高出口产品科技含量和竞争力。继续大力实施市场多元化战略，巩固和深度拓展传统市场，大力开拓有潜力的新兴市场。同时，采取切实可行的政策措施，鼓励和支持有条件的国有企业开展国外投资，发挥比较优势，发展加工贸易，开拓国际市场。

三是制止不合理的重复建设，加快行业重组和结构调整。不合理的重复建设是我国经济建设领域长期存在的痼疾。在近年来市场形势出现买方市场特征的情况下，多年来不合理重复建设所造成的恶果，如产业结构失调、资源浪费、产品积压、恶性市场竞争等，给国民经济发展带来越来越严重的危害，极大地阻碍了国有企业的改革和发展。制止不合理的重复建设，要通过加快投融资体制改革，在投资与建设领域以及在投资决策的关键环节，建立有效的约束机制，卡住不合理重复建设的源头，在维护合理市场竞争的同时，坚决制止出现不合理的重复建设。对于以往重复建设已经形成的项目和严重过剩的生产能力，要尊重优胜劣汰的市场选择，按照产业结构合理化的目标，采取经济或必要的行政措施，进行全面的行业调整和改组，淘汰一批过剩的生产能力。能够以现有企业为依托，通过改革、改组、改造或扩建提高生产

第五部分　全面建立健全社会主义市场经济体制时期的宏观经济

能力的,就不铺新摊子。在对外开放的格局下,需要按照国际化的要求和打破垄断、鼓励竞争的原则,通过联合、兼并和改组,组建技术水平高、有竞争能力的跨地区、跨行业的企业集团。同时,要注重发挥市场机制的作用,依靠立法手段,辅以必要的行政手段,建立优胜劣汰的机制,防止产生新的不合理的重复建设,形成产业结构合理化的良性循环。

四是发展市场体系,创造良好市场环境。在市场经济中,市场体系是企业赖以生存和发展的基本条件。发展和完善我国多层次的市场体系,建立有利于商品、资金、技术、人才合理流动的全国统一大市场,形成良好的市场秩序,营造公平竞争的市场环境,是搞好国有企业改革和发展的重要保障。首先,进一步培育市场体系。要针对供求关系的新特点,推动商品和要素市场的深化发展,把宏观调控政策和市场机制结合起来,刺激消费,扩大内需,引导生产要素的合理流动,促进经济增长。对商品市场进行合理的结构调整,重点发展高层次的专业市场、批发市场,加快发展农业生产资料市场和农村消费品市场,尽快打破城乡分割的市场局面。通过流通企业重组改善市场组织结构,提高市场组织化程度,推动现代化营销方式的发展。促进各类要素市场的发展和完善。其次,坚决维护市场秩序。改革体制,强化法制,切实加强市场管理,清除分割、封锁市场的各种行政性壁垒,防止任何形式的地区封锁、城乡分割、行业壁垒和部门垄断;提高各类市场主体的契约意识和信用意识,切实强化信用观念,严格结算纪律,保障正常的交易秩序;坚决依法打击走私贩私、制售假冒伪劣商品以及其他严重扰乱市场秩序的经济犯罪行为;推进税费改革,减轻企业负担。

五是培育和发展中介组织,完善中介服务体系。中介服务是市场经济的客观需求,中介服务体系在市场经济中具有服务、沟通、协调、公证和监督的重要功能,在维护和规范社会经济秩序中发挥着不可或缺的重要作用。我国国有企业的改革和发展需要中介组织提供高效、公正的中介服务。为此，必须在法制化、规范化的基础上，促进中介服务体系的规范发展。首先，中介组织要与政府部门彻底脱钩，撤销或改组一切由政府机构创办的商业性中介组织，避免权力介入中介服务，确保中介服务的客观性和公正性。其次，强化法治，加强监管，所有中介组织必须依据法定程序设立和运作，接受法律约束、规范和监督。再次，大力整顿和规范中介市场，促进正当竞争，实现优胜劣汰。可以通过执业范围分级管理、评定信誉等级等手段扶优抑劣，提高中介组织的整体服务水平。

六是建立健全经济法律制度，形成规范的法治环境。党的十五大确立了依法治国、建设社会主义法治国家的基本方略，对我国的法律建设提出了更高的要求。为保障国有企业的改革和发展，需要加大力度，进一步加快我国社会主义市场经济法律制度建设，特别是要根据市场经济发展和国有企业深化改革的客观需要，抓紧制定和完善维护市场秩序、加强宏观调控、健全社会保障、促进产业进步等方面的法律法规。要继续加快民商法领域的立法，尽早形成我国完备的法律体系。在实行政企分开的同时，需要运用法律规范调节政企关系。在国有资产运营、国有企业产权交易等方面，要尽快建立明确的法律制度，用法制手段保障国有资产保值和增值，规范国有企业特别是中小型国有企业的改制和重组，制止化公为私、逃废银行债务等现象，切实防止国有资产流失。要抓紧建立符合国情的反对垄断、保障公平交易、保护公平竞争的法制体系，创造和维护公平竞争的市场环境，促进国有企业提高效率和实现资源的合理配置。

（三）"十五"计划（2001—2005年）

1. 计划的制定

"十五"计划是新世纪的第一个五年计划，是向第三步战略目

第五部分 全面建立健全社会主义市场经济体制时期的宏观经济

标迈进的第一个五年计划,是新中国成立以来经济发展最稳定,最快速的时期。面对"九五"期间取得巨大成就的现状,"十五"计划的编制工作认真总结历史经验,保持了清醒的头脑,制定了积极的、切实可行的经济计划。从1999年开始,国家着手编制"十五"计划。2000年召开的中共十五届五中全会上通过了《中共中央关于制定国民经济和社会发展第十个五年计划的建议》。"十五"计划的主要目标是:国民经济保持较快发展速度,经济结构战略性调整取得明显成效,经济增长质量和效益显著提高,为到2010年国内生产总值比2000年翻一番奠定坚实基础。2001年3月,第九届全国人民代表大会第四次会议批准了"十五"计划纲要。

——"十五"计划宏观调控的主要预期目标为:经济增长速度预期为年均7%左右,到2005年按2000年价格计算的国内生产总值达到12.5万亿元左右,人均国内生产总值达到9400元。五年城镇新增就业和转移农业劳动力各达到4000万人,城镇登记失业率控制在5%左右。价格总水平基本稳定。国际收支基本平衡。

——经济结构调整的主要预期目标是:产业结构优化升级,国际竞争力增强。2005年第一、二、三产业增加值占国内生产总值的比重分别为13%、51%和36%,从业人员占全社会从业人员的比重分别为44%、23%和33%。国民经济和社会信息化水平显著提高。基础设施进一步完善。地区间发展差距扩大的趋势得到有效控制。城镇化水平有所提高。

——科技、教育发展的主要预期目标是:2005年全社会研究与开发经费占国内生产总值的比例提高到1.5%以上,科技创新能力增强,技术进步加快。各级各类教育加快发展,基本普及九年义务教育的成果进一步巩固,初中毛入学率达到90%以上,高中阶段教育和高等教育毛入学率力争达到60%左右和15%左右。随着宏观经济的发展,教育问题被提到更高层次,受到全社会更广泛的重视。

——可持续发展的主要预期目标是：人口自然增长率控制在9‰以内，2005年全国总人口控制在13.3亿人以内。生态恶化趋势得到遏制，森林覆盖率提高到18.2%，城市建成区绿化覆盖率提高到35%。城乡环境质量改善，主要污染物排放总量比2000年减少10%。资源节约和保护取得明显成效。污染物排放作为重要的约束指标，意味着全社会环保意识上升到一个新的高度。

——提高人民生活水平的主要预期目标是：居民生活质量有较大提高，基本公共服务比较完善。城镇居民人均可支配收入和农村居民人均纯收入年均增长5%左右。2005年城镇居民人均住宅建筑面积增加到22平方米，全国有线电视入户率达到40%。城市医疗卫生服务水平和农村医疗服务设施继续改善，人民健康水平进一步提高。城乡文化、体育设施增加，覆盖面扩大，文化生活更加丰富。社会风气和社会秩序好转。

社会科学院和国家发展改革委员会的专家认为，"十五"计划是在市场发挥资源配置基础性作用的条件下制定的，政府不再是资源配置的主角。因此，计划着重对国民经济和社会发展的战略性、宏观性和政策性的重大问题指明方向，并提出相应的重要对策。也就是说，新的五年计划具有明显的指导性、预测性，是粗线条的计划，已完全摆脱了指令性计划的色彩。专家们认为，"十五"计划改变了以往追求高速度为中心的思路，强调了经济结构的战略性调整，从市场经济需求出发，把经济增长质量和效益放在重要位置。此外，"十五"计划把生态建设、环境保护、可持续发展、协调发展等问题提到新的高度，给予了更充分的重视。

2. 计划的实施

"十五"计划是我国初步建立社会主义市场体制后的第一个五年计划。在这一时期，市场发挥资源配置基础性作用更为明显，经济计划更多地体现战略性、宏观性，市场运行中的一些具体环节都交给市场，由市场机制来运行。国家的宏观调控从过去较多地使用行政手段转为更多地使用经济和法律手段。"十五"计划更明确地从指令性转为指导性。计划脉络由细变粗。

前文提到，2002年11月举行的党的十六大提出宏观调控的主要目标是促进经济增长、增加就业、稳定物价、保持国际收支平衡，四者并重。这是我国首次将"四要素"确认为宏观调控的主要目标。实际上，在此之前，我国宏观调控的主要目标也基本上是围绕这几个指标，然而"四要素"在党的代表大会上明确为宏观调控的主要目标，毕竟进一步强化了宏观调控在经济运行中的重要作用。

"十五"时期，面对复杂多变的国内外形势，通过有效控制经济运行中出现的各种不稳定因素，应对加入世贸组织后的新变化，国民经济实现了持续较快发展，"十五"计划确定的主要目标提前实现。工业化、城镇化、市场化、国际化步伐加快，经济体制改革不断深化，对外贸易迈上新的台阶，国家财政收入大幅度增加，价格总水平保持基本稳定。"十五"期间，国内生产总值年均增长9.5%；价格总水平年均增长1.4%；五年城镇新增就业4200万人，2005年城镇登记失业率为4.2%。2005年贸易顺差达到1020亿美元，首次超过1000亿美元。城镇居民人均可支配收入年均增长9.6%，农村居民人均纯收入年均增长5.3%。"十五"计划还增加了一项重要的指标，即2005年主要污染物排放总量比2000年减少了10%。

3. 国有企业改革迈出关键性步伐

党的十六大强调要深化改革，要求改革取得新的突破性进展。在各项改革中，对于国有企业的改革是重中之重。到2002年底，我国国有资产总量为118299亿元，其中，经营性国有资产为76937.8亿元，非经营性国有资产41361.4亿元。党的十六大报告对改革国有资产管理体制做出了规定，要求在坚持国家所有的前提下，充分发挥中央和地方两个积极性，国家要制定法律法规，建立中央政府和地方政府分别代表国家履行出资人职责，享有所有者权益、权利、义务和责任相统一，管资产和管人、管事相结合的国有资产管理体制。这是一项重大的改革，改变了过去实行的国家统一所有、分级管理，由国务院代表国家行使所有者职能的做法。为此，于2003年成立了国务院国有资产监督管理委员会，负责监督189家中央企业和2.59万亿元国有净资产。党的十六大报告要求深化国有企业改革，各级政府都要坚持政企分开，实行所有权和经营权分离，确保企业自主经营、自负盈亏，确保由多元投资主体形成的公司法人财产权不受损害。党的十六大报告强调，要按照社会主义市场经济的要求，继续调整国有经济的布局和结构，推进国有资产合理流动和重组，从总体上增强国有经济的控制力。今后，国有经济和国有资本应当进一步向关系国民经济命脉的重要行业和关键领域集中，向大企业集中，而从一般的竞争性行业逐步退出。报告强调，国有大中型企业要按照现代企业制度的要求，继续实行规范的公司制改革，完善法人治理结构。要健全董事会制度，要纠正"内部人控制"。报告还强调，推进垄断行业改革，积极引入竞争机制。国有企业改革是整个经济体制改革的中心环节，是推进中国经济向市场化方向发展的首要步骤。这一重大改革引起了国内外高度关注，国际舆论认为国有企业的市场化改革是中国推进市场经济的根本标志，其成功与否也决定着中国是否能真正建立起市场机制。我国的国有企业改革要结合国情，稳步推进市场化进程，努力建立现代企业制度。笔者涉足十六大报告起草工作，参与了一系列调研和讨论。

国有企业从一般的竞争性行业逐步退出，对若干企业来说是一个尖锐的挑战，这些企业如何向关系国民经济命脉的企业集中，在具体实施中存在许多难点。但从大局看，这条路是大势所趋。国有企业都要按照客观经济规律的要求，不间断地进行改革，以此提高自身的活力和市场竞争力，否则就可能面临难以为继的局面。"十五"期间，在深化分配制度改革、健全社会保障体系以及对外开放方面，也迈出了较大的步伐。

(四)"十一五"规划(2006—2010年)

1. 规划的制定

"十一五"规划的制定处于全面建设小康社会的关键时期,面临着复杂多变的国际环境,面临着一系列新思维和国际化的挑战。"十五"时期,在快速发展中,存在着投资和消费关系不协调,部分行业盲目扩张,生产能力过剩,经济增长方式转变缓慢,能源资源消耗过大,环境污染加剧,城乡、区域发展差距和部分社会成员之间收入差距继续扩大等问题。"十一五"规划的制定,要有利于从中长期的角度解决经济发展中存在的一系列问题,适应复杂的国际环境,促进国民经济继续稳定和较快发展,促进社会和谐进步。

"十一五"规划突出了全面贯彻落实科学发展观,强调要以科学发展观统领经济社会发展全局,把经济社会发展切实转入全面协调、可持续发展的轨道。"十一五"规划的经济社会发展主要目标是:宏观经济平稳运行。国内生产总值平均增长7.5%,实现人均国内生产总值比2000年翻一番,城镇新增就业和转移农业劳动力各4500万人,城镇登记失业率控制在5%。价格总水平基本稳定。国际收支基本平衡。

产业结构优化升级。产业、产品和企业组织结构更趋合理,服务业增加值占国内生产总值比重和就业人员占全社会就业人员比重分别提高3个和4个百分点。自主创新能力增强,研究与试验经济发展经费支出占国内生产总值比重增加到2%,形成一批拥有自主知识产权和知名品牌、国际竞争力较强的优势企业。

资源利用效率显著提高。单位国内生产总值能源消耗降低20%左右,单位工业增加值用水量降低30%,农业灌溉用水有效利用系数提高到0.5,工业固体废物综合利用率提高到60%。

城乡区域发展趋向协调。社会主义新农村建设取得明显成效,城镇化率提高到47%，各具特色的区域发展格局初步形成，城乡、区域间公共服务、人均收入和生活水平差距扩大的趋势得到遏制。

可持续发展能力增强。全国总人口控制在13.6亿人，耕地保有量保持在1.2亿公顷，主要污染物排放总量减少10%，森林覆盖率达到20%。

人民生活水平继续提高。城镇居民人均可支配收入和农村居民人均纯收入分别年均增长5%。

加快转变对外贸易增长方式。促进对外贸易由数量增加为主向质量提高为主转变。到2010年，货物贸易、服务贸易进出口总额分别达到2.3万亿美元和4000亿美元。

"十一五"规划强调要深化体制改革，要以转变政府职能和深化企业、财税、金融等改革为重点，加快完善社会主义市场经济体制，形成有利于转变经济增长方式、促进全面协调和可持续发展的机制。"十一五"规划提出，要着力推进行政管理体制改革，按照精简、统一、效能的原则和决策、执行、监督相协调的要求，建立决策科学、权责对等、分工合理、执行顺畅、监督有力的行政管理体制，加快建设服务政府、责任政府、法治政府。"十一五"规划强调，要坚持公有制为主体，多种所有制经济共同发展的基本经济制度，巩固和发展公有制经济，鼓励、支持和引导个体、私营等非公有制经济发展。强调要继续深化国有企业改革，健全国有资产监管体制，深化垄断行业改革。要继续调整和规范中央与政府、地方各级政府间的收支关系，建立健全与事权相匹配的财税机制。要加快和深化金融体制改革，加快发展直接融资，健全金融调控机制，完善金融监管体制。"十一五"规划还强调，进一步健全全国统一开放市场，完善价格形成机制，规范市场秩序。

"十一五"规划提出，要立足扩大国内需求推动发展，把扩大国内需求特别是消费需求作为基本立足点，促使经济增长由主要依靠投资和出口拉动向消费与投资、内需与外需协调拉动转变；

立足优化产业结构推动发展,把调整经济结构作为主线,促使经济增长由主要依靠工业带动和数量扩张带动向三次产业协同带动和结构优化升级带动转变。立足深化改革开放推动发展,把改革开放作为动力,促使经济增长由某些领域相当程度上依靠行政干预推动,向在国家宏观调控下更大程度发挥市场配置资源基础性作用转变。"十一五"规划还从立足节约资源保护环境推动发展、立足增强自主创新能力推动发展、立足以人为本推动发展等方面提出了以科学发展观为统领推动发展的政策导向。

2. 树立科学发展观,构建社会主义和谐社会

"十一五"规划的重要指导思想是全面落实科学发展观。全面落实科学发展观,是以胡锦涛同志为总书记的党中央提出的重大战略决策。坚持科学发展观,是总结我国长期经济建设发展经验的结晶,是保持国民经济持续快速协调健康发展的根本保证。"十一五"规划提出,"十一五"时期促进国民经济持续、快速、协调、健康发展,要以邓小平理论和"三个代表"重要思想为指导,以科学发展观统领经济社会发展全局。坚持发展是硬道理,坚持抓好发展这个党执政兴国的第一要务,坚持以经济建设为中心,坚持用改革和发展的办法解决前进中的问题。发展必须是科学发展,要坚持以人为本,转变发展观念、创新发展模式、提高发展质量。

要做到以科学发展观统领经济社会发展全局,把经济社会发展切实转入全面协调可持续发展的轨道,必须保持经济平稳较快发展,进一步扩大国内需求,调整投资和消费的关系,合理控制投资规模,增强消费对经济增长的拉动作用,保持社会供求总量基本平衡,避免经济大起大落;必须提高自主创新能力,要深入实施科教兴国战略和人才强国战略,把增强自主创新能力作为科学技术发展的战略基点和调整产业结构、转变增长方式的中心环节;必须促进城乡区域协调发展;必须加强和谐社会建设;必须不断深化改革开放,要坚持社会主义市场经济的改革方向,完善

现代企业制度和现代产权制度,建立反映市场供求状况和资源稀缺程度的价格形成机制,更大程度地发挥市场在资源配置中的基础性作用,提高资源配置效率,切实转变政府职能,健全国家宏观调控体系。落实科学发展观是国家有效实施宏观调控的重要支点。

3. 建设社会主义新农村

建设社会主义新农村,是"十一五"规划的一个亮点。"十一五"规划提出,要坚持把发展农业生产力作为建设社会主义新农村的首要任务,推进农业结构战略性调整,转变农业增长方式,提高农业综合生产能力和增值能力,巩固和加强农业基础地位。强调完善增收减负政策,继续实行对农民的直接补贴政策,加大补贴力度,完善补贴方式。强调对农村坚持"多予少取放活"的方针,加快建立以工促农、以城带乡的长效机制。调整国民收入分配格局,国家财政支出和预算内固定资产投资,要按照存量适度调整、增量重点倾斜的原则,不断增加对农业和农村的投入。

2006年,在全国范围内取消了农业税和农业特产税。温家宝总理在政府工作报告中说,取消农业税终结了延续2600多年农民种田缴税的历史。强调推进社会主义新农村建设,必须把重点放在发展农村经济、增加农民收入上。坚持稳定和完善农村基本经营制度,坚持因地制宜、从实际出发,坚持尊重农民意愿,维护农民权益,反对形式主义和强迫命令。全面取消农业税是国民经济全局性的大事,对宏观经济运行将产生重要影响。2006年,中央财政用于"三农"支出3397亿元,比上年增加422亿元,加大了支持"三农"的力度,有力地推进了社会主义新农村建设。

"三农"问题历来是我国宏观经济的基础环节。作为农业大国,我国的农业改革经历了一个漫长的过程。前面章节中提到的"包产到户"和"家庭联产承包责任制"是农业改革的关键,由于这一改革直接关系到所有制问题,因此改革的路程十分曲折和艰难。"十一五"规划提出要深化农村改革,稳定并完善以家庭承包经营为基础、统分结合的双层经营体制，有条件的地方可根据自愿、有偿的原则依法流转土地承包经营权，发展多种形式的适度规模经营，搞好土地承包流转中的仲裁服务。要巩固农村税费改革成果，全面推进农村综合改革，深化农村金融体制改革，建立健全农村金融体系。

"三农"问题作为国民经济全局性的问题，长期以来对宏观经济运行发挥着基础性作用。"三农"问题落实好了，农村就稳定了，整个国民经济发展就有了根基，这是我国经济发展的经验总结。在制定经济发展规划和国民经济大盘子过程中，始终要把"三农"问题摆在首位。"十一五"规划提出的建设社会主义新农村的历史任务，是全面建设小康社会，扎扎实实地解决好"三农"问题的重大战略部署。

4. 规划的实施

2006年是我国实施"十一五"规划的开局之年，从以往情况看，五年计划的开局之年往往出现计划实施与计划制定发生相当大差距的情况，因而导致整个五年计划进行多次修订。开局之年经济发展是否稳定，对于整个五年计划的实施至关重要。2006年的经济发展实现了快速平稳增长，国内生产总值达20.94万亿元，比上年增长10.7%，居民消费价格总水平上涨1.5%，没有出现通货膨胀。经济效益稳步提高，全国财政收入达3.93万亿元，比上一年增加7694亿元。规模以上工业企业实现利润增长31%，增加利润4442亿元。工业利润的稳定增长说明作为国民经济支柱的国有工业进入了一个稳定发展的时期。改革开放进一步深化，重点领域的关键环节改革取得新进展。进出口贸易总额1.76万亿美元，比上年增长23.8%，实际利用外商直接投资695亿美元，这一数字列世界第一位。人民生活有较大改善，城镇新增就业1184万人，城镇居民人均可支配收入11759元，农村居民人均纯收入3587元，扣除价格因素，分别比上年实际增长10.4%和7.4%。全年粮食产量达49746万吨，农村贫困人口减少217万人。2006年全面取消了农业税,这是一项重大的宏观调控措施。据有关部门统计,与农村税费改革以前相比,全国农民共减轻负担 1265 亿元。

经济社会发展中依然存在一些比较突出的问题。一是经济结构矛盾突出,一、二、三产业比例仍然不够合理,城乡之间、地区之间发展不平衡,投资消费关系不协调,农业基础薄弱状况没有改变,粮食稳定增产和农民持续增收难度加大,固定资产投资规模仍然偏大,银行资金流动性过剩问题突出,外贸顺差较大,国际收支不平衡矛盾加剧。二是经济增长方式粗放,突出表现在能源消耗高,环境污染严重。对这一问题,"十一五"规划提出了约束性指标,强化节能减排。三是一些涉及群众利益的突出问题解决得还不够好,主要是食品药品安全、医疗服务、收入分配等。四是政府自身建设仍然存在一些问题,主要是政府职能转变滞后,政企不分依然存在。

温家宝在 2007 年 3 月十届全国人大五次会议上作的政府工作报告中,对 2007 年的经济工作做出了部署,要求重点抓好几项工作:一是坚持加强和改善宏观调控。二是发展现代农业和社会主义新农村建设。三是大力抓好节能降耗,保护环境和节约、集约用地。四是加快推进产业结构升级和自主创新。五是进一步推动区域协调发展。同时强调:要稳定、完善和落实政策,要加强和改善宏观调控,要大力提高经济增长质量和效率。2007 年 GDP 为 24.7 万亿元,增长 11.4%;CPI 上涨 4.8.%;失业率为 4%;贸易顺差 2622 亿美元。2008 年 GDP 为 30.1 万亿元,增长 9%;CPI 上涨 5.9%,物价持续处于高位;失业率为 4.2%;贸易顺差为 2955 亿美元。2009 年 GDP 为 33.5 万亿元,增长 8.7%;CPI 为 -0.7%,物价大幅下降;失业率为 4.3%;贸易顺差为 1961 亿美元。

2010 年 GDP 达到 39.8 万亿元,整个"十一五"期间,年均增长 11.2%;财政收入从 3.16 万亿元增加到 8.31 万亿元,其中税收 7.3 万亿元;城镇新增就业 5771 万人;城镇居民人均可支配收入和农村居民人均纯收入年均分别增长 9.7% 和 8.9%。2010 年

CPI上涨3.3%,物价上涨压力较大;2010年对外贸易总额为2.97万亿美元,贸易顺差1831亿美元。

"十一五"期间,我国应对了国际金融危机的冲击,战胜了严重的自然灾害,成功举办了北京奥运会和上海世博会,保持经济平稳较快发展,完成了规划的主要目标和任务,国民经济迈上新的台阶。

5. 规划实施过程中的几个热点问题

"十一五"规划的实施,对于全面建设小康社会目标的顺利推进发挥了关键作用。五年规划期间,GDP平均以高于10%的速度增长,经济总量从世界第四上升到世界第二,五年时间上了一个大台阶,城乡统筹发展取得重要进展,区域协调发展明显改善,产业结构和科技创新出现全新面貌。五年中有几项突出的事件与规划的实施交织在一起,全球金融危机的发生和奥运会在北京举办以及涉及4万亿投资的一篮子计划,对宏观经济运行产生了重大影响。其中的一些热点问题引起经济理论界的高度关注。

其一,关于GDP持续高增长。从"十一五"规划的最终结果看,GDP五年中持续保持高增速,为全面建设小康社会建立了比较扎实的基础。对经济增长保持高速度也存在一些担心,主要是感到经济结构不合理的问题依然突出,收入差距可能进一步加剧,城乡发展不平衡状况没有扭转,认为在经济持续高增长过程中这些主要问题并没有得到预期的根本性好转。一批专家学者将这类问题,归结为经济增长质量不高。2007年7月,中央强调要坚持把遏制经济增长由偏快转为过热作为当前宏观调控的首要任务。

其二,关于扩大内需促进增长的十项措施。为应对2008年9月全面爆发的国际金融危机的严重冲击,国务院于11月5日部署了稳定经济的十项措施,即加快安居工程、农村基础设施、交通重大基础设施、卫生文化教育事业、生态环境事业、自主创新和结构调整、地震灾后重建、提高城乡居民收入、税制改革和加大金融对经济增长的支持力度。到2010年底,投资总额为4万亿元,这项重大举措被民间简称为"4万亿投资"。2009年国家发改委认为"4万亿投资"的一篮子计划，对拉动社会投资和稳定经济发挥了重要作用，有效地应对了全球金融危机的影响。与此同时，学术界对此也存在一些不同看法，主要认为中央投资拉动整体投资的刺激举措，后来造成部分基础建设投资项目使用效率偏低，形成地方政府债务风险，一些项目出现产能过剩，加剧社会财富分配失衡，并可能在中长期导致通胀的发生等。这些看法，反映了这一时期宏观调控的另一种思路。也有一些学者认为，在当时的特殊环境下，采取投资刺激措施是必要的，化解了可能发生的一场重大灾难。林毅夫在2012年达沃斯论坛上说，4万亿刺激计划利大于弊，并认为未来中国经济增长仍然需要投资来拉动。对不同的观点，这里不展开。

其三，关于全球金融危机。事实说明，大部分国家的领导人和专家学者对2008年全球金融危机的发生，特别是其严重程度是始料未及的，因此这一危机对整个世界的冲击必然是巨大的，各国应对危机的反映和手段一时间也是苍白无力的，相关政府和企业界曾陷入慌乱之中。当时的美国财政部长亨利·保尔森（Henry M. Paulson）在他的《峭壁边缘》（On the Brink）一书中毫不掩饰自己在危机中的失误，坦言关键时刻是凭直觉做出判断应该营救哪家金融机构。作为应对这场危机的主要人物，竟然靠个人的直觉处置国家和世界的重大事件，今天回想起来也仍然感到有些不可思议。尽管保尔森是一位公认的精明而坦率的企业家和领导人。这件真实的往事，可以印证应对这场危机的领导者们一时间乱了方寸，或者说曾经不知所措。

关于这场危机的前因后果这里不加讨论，只想讲一点，即危机对五年规划制定方式的一点启示。这次由美国次贷危机导致的危机恰好发生在"十一五"规划的中期，对规划的实施造成了直接的影响和干扰，可以说这一突如其来的灾难在一定程度上扰乱了规划的布局和执行，我们面临的是一种被动的局面，迫使国家在复杂多变的国际环境下快速做出一系列化解危机的抉择,其艰巨性是可想而知的。当然,我们通过了考验,走出了险境,问题是我们必须从中总结更多的经验、吸取若干教训。经验和教训是多方面的,这里想强调的是,无论在经济建设的顺境还是逆境中,一个部门、一个国家必须对潜在的各类风险,尤其是对金融风险这类传导性迅速的风险,做出实实在在的防范预案,而且对这些预案要有专门机构和专家管理,对已制定的预案不断进行修正和完善,一旦危机发生,立即可以行之有效地启动实施预案,以便最大限度地减少损失。防范风险预案的最佳目的,是把风险和危机遏制于发生之前。建议将与规划相对应的风险防范预案,作为规划的一部分,或辅助性文本,与规划同步出台,为规划的顺利实施保驾护航。我们国家虽然对金融风险等防范预案做出过部署,但这次全球性的金融危机提示我们,必须进一步强化风险防范预案制定的意识,不断提高预案的整体水准,包括启动预案的反映速度和执行能力。

(五)"十二五"规划(2011—2015年)

1. 规划的制定

"十二五"规划制定的国际大环境是世界正在从全球金融危机中走出来,后续的欧洲债务危机依然在延续中,防范化解金融危机的重担并未完全卸下,世界经济增速减缓。国内经济在保持稳定增长的同时,需要针对经济发展不平衡、不协调、不可持续等问题,进一步加强政府宏观调控和应对国内外复杂局面的能力,科学判断和准确把握发展趋势,深化改革,促使经济社会和综合国力再上新台阶。

"十二五"规划的主要内容:一是通过扩大内需,保持经济长期平稳较快发展。二是通过增强创新能力,培养新型战略型产业,优化经济结构。三是通过推进城镇化和加快新农村建设,调整优化城乡结构。四是通过优化生产力布局，发挥地区比较优势，促进区域协调发展。五是通过节能减排，发展绿色经济和低碳经济，增强可持续发展能力。六是通过完善公共服务，加强社会管理，促进社会和谐稳定。七是通过深化重点领域和关键环节的改革，完善社会主义市场经济体制。八是通过转变对外经济发展方式，形成国际合作和对外竞争的新优势。

"十二五"规划强调要加强和改善宏观调控，保持宏观经济政策的连续性和稳定性，增强针对性和灵活性，提高宏观调控的科学性和预见性，把短期调控政策和长期发展政策有机结合起来，加强各项政策协调配合，促进经济平稳较快发展。宏观调控目标概括为处理好保持经济平稳较快发展、调整经济结构和管理通胀预期的关系。

"十一五"规划期间GDP增长率平均超过10%，"十二五"规划则根据具体国情将GDP增长目标调整为7%，这一举措在其后发展过程中说明是与实际情况相符的，有利于转变长期以来在经济发展中过于强调GDP增量的倾向，促使经济发展更注重经济增长质量和效益，起到了正确的宏观导向作用。

2. 规划的实施

关于"十二五"规划的实施情况，李克强总理在2016年政府工作报告中指出，"十二五"规划确定的主要目标任务全面完成，一是经济持续较快发展，国内生产总值年均增长7.8%，经济总量稳居世界第二位，成为全球第一货物贸易大国和主要对外投资大国。二是结构调整取得标志性进展。三是基础设施水平全面跃升。四是科技创新实现重大突破。五是人民生活水平显著提高。居民收入增长快于经济增长，城乡收入差距持续缩小。城镇新增就业人口超过6400万人。六是社会发展成绩斐然。经过五年努力，我国经济实力、科技实力、国防实力、国际影响力又上了一个大台阶。2015年全国居民人均可支配收入增长7.4%。人均国内生产总值增至7800美元左右。

在宏观调控方面，不断创新方式，面对复杂的经济形势，在区间调控基础上，实施定向调控和相机调控。积极的财政政策加力增效，扩大了结构性减税范围。稳健的货币政策注重松紧适度，多次降息降准，创新货币政策工具，加大了对实体经济支持力度。金融业强化监管，守住了不发生系统性区域性风险的底线，维护了金融安全，稳固和完善了经济发展环境。

（六）"十三五"规划（2016—2020年）

1. 规划的制定

"十三五"规划的主要目标任务：一是保持经济中高速增长，推动产业迈向中高端水平。2020年国内生产总值和城乡居民人均收入比2010年翻一番，"十三五"时期经济年均增长保持在6.5%以上。二是强化创新引领作用，为发展注入强大动力。促进大数据、云计算、物联网等高新技术广泛应用。三是推进新型城镇化和农业现代化，促进城乡区域协调发展。四是推动形成绿色生产生活方式，加快改善生态环境。五是深化改革开放，构建发展新体制。六是持续增进民生福祉，使全体人民共享发展成果。

"十三五"规划期间的宏观调控将更加注重扩大就业、稳定物价、调整结构、提高效益、防控风险和保护环境，扩大就业成为宏观调控的首要目标。

"十三五"规划提出重点关注的经济领域为网络经济、蓝色经济、区域经济和绿色经济。其中网络经济要实施"互联网+"行动计划，发展物联网技术和应用，发展分享经济，促进互联网和经济社会融合发展。推进产业组织、商业模式、供应链、物流链创新，支持基于互联网的各类创新。区域经济要以区域发展总体战略为基础，以"一带一路"建设、京津冀协同发展、长江经济带建设为引领，形成沿海沿江沿线经济带为主的纵向横向经济轴带。这些经济领域充满新意和活力，影响深远。

2. 规划的开局

"十三五"规划实现良好开局，2016年经济运行缓中趋稳、稳中向好。GDP达到74.4万亿元，增速为6.7%，对世界经济增长的贡献率超过30%。全年CPI上涨2%，PPI下降1.4%。年末城镇登记失业率4.02%，为多年来最低。贸易顺差3.3万亿元人民币。宏观调控不搞强刺激，依靠改革创新稳增长、调结构、防风险，在区间调控基础上，加强定向调控、相机调控，积极的财政政策力度加大，增加的财政赤字主要用于减税降费。积极扩大对外开放，推进"一带一路"建设，人民币正式纳入国际货币基金组织特别提款权货币篮子。

2018年的政府工作报告回顾了过去五年的经济发展，GDP从54万亿元增加到2017年的82.7万亿元，年均增长7.1%，占世界经济比重从11.4%提高到15%左右，对世界经济增长贡献率超过30%。财政收入从11.7万亿元增加到17.3万亿元。CPI年均上涨1.9%，保持较低水平。城镇新增就业6600万人以上。五年间，着力创新和完善宏观调控，经济运行保持在合理区间、实现稳中向好。坚持实施积极的财政政策和稳健的货币政策。财政赤字率一直控制在3%以内，货币政策保持稳健中性，广义货币M2增速呈下降趋势，信贷和社会融资规模适度增长。改革完善汇率市场化形成机制，保持人民币汇率基本稳定，外汇储备转降为升。坚持以供给侧结构性改革为主线，着力培育壮大新功能，经济结构加快优化升级。

过去五年中，经济发展中存在的问题和不足，主要是经济增长内生动力还不够足，创新能力还不够强，发展质量和效益不够高，一些企业特别是中小企业经营困难，民间投资增势疲弱，部分地区经济下行压力较大，金融等领域风险隐患不容忽视，城乡区域发展和收入分配差距依然较大等。此外，我国的高科技实力和核心技术虽然有了长足进步，但与世界经济强国相比，在一些方面仍然存在明显差距。一些专家强调，我国关键核心技术对外依存度超过50%,一般先进国家在30%左右。尽管有的专家认为依存度的核算方式有待商榷,但这一问题需要引起进一步关注。新一轮科技革命导致新一轮产业革命,在这一发展进程中我国应当做出也有能力做出卓越的贡献。

2017年GDP比2016年增长6.9%,人均GDP为59660元,约折合9482美元,第一产业占GDP比重为7.9%,第二产业占40.5%,第三产业占51.6%;全年CPI上涨1.6%,保持低位,PPI上涨6.3%;城镇调查失业率为3.9%,为多年来最低;工业增加值为28万亿元,增速回升,规模以上工业企业实现利润7.5万亿元,比2016年增长21%;财政收入17.26万亿元,增长7.4%,其中税收14.4万亿元,增长10.7%;固定资产投资64万亿元,比2016年增长7%;进出口总额约27.8万亿元,比2016年增长14.2%,进出口顺差2.87万亿元人民币,实际使用外资1363亿美元,创历史新高;国家外汇储备2017年12月末近31400亿美元;城乡居民人均可支配收入实际增长7.3%,人均消费支出实际增长5.4%;2017年年末广义货币供应量(M2)余额167.7万亿元,增长8.2%,狭义货币供应量(M1)余额54.4万亿元,增长11.8%;制造业采购经理指数(PMI)年均达51.6%,为7年来新高。互联网上网人数7.72亿人。

2018年GDP预期增长6.5%左右,CPI涨幅3%左右,城镇调查失业率5.5%以内,城镇登记失业率4.5%以内,进出口稳中向好,国际收支基本平衡。财政支出规模进一步加大。保持M2、信贷和社会融资规模合理增长。提高直接融资特别是股权融资比重。保持宏观政策连续性、稳定性,积极的财政政策取向不变,稳健的货币政策保持中性,松紧适度。李克强总理在政府工作报告中强调,要认真贯彻习近平新时代中国特色社会主义经济思想,坚持稳中求进工作总基调,将稳和进做为一个整体来把握。

中国宏观经济与宏观调控概说（修订版）

二、"八五"计划以来的宏观经济走势和宏观调控

"八五"计划以来，国家运用宏观经济政策对经济运行进行了几次重大的宏观调控，事实说明，中央政府驾驭经济的宏观调控能力不断增强，宏观调控效果日益显著，国民经济长期保持了稳定较快增长。与此同时，经济运行中仍然存在种种问题，需要不断加以调整和改进。

（一）新一轮的经济过热与宏观调控

首先，简略地回看一下改革开放前后到1993年的几轮宏观调控。我国在"文化大革命"结束后，人们怀着"把失去的时间夺回来"的念头，经济逐步进入加速发展的路径，1978年中央提出加快发展的目标，GDP增长到11.7%，1979年出现赤字，国家开始实行调整措施，1981年GDP和CPI大幅下降，这是1979—1981年的调控。1984年又转为高增长，GDP达到15.2%，1985年物价大幅上升，开始实施1985—1986年的调控。1986年后银根放松，GDP和CPI又回升，1988年CPI高达18.8%，于是进行了1989—1990年的调控，抑制了增长，GDP和CPI大幅下降，经济发展陷入低迷。这几轮调控，都是由于经济发生过热而采取紧缩性宏观调控政策。1991年起经济回升，1992—1993年经济发展势头日趋高涨，出现了"八五"计划以来的新一轮经济过热。

"八五"时期的中国经济，在改革开放和经济转轨的推动下，经过治理整顿，经济发展迎来了全新的局面。但在大好形势下，经济过热的老毛病又开始复发。新一轮的经济过热发生在20世纪90年代初，其原由主要可归结为以下几个方面：其一，计划经济

第五部分　全面建立健全社会主义市场经济体制时期的宏观经济

向市场经济的转轨,经过改革开放后10年左右的努力,已初见成效,市场经济的体制机制逐步建立健全,各行业的经济建设蓄势待发,特别是在邓小平南方讲话的鼓舞下,党的十四大提出了建立社会主义市场经济体制的目标,预示着社会主义市场经济建设的大幕已经拉开;其二,"七五"末期的治理整顿,抑制了通货膨胀,经济发展趋于稳定,经济建设具备良好环境;其三,一些地区和行业在改革开放的推动下,经济建设取得了显著成绩,全国上下各行各业都酝酿着一种获取改革开放成果的急切心情。

实际上,上一轮经济过热还没有完全冷下来,新一轮过热已开始表现出来。新一轮过热和新一轮改革是密切相关的,在改革的若干领域中没有把握住制度先行,一些经济改革在没有建立完善的制度、机制的情况下推进得过快,特别是房地产开发、金融创新、拓展开发区等经济活动在一定程度上处于一种失控、失调状况,几年发展下来,积累了大量问题。为适应快速发展的需求,乱集资、乱拆借成风,形成了金融秩序的严重混乱,投资规模再次迅速增长,社会总供求关系趋于失衡。这一时期,货币投放量过大,财政赤字不断增加,投资需求和消费需求双膨胀,外汇结存下降,市场汇价急剧上升,1993年6月,美元兑换人民币的牌价由年初的1∶7.4涨到1∶11.8。同时,物价上涨明显加快,通货膨胀压力不断显现。1992年和1993年固定资产投资高速增长,分别为42.6%和56.6%。面对这一状况,国家及时采取了宏观调控措施。

1992年10月,党的十四大明确提出要"使市场在社会主义国家宏观调控下对资源配置起基础性作用"。1993年召开的党的十四届二中全会强调,发挥市场的积极作用离不开国家的宏观调控。这不仅是我国,也是世界发达国家的经验所证明了的。目前,我们宏观调控的重点,是控制投资规模,管好信贷规模和货币发行量这两个闸门,调控国家财政收支,保持重大经济比例的基本平衡,按经济规律办事。这次会议提出了"深化金融、财税体制改革，加大结构调整力度，防止经济过热"的指导思想。会议还强调，"即坚持微观放开搞活，又加强宏观调控，实现总量的基本平衡……中央提出防止经济过热，就是要提醒大家注意稳妥，避免大的起伏，避免大的损失，把经济发展的好势头保持下去"。这些观念，与邓小平关于"在经济工作中要抓住机遇，加快发展，同时要注意稳妥，避免损失，特别是要避免大的损失"的要求是一致的，体现了新一届党中央在宏观调控方面正在不断总结经验，迅速提高驾驭经济全局的能力。宏观调控主要采取了以下措施：一是着力整顿金融和财税秩序；二是加强对固定资产投资的宏观调控；三是抑制需求，增加供给，促进总量平衡。在上述宏观调控过程中，着重治理整顿了金融市场。为加强宏观调控、整顿金融秩序，国务院于1993年9月发布了《关于清理有偿集资活动、坚决制止乱集资问题的通知》和《关于坚决制止乱集资和加强债券管理的通知》。1994年1月，全国金融工作会议提出，要继续巩固金融秩序，稳步推进金融改革，严格控制信用总量，切实加强金融监管，从总体上加强了对金融的宏观调控。

这一时期的宏观调控没有过多地采取强制性的行政性措施，比较注重采用市场化的办法，指令性计划明显减少，指导性计划逐步增多，初步形成了以市场调节为基础的宏观调控体系。宏观调控体系的这一变化是经济转轨的重要成果。当然，宏观调控是一个十分复杂的过程，每一个时期都需要有针对性地实施具有不同特点的宏观调控，需要在长时期内总结出一套符合国情的科学的宏观调控体系。主要运用经济办法，辅之以行政措施，适度调控，防止经济大起大落，促使经济稳定、持续发展，这是这一时期的经验总结，人们对宏观调控的新认识不断加深。

此后，再一次出现过热现象是2004年，当年一季度GDP增长9.7%，固定资产投资增长率高达43%，当时被称为"投资膨胀"，吴敬琏、樊纲等认为已出现明显过热。2004年末，中央决定实施稳健的财政政策和货币政策，控制固定资产投资规模，防止经济增长由偏快转为过热。国际金融危机后，2009—2010年启动政府投资刺激经济增长，一些专家学者担心出现又一轮过热。樊纲强调要谨防过热，并认为宏观政策是有时效性的，要随着经济波动的变化，及时调整政策。国家宏观层面对这一阶段的经济形势有针对性地做了深入分析，2010年《政府工作报告》强调，要管理好通胀预期，稳定物价总水平。

（二）深化改革，全面建立社会主义市场经济体制

通过深化改革，推进计划经济向市场经济的转轨，逐步建立社会主义市场经济体制，是完善宏观调控体系的基础环节。

1991年2月，国家体改委出台的《经济体制改革"八五"纲要和十年规划》提出了20世纪90年代中国经济体制改革的总目标：初步建立起社会主义有计划商品经济的新体制和计划经济与市场调节相结合的运行机制。围绕这个总目标提出了相互关联的五个方面的主要任务：一是建立以社会主义公有制为主体、多种经济成分共同发展的所有制结构；二是建立适应社会化大生产发展的企业制度，除少数非竞争性企业外，大部分企业应自主经营、自负盈亏、自我发展、自我约束，成为既有生机活力，又规范自身行为的商品经营者和生产者；三是建立统一开放、平等竞争、规则健全的社会主义市场体系；四是建立间接调控与直接调控相结合、以间接调控为主的，中央和省市自治区两级调控、以中央调控为主的宏观调控体系；五是建立以按劳分配为主体、其他分配方式为补充的个人收入分配制度和社会保障体系。其中，关于宏观调控体系的提法经历了反复的讨论和论证，体现了解放思想、推进市场经济的思路，向建立和完善宏观调控体系迈出了重要一步。在深化改革的进程中，时时处处伴随着打破禁区的种种努力，邓小平关于改革的思想始终是坚定改革者的信心，推动改革进程的关键力量。

中国宏观经济与宏观调控概说（修订版）

1993年11月，《关于建立社会主义市场经济体制若干问题的决定》在中共十四届三中全会上通过。《决定》中指出，除继续抓住国有企业这个建立社会主义市场经济体制的中心环节，深化改革，转换经营机制外，还考虑到我国当时宏观经济存在一定程度的失控，改革的焦点已逐步转向政府职能的转变和宏观管理体系的建立，如果这方面改革的步伐不加快，会拖住企业的后腿。在这一时期，国家一方面加强治理经济过热，另一方面从1994年初开始，重点推进了财税、金融、外汇、外贸、计划和投资方面的配套改革，实现了外汇并轨，由此进一步改善和加强宏观调控体系。随着改革的深化，我国宏观调控体系框架日渐清晰。

从1995年起，国家将改革的重点转向国有企业改革，促使市场经济体制全面向前推进。"八五"时期的改革开放进一步发展了要素市场，推进了价格和流通体制改革。在宏观经济体制改革方面，取得重大突破：一是适应市场经济的财税体制框架基本形成：把原来地方财政包干制改为在合理划分中央与地方事权基础上的分税制，改革和完善了税收制度；推行以增值税为主体的流转税制度，对少数商品征收消费税，对大部分非商品经营继续征收营业税；建立政府公共预算与国有资产经营等其他预算分立的复式预算制度。二是金融改革迈出了重要步伐：建立了中央银行宏观调控体系；政策性金融与商业性金融分离；不断引导非银行金融机构稳步发展；改革外汇管理体制。三是投融资体制改革迈出重要步伐。关于投融资体制改革，是一个难点，当时的改革方案主要还是围绕投资体制。关于融资体制，尚缺乏具体的操作思路，有待在以后的经济发展进程中逐步完善。四是计划体制改革加快，计划管理职能逐步转变。这一改革主要体现在：从偏重于行政手段直接管理微观经济活动，转向研究发展战略和制定中长期规划；从偏重与关心全民所有制经济活动和工业生产建设的管理，转向引导和调控全社会经济活动，重视生产、分配、流通、消费全过程面向市场，调节供求。

第五部分　全面建立健全社会主义市场经济体制时期的宏观经济

其后,经济体制改革随着时间的延续不断深化,党和国家几乎每次重要会议都要重申坚定地推进经济体制改革,2003年出台了关于完善社会主义经济体制若干问题的决定。以后一段时期又相继出台了若干专项改革政策。2012年11月召开的中共十八大强调,以更大的政治勇气和智慧,不失时机深化重要领域改革,坚持社会主义市场经济的改革方向,处理好政府和市场的关系,更大程度更广范围发挥市场在资源配置中的基础性作用。2013年11月召开的中共十八届三中全会通过了《关于全面深化改革若干重大问题的决定》,提出了深化改革的指导思想、目标任务、重大原则,明确了改革的蓝图和战略重点、路线图等,是全面深化改革的指南和行动纲领。2017年10月召开的中共十九大,提出加快完善社会主义市场经济体制,强调经济体制改革必须以完善产权制度和要素市场化配置为重点,实现产权有效激励、要素自由流动、价格反映灵活、竞争公平有序、企业优胜劣汰。我国对内改革和对外开放的政策,是以1978年党的十一届三中全会召开为起点的,2018年12月我国将迎来改革开放40周年。

"八五"计划以来,我国在深化改革,推进市场经济体制方面走出了持续的坚实的步伐。

(三) 实现经济"软着陆"

发生在"八五"期间完成于"九五"期间的经济"软着陆",是宏观调控方面的一次关键举措。针对"八五"时期经济过热、通货膨胀的状况,国家决定通过宏观调控稳定经济局势。国家计委1992年首次以"四要素"为主要内容提出了宏观调控的方针:一是经济增长,二是保持货币稳定,三是扩大就业,四是外汇平衡。当时经济过热的现状主要反映在以下几个方面:一是货币投放过量,金融持续混乱。1993年上半年,货币净投放量比1992年同期多投放549亿元。居民储蓄1993年3月比1992年减少44亿元，乱集资、乱拆借、乱贷款的情况相当严重。二是财政困难加剧，1992年财政赤字比1991年增加340亿元。三是投资需求和消费需求出现双膨胀。四是工业增长速度过快，基础设施建设的瓶颈制约进一步强化。五是外汇结存下降，人民币贬值严重。六是物价上涨加快，通货膨胀加速。在这种情况下，国家决心加强和改善宏观调控，于1993年6月提出了宏观调控的十六条措施。在抑制经济过热、治理通货膨胀的过程中，国家提出了"软着陆"的思路。1993年7月，朱镕基在全国金融工作会议上强调，前进过程中发生的问题通过加快和深化改革就可以解决，没有必要实行全面紧缩，今后也不会采取全面紧缩政策。因而在整个治理通货膨胀过程中，一直着眼于加快改革步伐，加强和改善宏观调控，采取"软着陆"的方式抑制经济过热是这一时期宏观调控的一个重大特点。这一点与治理20世纪80年代通货膨胀有着明显区别。从后来的结果看，这一方针是正确的，避免了经济的大起大落，促使经济比较平稳地进入正常的发展轨道。在经济"软着陆"过程中，主要采取了以下做法：一是在继续保护经济快速发展的势头下，适当降温。对效益好的工业企业，尽可能帮助他们解决资金周转的困难。固定资产投资贷款集中用于国家重点建设项目。二是确定物价调控目标时，既考虑降低物价涨幅的需要，又考虑保持经济适度增长的需要。在实现宏观目标和实施政策措施的过程中，恰当把握宏观调控力度。三是抑制需求过旺，增加有效供给，促进经济总量平衡。国家在坚持从紧的货币政策的同时，保证重点项目，增加农业投入，适时较大幅度地提高粮食、棉花等主要农产品的收购价格。这一时期的宏观调控政策，密切结合国情，启动了一系列创造性的调控方式，对稳定经济、释放通胀压力、实现经济"软着陆"发挥了至关重要的作用。1994年，固定资产投资增幅回落30个百分点，生产资料价格也继续回落。1995年固定资产投资继续回落12个百分点，达到正常水平。流通中的现金实际投放597亿元，比计划少投807亿元。零售物价涨幅逐月

第五部分 全面建立健全社会主义市场经济体制时期的宏观经济

降低,1996年仅为6.5%,已低于预期的宏观调控目标。1997年国内生产总值比1996年增长8.8%,商品零售价格总水平仅比1996年增长0.8%,居民消费价格比1996年上涨2.8%,分别比1996年回落了5.3个和5.5个百分点。

在成功实现"软着陆"的同时,我国市场供求关系从这一时期开始发生了根本性的改变,一系列经济数据表明,我国已经开始告别"短缺经济"和卖方市场,这是中国经济发展过程中的一个极为重大的变化。

(四)中国经济首次出现通货紧缩现象

从1994年下半年开始,经济界就有人提出关于经济出现通货紧缩的担心。随着"软着陆"的成功,过热的经济得到了有效的抑制。与此同时,供求总量格局开始发生变化,中国经济开始从供不应求向供过于求转变。当时的国内贸易部对1995年600余种主要商品供求状况进行了调查,调查结果表明:从1995年开始,供不应求的商品大幅减少,供过于求的商品迅速增多,供过于求商品的比重逐步超过供不应求的商品,这一现象日益明显。1995年,对104种主要工业品的调查显示,生产能力利用率达到80%以上的只占30%,生产能力利用率在50%~80%之间的占46%,生产能力利用率不到一半的占24%。消费品零售市场上供不应求的产品越来越少。随之而来的是,彩电、洗衣机、自行车、胶卷等日用产品的生产能力也纷纷出现过剩状况。与此同时,银行业出于防范风险,上收基层贷款权限,集中贷款资金,贷款行为出现惜贷现象。随着经济变冷,企业加速了改组和优胜劣汰的步伐。1997年末,全国下岗职工达1200多万人,比1996年增加了300多万。企业经济效益出现滑坡,各类投资回落。1996年上半年,由于提高粮食收购价格,粮食产量持续增加,农产品开始出现供大于求的状况,粮食收购价格随之下降。1997年消费增幅回落比较明显。

1997年，GDP增长率从1993年的13.5%回落到8.8%。1998年上半年经济增长率为7%。与此同时，市场物价持续走低。从1997年10月份算起，一直持续到1999年7月，物价指数即社会商品零售价格，连续下降22个月。上述情况表明，中国经济出现了通货紧缩的现象。对于中国经济是否出现通货紧缩，本书第一部分提到当时经济界和学术界有不同看法，甚至发生过比较激烈的讨论。分歧主要集中在两种观点上：一是单因素论；二是三因素论。所谓单因素论认为，只要物价指数连续下降22个月（另一种观点认为连续下降18个月）以上，即可以断定出现通货紧缩；三因素论则认为，只有当经济同时出现经济增长率持续下降、货币供应量持续减少、物价指数持续下降22个月以上，才可认为出现通货紧缩。根据当时中国经济的状况，一部分经济学者认为，中国经济并没有出现经济增长率和货币供应量持续下降，只是物价指数持续下降，在这种现状下，不能认为经济已处于通货紧缩时期。另一种观点认为，中国的物价指数已发生连续18个月以上的持续下降，只此一条即可断定中国经济已出现通货紧缩。两种不同的观点发生了激烈的争论。一时间，各种观点见诸于报刊杂志，一些外国学者也参加了这场讨论。国务院发展研究中心和社会科学院等机构的经济专家认为，中国经济确实从供不应求开始转向供过于求，从卖方市场转向买方市场，经济生活中已普遍存在生产能力过剩现象，在生产资料和日常消费用品方面已出现大量库存积压，专家们对这一现状定义为中国经济已出现通货紧缩的迹象，国家计委的经济专家称其为"体制性紧缩"。这一变化是耐人寻味的，是具有某种震撼力的。众所周知，中国从新中国成立以来经济发展中遇到的问题始终是供不应求，供需格局始终是卖方市场，短缺经济始终伴随着中国经济的发展进程。如今，中国竟然也出现了供过于求的现象，在某些地区甚至出现了将库存的产品销毁的现象，其道理很简单：库存成本过高，运输费用过大，企业又没有能力替这部分积压产品寻找新的买方。摆在中国领导人和经济专家面前的一个新的命题是，如何认识和应对通货紧缩的经济现象？过去，我们有着相当丰富的治理通货膨胀的经验，从宏观调控角度，已经能够比较从容和有把握地应对通货膨胀，始料不及的是，摆在面前的新的宏观调控题目是治理通货紧缩。由此，引发了我国历史上第一次针对通货紧缩的宏观调控。

（五）扩大国内需求

1997年12月召开的中央经济工作会议，对于宏观调控的提法依然是继续实施适度从紧的财政货币政策。到了1998年，通货紧缩的迹象越来越明显，总需求不足的问题进一步提上议事日程。在这种情况下，经济工作的重心转向防止实现经济"软着陆"后出现的惯性下滑。1998年，为确保国民经济持续快速健康发展，缓解通货紧缩的趋势，决定采取扩大内需的方针，实行积极的财政政策。为适度把握好扩大内需的方针，达到稳定经济、促进发展的目的，强调扩大内需应坚持的原则：一是以市场为导向，以效益为中心，不生产积压产品，不搞重复建设；二是扩大国内需求，必须与调整产业结构结合起来，淘汰技术落后、超过市场容量的过剩生产能力；三是扩大国内需求要与深化改革相结合；四是根据实际情况恰当地把握调控力度，适时进行微调，即要促进经济适度快速增长，又要避免引发新的投资过热和通货膨胀；五是扩大国内需求要讲求实效。这几项原则体现了在宏观调控方面从全局出发，适度把握经济发展"热与冷"的关系。这些调控措施是应对通货紧缩的最初尝试，是扩大内需、实施扩张性财政政策的最初步骤。其后，随着通货紧缩状况不断延续，逐步加大了积极的财政政策的实施力度。1998年8月国务院决定增发1000亿元长期国债，并于1999年初增发500亿元长期国债。这些国债均用于基础设施建设专项投资。1999年下半年，根据固定资产投资增长速度放慢和消费需求持续低迷的状况，开始实行投资和消费需求双拉动，加强扩大国内需求的宏观调控力度。

在实行积极财政政策的同时，从货币政策上也相应做出了安排：一是较大幅度地增加了货币供应量，尤其是扩大中央银行基础货币投放。二是下调法定存款准备金率和完善准备金制度，增强金融机构支持经济增长的能力。三是下调利率和加快利率市场化相结合。

这一时期，为应对通货紧缩，连续七次下调利率。当时，一些专家担心，在利率水平并不明显高于其他国家的情况下，如果继续下调利率可能会落入流动性陷阱（Liquidity Trap），并加大对人民币汇率的贬值预期。日本在发生"金融大爆炸"以后的一段时期里，货币政策失灵，也曾启动了扩张性财政政策。其后，出现了流动性陷阱，即利率降到不能再低时也达不到刺激经济的目的。为此，一些专家建议，在扩大银行贷款利率浮动幅度的基础上，放开贷款的利率管制，让商业银行根据贷款对象的资信状况和贷款的风险大小，来确定贷款利率。其次，加速货币信贷主体的货币投放积极性和消除货币投放中的障碍，加快货币投放的规模和速度。

此外，关于利率过低引起的担心，也有专家指出，虽然连续降低利率，但由于 1998 年和 1999 年通货膨胀率为负数，降低的是名义利率，实际利率尚不算过低。借此，对名义利率和实际利率作一简要说明。名义利率是指由中国人民银行规定的法定存贷款利率和符合规定的浮动利率，没有考虑物价上涨的因素。实际利率是指剔除物价上涨因素后的物价水平，即名义利率减去物价上涨率。我国的名义利率是以一年期储蓄存款率表示的。例如，1978 年一年期储蓄存款名义利率为 3.23%，当年零售物价上涨幅度为 0.7%，一年期储蓄存款实际利率为 $3.24\% - 0.7\% = 2.54\%$。1994 年，一年期存款名义利率为 10.98%，当年零售物价上涨幅度为 21.7%，一年期储蓄存款实际利率为 $10.98\% - 21.7\% =$

第五部分　全面建立健全社会主义市场经济体制时期的宏观经济

－10.72%。1994年是改革开放以后零售物价上涨幅度最大的一年，尽管存款利率（名义利率）高达10.98%，但实际利率依然为－10.72%。利率水平的调整，在我国主要考虑以下几个因素：一是考虑物价总水平。利率高于同期物价上涨率，就可以保证存款人的实际利率收益为正值，反之，即会变为负值。二是考虑国有大企业的利息负担。我国企业融资结构基本为间接融资，主要依赖银行贷款，利率水平的制定，不得不考虑企业的承受能力。三是考虑国家财政和银行的利益，利率调整对财政收支的影响主要是通过影响企业和上缴财政税收的增加或减少而间接产生的。调整利率水平要考虑财政收支情况，也要保持适当的存贷款利差，保证银行具有一定的收益。四是考虑国家政策和社会资金供求情况。利率作为重要的经济杠杆之一，在宏观调控方面发挥着重要作用。

综上所述，中国经济发展从1998年起进入了扩大内需，促进经济持续稳定增长的时期。实行扩大内需的方针，正值亚洲金融危机爆发之际。当时，亚洲金融危机的影响使我国依靠扩大出口刺激经济增长的难度加大，主要依靠扩大内需发展经济，成为必由之路。扩大内需的方针，实际上应当是我国经济发展需要长期坚持的战略方针。"十五"计划提出，改善宏观调控，保持经济稳定增长，要综合运用计划、财政、金融等手段，发挥价格、税收、利率、汇率等杠杆的作用，加强和改善宏观调控，为规划实施创造良好的宏观经济环境。宏观调控总的要求是：把扩大国内需求作为经济发展的基本立足点和长期战略方针，努力扩大对外贸易，保持经济总量平衡，引导和促进经济结构优化升级，实现经济稳定增长，扩大就业规模，保持价格总水平基本稳定和国际收支基本平衡。扩大内需就是要通过财政、货币等相关政策的调整，促使国内消费需求升温，投资需求扩大，保持经济持续增长。要在消费、投资、出口协调拉动的同时，通过增加居民收入、降低物价、减轻民营企业负担等措施，保持提升消费的外部环境和内生动力。扩大国内需求的政策,由此作为一项重要的宏观调控举措,得以不断改进和充实。

"十五"计划提出的宏观调控政策的基本取向是:要继续实施积极的财政政策,带动企业和社会投资,促进消费。实行稳健的货币政策,支持经济结构调整和经济增长。实行与财政、货币政策相配套的价格政策,稳定价格总水平,警惕和防止通货膨胀。实行鼓励消费的政策,促进消费需求较快增长,使居民消费率提高到50%左右。围绕结构调整,引导投资方向,促进固定资产投资,特别是企业和社会投资较快增长,全社会固定资产投资率调控在35%左右。实行支持出口的政策,发挥出口需求对经济增长的拉动作用。宏观调控政策的力度,要根据宏观经济运行态势,进行适时适度的调节。

2003年3月,朱镕基在十届全国人大一次会议上所做的《政府工作报告》中指出,中国这几年实施积极的财政政策,发行长期建设国债,是在特定情况下实行的特殊政策。朱镕基强调,面对国际经济环境严峻和国内有效需求不足的困难局面,本届政府采取的最重要措施就是果断地把宏观调控的重点从实行适度从紧的财政政策和货币政策,治理通货膨胀,转为实行扩大内需的方针,实施积极的财政政策和稳健的货币政策,抑制通货紧缩趋势,并在实践中适时完善政策措施,把握调控力度,确保取得成效。朱镕基还指出,这几年宏观调控的成功,还在于高度重视做好金融工作,坚持实行稳健的货币政策。既保持金融对经济发展的重要支持,又防止盲目放松银行贷款。

此外,2003年,中国和世界上部分国家地区发生了非典型性肺炎,这次突如其来的烈性传染病对中国经济产生了直接的影响。中国政府采取了一系列果断的措施,使此次疫情较快稳定下来,避免了经济遭受重大影响。

2008年稳定经济的十项措施发挥了刺激和拉动需求的作用。温家宝在2010年夏季达沃斯论坛上表示,我们要坚持内外均衡发展，着力构建扩大内需，充分挖掘市场的潜力、有效释放国内需求是促进中国经济长期稳定发展的关键所在。2011年启动的"十二五"规划，强调坚持扩大内需战略，保持经济平稳较快发展，并提出加强和改善宏观调控、建立扩大消费内需的长效机制、调整优化投资结构。一些专家建议，应通过增强国内需求，逐步摆脱出口依赖和依靠投资的运行模式。建立扩大内需的长效机制，要通过调整经济结构，改革收入分配制度，提高居民收入、增强居民消费能力，加速改变服务业发展滞后的状态。2018年《政府工作报告》显示，"十二五"期间经济结构出现重大变革，消费贡献率由54.9%提高到58.8%，服务业比重从45.3%上升到51.6%，成为经济增长主动力。报告强调，要积极扩大消费和促进有效投资，推进消费升级，发展消费新业态模式。

(六) 关于财政政策

由于财政政策和货币政策是宏观调控的两个密不可分的方面，因此这一节讨论财政政策必然涉及货币政策，以便使读者对宏观调控中两者的作用有一个更清晰的了解。在本书第六部分"综述"中，有"货币政策"一节，讲述货币政策的沿革等内容。

首先对我国"八五"计划以来实施的财政政策和货币政策做一个概略的归纳：

年份	财政政策	货币政策
1994—1997年	适度从紧	适度从紧
1998—2003年	积极	稳健
2004—2007年	稳健	稳健
2008年	稳健	从紧
2009—2010年	积极	适度宽松
2011年	积极	稳健

前面在"新一轮的经济过热与宏观调控"一节，说到1991年以后经济出现了较明显的过热，1994年国家开始转而实施财政和金融双紧的调控政策，实际上紧缩性政策是从1993年下半年开始的。1998年在亚洲金融危机的影响下开始实施积极的财政政策和稳健的货币政策，直到2003年。

西方经济学中的"扩张性财政政策"（Expansive Fiscal Policies），是指主要通过减税和增支，进而扩大财政赤字的财政分配方式，增加和刺激社会总需求。我国使用积极的财政政策（Proactive Fiscal Policies）的提法，在1998年是针对通货紧缩迹象采取的促使经济回升的宏观调控措施。所谓积极的财政政策，在我国主要也是通过减税和增加财政支出等措施，达到增加和刺激社会总需求的目的。减税可以增加民间的可支配收入，在财政支出规模不变的情况下，也可以起到扩大社会总需求的作用。增加财政支出，可以直接增加社会总需求。当年实施积极的财政政策，一是向国有商业银行增发国债，对用途做出严格限定，专项用于基础设施建设；二是调整税收政策，分批提高部分产品的出口退税率，对部分项目实施税收减免。三是推进费改税改革，减轻企业和农民负担。四是提高公务员工资，以及增加对下岗职工的社会保障支出。从总体看，这一时期实施的积极的财政政策，对拉动社会需求发挥了比较明显的作用。

"十五"计划的前两年，经济快速增长。2003年一季度，国内生产总值增长速度达9.9%，为七年来最高水平。2003年4月份发生非典型肺炎疫情后，当年第二季度国内生产总值为6.7%，比第一季度降低了三个多百分点。到了第三季度经济基本上恢复了增长态势，第四季度已出现过热的苗头。对于2003年下半年经济是否处于过热状态，前文提到当时存在着不同的观点。吴敬琏回忆说，大致上有三种意见：第一种意见认为，宏观经济已经出现过热，建议采取紧缩性的总量政策，用紧缩性的财政政策和货币政策进行调控，当时主要的意见是进行微调；第二种意见认为，不

第五部分 全面建立健全社会主义市场经济体制时期的宏观经济

是全面过热,而是局部过热,所以应该由主管机关通过对于投资的控制来进行降温,这种意见到了2004年变成了主流;第三种意见是不要轻言过热,认为2003年出现的大好形势应该加以保持,不应该采取紧的货币政策和紧的财政政策,这种意见在2003年曾占主导地位。2004年1—2月间,各种宏观经济指标出现了明显的上升,固定资产投资增长了53%,广义货币(M2)增长了19.4%,生产资料价格指数达14.6%,与此同时,消费指数CPI仅为2.1%,在这种情况下,人们对中国经济是否出现过热,仍处于争论中。

2004年,《政府工作报告》指出了投资规模过大,贷款增加过多的问题。此后,国家开始有针对性地采取了一系列宏观调控措施。2004年5月,财政部宣布将积极的财政政策转为中性的财政政策,即稳健的财政政策。到了2004年四季度,这一轮宏观调控的效果得以体现,经济增长的热度明显下降。

在国外经济学教科书中,通常认为用于实现短期总量平衡的宏观调控政策,其实施的时间一般为2~3年,不超过4年。美国学者保罗·萨缪尔森和威廉·诺德豪斯的研究认为,财政政策的作用会在财政政策实施三年或四年以后全部被"挤出",有的中国学者也认为,中国经济发展过程中,也存在这一现象。笔者认为,这些观点尽管有一定道理,但还是过于理论化和书本化。一项宏观政策要持续多久是有效的,持续到什么时候会产生效应递减或"全部被挤出",从我国宏观经济进程看,并无一定之规。从国际宏观经济案例分析中,也难以确定一项宏观调控政策发生作用的有效时限。

2004年12月召开的中央经济工作会议上,第一次明确提出要实行稳健的财政政策和货币政策。这一提法是根据当时经济发展的实际情况做出的,标志着已经实行了接近七年的积极的财政政策告一段落。会议强调要实行稳健的财政政策和货币政策,继续控制固定资产投资规模的过快增长。在落实加强和改善宏观调控的各项政策措施时,要充分体现区别对待、有保有压的原则;要发挥市场配置资源的基础性作用,更加注重运用经济手段和法律手段;要不断调整投资和消费的关系,提高城乡居民消费能力,增强消费对经济增长的拉动作用。

关于稳健的财政政策,金人庆在财政部召开的一次会上曾说明,实行稳健的财政政策,主要是要服从服务于改革发展大局,服从服务于中央宏观调控大局,宏观上既要防止通货膨胀的苗头继续扩大,又要防止通货紧缩的趋势重新出现;既要坚决控制投资需求膨胀,又要努力扩大消费需求;既要对投资过热的行业从紧,又要着力支持经济社会发展中的薄弱环节。政策的核心是,松紧适度、着力协调、放眼长远。具体说来,要注重把握"控制赤字、调整结构、推进改革、增收节支"十六个字。有的专家表示,继续实施积极的财政政策主要是担心大规模发行国债,增加财政赤字,经济增长过于依赖财政支出的扩张。总之,由积极的财政政策转向稳健的财政政策和货币政策,主要是根据经济情况的变化做出的一项重要宏观调控。所谓稳健的财政政策是对积极的财政政策而言的。

在 2005 年 11 月底召开的中央经济工作会议上,提出坚持实施稳健的财政政策和货币政策。会议强调要稳定宏观经济政策,保持经济平稳较快增长的良好势头,其关键是要努力扩大国内需求。扩大内需是我国经济发展的长期战略方针和基本立足点。要努力调整投资消费关系,把增加居民消费特别是农民消费作为扩大消费需求的重点,不断拓宽消费领域和改善消费环境。要在大力增收节支的基础上,调整财政支出结构。保持货币信贷稳定增长,优化货币信贷结构。要继续加强财政政策、货币政策、产业政策等的协调配合,用好税收、利率、价格等经济杠杆和法律手段,完善和严格执行市场准入规则,引导资源优化配置。要认真研究经济运行中的新情况和新问题,增强各项调控措施的针对性和有效性,更加注重区别对待、分类指导。

第五部分　全面建立健全社会主义市场经济体制时期的宏观经济

在2006年12月召开的中央经济工作会议上，再次提出要继续实施稳健的财政政策和货币政策。会议强调要坚持加强和改善宏观调控，保持和扩大经济发展的良好势头。必须保持宏观经济政策的连续性和稳定性，进一步落实调控政策措施，并根据经济运行新的发展变化，适时适度进行预调和微调，主动引导社会预期，确保经济平稳较快发展。要正确处理好投资和消费、内需和外需的关系，最根本的是扩大国内消费需求。要综合运用多种货币政策工具，加强流动性管理，合理控制信贷投放和优化信贷结构。要注意加强对房地产市场的合理引导和有效调控。要加强财政政策、货币政策、产业政策、土地政策和社会发展政策的协调配合，继续综合运用经济、法律和必要的行政手段，提高宏观调控的科学性和有效性。

从总体看，2004年以后，国家的宏观调控转向实行稳健的财政和货币政策，在具体操作中有以下几个特点：一是把握宏观调控力度，防止由于政策的过松、过紧造成经济出现"过热"或"过冷"，要着力避免"大起大落"。二是充分注意发挥市场机制的作用，主要以经济手段和法律手段为主进行调控，使调控政策更符合市场机制、更具有生命力和连续性。三是调控的指导性强，体现了具体分析、区别对待的方式。四是在宏观调控过程中，深化改革，推进一系列直接涉及宏观经济的国有商业银行股份制改革、股权分置改革、国有企业改革、外汇运用体制改革等，由此推进建立市场经济体制的进程。

2007年年末的中央经济工作会议，确定来年继续实施稳健的财政政策和适度从紧的货币政策，2008年9月起，国际金融危机的爆发对全球经济以及我国经济造成了强力冲击，随之我国开始实施积极的财政政策和适度宽松的货币政策，这一转变是直截了当的，是形势所迫。由此开始，积极的财政政策长时间地延续下来。2017年中央经济工作会议再次明确继续实施积极的财政政策和稳健的货币政策。

一般来说，当社会总供给大于社会总需求，即出现通货紧缩，物价总水平下降时，适宜采取扩张性的财政政策和货币政策。扩张性的财政政策，从宏观上讲属于反周期操作。当社会总供给小于总需求，即出现通货膨胀，物价上升时，适于采取紧缩性的财政和货币政策。而当社会总供给和总需求基本平衡，但存在结构矛盾，发展不平衡时，适于采取稳健的财政政策，在保持总量平衡的过程中逐步调整结构，促使经济平稳发展。稳健的财政政策也称为宏观调控的"中性"导向，贾康认为这一导向就是总量上既不扩张也不收缩，是以总量特征的直观形式给出当前财政政策转型的基本定位与趋向。由此看来，理论上"中性"导向的稳健的财政政策，似乎是宏观层面预期达到和保持的理想趋向，可能促成经济发展的一种均衡状态。国际金融危机的发生，中断了我国2005年开始实施的稳健的财政政策，进入积极的财政政策时期，直至今日。

在实施不同的财政政策的同时，必然辅之以相应的货币政策和其他相关的宏观政策，也就是保持宏观调控的协调性和全面性。在具体实施策略上，要根据国情采取若干既有原则性又有灵活性的调控手段。马凯在担任发改委主任时曾对2004年实施的宏观调控讲了这样一段话：可以说，这次宏观调控打的是"组合拳"，是综合运用各种调控办法，在主要运用经济手段和法律手段的同时，也采取了一些必要的行政手段。当然，在采取必要的行政手段时，十分注意依法行政，并与经济手段密切配合。"组合拳"是我国多年来进行宏观调控的经验之谈，是从实际经济工作中总结出的行之有效的办法，可以促使宏观调控的效率稳步提高。

（七）关于"效率优先、兼顾公平"

国民收入通过初次分配和再分配，实现收入在国家、单位和个人之间的分配。我们所说的收入分配是在国民收入分配和再分

第五部分 全面建立健全社会主义市场经济体制时期的宏观经济

配过程中形成的。在市场经济体制条件下，收入分配制度要体现按要素分配，即：通过生产要素的价格机制配置资源。建立符合市场经济体制的分配制度，是我国计划经济向市场经济转轨的关键步骤，也是需要通过宏观经济政策加以引导的重要方面。

1984年10月，中共十二届三中全会通过的《中共中央关于经济体制改革的决定》，提出"效率优先、兼顾公平"的原则主张。1993年中共十四届三中全会通过的《中共中央关于建立社会主义市场经济体制若干问题的决定》，提出收入分配要"体现效率优先、兼顾公平的原则"。2005年中共十六届五中全会提出，要"完善按劳分配为主体、多种分配方式并存的分配制度，坚持各种生产要素按贡献参与分配，更加注重社会公平，加大调节收入分配的力度，努力缓解地区之间和部分社会成员收入分配差距扩大的趋势"。邓小平提出的"允许一部分人先富起来"是"效率优先、兼顾公平"原则的基础。"效率优先、兼顾公平"就是按照市场经济原则，把按生产要素的贡献分配放在首位，在此基础上，通过适当的再分配，防止收入差距过大，即强调收入分配要按要素分配，由市场引导资源的合理配置，也就是说，通过生产要素的价格机制配置资源。在西方经济学中，所谓的收入公平通常是用基尼系数来表示的。一般来讲，基尼系数在0.4以下就说明收入大体处于比较均衡的状态。关于我国的基尼系数在前后文中均有提及。

公平是有史以来哲学家、政治家以及社会学家们苦苦思索和梦寐以求的理想。从16世纪空想共产主义思想创始人托·莫尔的名著《乌托邦》到18世纪法国启蒙运动先驱者卢梭的"社会契约"理论，以及其后圣西门、傅立叶和欧文倡导的平均主义、和谐制度，直到康有为提倡的"无邦国、无帝王、人人平等、天下为公"的大同思想，都是希望在小生产基础上或在资本主义发展初期实现人人平等的社会制度。发达的资本主义国家，也不断从制度和体制方面体现社会公平。实际上，任何社会制度的执政者都会宣称自身是注重公平的社会。

讲公平无疑是正确的,在强调公平的同时,要看到所谓的公平,在任何社会体制下都是相对的,对社会公平的追求,存在于一个漫长的历史时期之中。公平的体现要与社会基础相适应。在我国,为切实提高居民生活水平采取了一系列措施,实现人民大众共同富裕是远景目标。现阶段,强调"效率优先、兼顾公平"为明智之举,是与我国的国情相符的。通过深化改革,不断增强综合国力,是实现公平的前提。

(八) 关于流动性过剩

流动性过剩一般是指金融资产加速膨胀,以及引起的相关现象。资产的流动性是指资产转换为支付手段的能力。我国目前学术界所讨论的流动性过剩问题,实际上主要是指商业银行持有过多的超额存款准备金。我国银行资金的所谓流动性是由金融机构在中央银行的超额存款准备金和金融机构持有的库存现金构成。影响流动性的因素,通常包括法定存款准备金率、央行公开市场操作、再贴现、再贷款、外汇占款、财政在中央银行存款以及流通中的现金。2007年初,周小川曾提及对于商业银行超额存款准备金来说,使用"流动性偏多"可能更恰当。中国人民大学经济学院副院长刘元春认为,流动性过剩对我国经济金融运行会产生一定的负面影响,其表现主要是:其一,容易引发贷款余额和货币超额供给。市场流动性容易导致商业银行贷款意愿增强,从而加剧货币供给,并最终可能引发通货膨胀。其二,容易引发经济局部过热甚至全面过热。由于流动性过剩造成的贷款和货币超额供给推动投资快速增长,会导致一些行业产能过剩。其三,容易导致资产价格持续上涨,引发经济泡沫。其四,容易导致宏观调控陷入两难困境。如遏制市场流动性过剩,会造成银行资金更大、更多的积压,使企业经营困难;如放任流动性过剩,可能使经济更加趋于过热。刘元春认为,造成流动性过剩的原因主要是:持

第五部分 全面建立健全社会主义市场经济体制时期的宏观经济

续的贸易顺差导致外汇储备快速增长,为此投放的基础货币大幅增加(外汇占款导致);企业和居民的银行存款持续增加,2006年股市的复苏有利于缓解商业银行流动性过快增长,但2006年新增的人民币存款仍达4.93万亿元。目前,我国几大商业银行已出现吸纳存款积极性下降的倾向,对几十亿元规模的机构存款,只接受半年期存款,一年以上存款的储户很可能被拒之门外。这种现象,在我国实为少见。

针对流动性过剩的迹象,温家宝在2007年3月十届全国人大五次会议所做的《政府工作报告》中指出,"继续实行稳健的货币政策,综合运用多种货币政策工具,合理调控货币信贷总量,有效缓解银行资金流动性过剩问题"。尚福林认为,恢复市场的融资功能可以充分利用流动性过剩形成的充裕资金,将社会储蓄资金有效转化为长期投资,即利用流动性过剩这一条件发展壮大了资本市场,客观上也吸收了过剩的流动性。陈耀先认为,大力发展公司债和债券市场对于提高直接融资、消化货币过剩、扩大内需有重要作用。一些学者认为,解决流动性过剩问题需要从解决国际收支双顺差着手,抑制发行大量基础货币通过外汇占款被动地向银行体系投放的状况。

关于流动性过剩问题,我们主要讨论的是2006—2007年出现的状况,至于近年来一些学者关注的由于股市高涨、房地产过热、外汇储备过高以及通胀预期可能导致的流动性过剩问题,另文探讨。

从"八五"计划到"十三五"规划,是市场经济体制下新一轮的五年计划。在邓小平南方讲话的鼓舞下,市场经济体制不断健全,国有企业改革迈出关键性步伐,建立社会主义新农村提上日程,全面建立健全社会主义市场经济体制进入关键阶段,中国经济正在逐步走向稳步持续发展的轨道。通过这一时期的宏观调控,成功地治理了新一轮的经济过热,实现了经济"软着陆";通过及时适度地实施积极的财政政策,扩大国内需求,扭转了历史上首次出现的通货紧缩现象;进而不断实行相应的宏观调控政策,促使中国经济保持了良性发展的态势。

(九) 关于宏观杠杆率

微观杠杆率也就是本来意义上的杠杆率，一般指权益资本占总资产的比重，作为企业主要用于衡量其负债风险，杠杆率倒过来即杠杆倍数。运用"以小博大"的经济杠杆，要把握收益和亏损的平衡点。大约在10年前国际金融危机爆发后，银行业积累了过高的杠杆率引起国际间的高度关注，从防范风险的角度，2010年末巴塞尔委员会发布的《第三版巴塞尔协议》中引入了杠杆率指标，作为风险加权的资本充足率的有益补充。杠杆率越来越普遍地被应用于分析宏观经济的债务风险问题。宏观杠杆率是某一部门的总负债占GDP的比重，一般有两种表示方法，一是M2/GDP，二是非金融部门债务/GDP。国际货币基金组织（IMF）2016年测算的中国非金融部门债务/GDP的比重为235%，国际清算银行（BIS）测算的中国宏观杠杆率为257%，具体到企业等部门，明显高于国际警戒线。所谓宏观杠杆率是利用资金流动倍数产生作用，央行的若干货币政策工具就是通过资金流动倍数达到调节目的。经济杠杆产生的正面或负面的效应往往会相当显著，杠杆运用过度时，资产价格的大幅上涨或下跌，可能在短期内带来高收益或巨额亏损。最典型的是金融危机中显现出的高杠杆化的风险，这时人们就要考虑"去杠杆"问题了。如果整个经济社会都存在高杠杆化态势，就需要从宏观经济角度进行"去杠杆"操作，促使宏观杠杆率逐步下降，趋于稳定。

2015年末，习近平总书记在中央经济工作会议上提出，2016年经济社会发展主要是抓好"去产能、去库存、去杠杆、降成本、补短板"五大任务。要去低利润、高污染的过剩产能，去库存是为新的产能提供空间，去杠杆是降低长期性和系统性风险，降成本是提高效率，补短板是提高整体资源配置效率的必要条件和平衡供需关系的必然手段。这五项任务,是在深入分析经济发展现状和趋势的基础上,根据供给侧结构性改革的要求提出的。供给侧结构性改革通过"三去一降一补",进一步调整经济结构,优化存量资源配置,扩大优质增量供给,实现供需动态平衡。

目前,担任国家金融与发展实验室理事长的李扬认为,在结构上 2015 年末居民部门的杠杆率为 39.9%,金融部门为 21%,政府部门为 57.1%,非金融企业为 131%。通过国际比较可见,非金融企业杠杆率过高,是中国债务的最突出问题。在企业债务中,归属国企的约为 65%。可以认为,国企杠杆率过高是中国债务的关键所在。

非金融部门中的居民部门杠杆率为居民部门贷款余额占 GDP 的比重,据有关部门测算,2016 年末我国居民负担债务比 2015 年增加 6 万多亿元,家庭杠杆率上升相当快,2017 年接近 50%。2017 年党的十九大召开后金融界集中讨论了去杠杆、防风险等问题,周小川认为,若总量阀门把握比较好,总量就不至于膨胀过快,杠杆率就会有所下降。郭树清认为,重点是稳定杠杆率,尽可能降下来,企业部门、政府部门的杠杆率需要降低,居民家庭部门杠杆率也需要降低,目前居民家庭部门杠杆率增长趋势非常快,但是大家警惕性不够。

一些专家认为,以往有关部门更关注企业和机构的杠杆率,对居民杠杆率有所忽略。大约从 2010 年起居民家庭部门的杠杆率开始明显攀升,对市场消费的影响持续增大。居民家庭部门杠杆率测算涉及面比较广,如居民储蓄率(46%)、家庭资产负债率(5.5%)、居民财富积累和偿债能力、社会保障状况等,其中有些数据显然不易直接统计,相当程度上要依靠估算。

宏观层面的杠杆率问题,特别是金融高杠杆率问题,实际上是宏观调控需要应对的比较常见的现象,是经济增长过程中的一种顽症。大致可以采取"一稳二降"的策略,即在稳住杠杆率的基础上逐步降低杠杆率。黄益平不久前讲到,国际清算银行近期的研究报告提及很多国家存在生产率下降、杠杆率上升、政策空间收窄的风险"铁三角"现象，三个因素搅合在一起，很难走出来。他认为这些问题当前中国经济中似乎也都存在，这就是今天我们要面对的经济挑战。杠杆率上升问题，是在一个经济发展过程中形成的，与若干因素相关联，不易在短期内解决，需要从宏观层面加以综合考虑和处置。

2017年12月召开的中央政治局会议强调，防范化解重大风险要使宏观杠杆率得到有效控制，金融服务实体经济能力增强。央行认为，2017年末人民币贷款余额同比增长12.7%，社会融资规模存量同比增长12%，年末广义货币供应量M2余额同比增长8.2%，主要体现了金融体系抑制内部杠杆的成效。对此，易纲表示，M2增长环比回落0.9个百分点，其原因是去杠杆和金融监管逐步加强背景下银行资金运用更加规范、金融部门内部资金循环和嵌套减少，M2增速慢一些还有利于从宏观上实现稳杠杆。

李扬认为，中国杠杆率变化和全球有些错位，中国政府下决心去杠杆已经取得了一定成效，但下一步去杠杆任务仍然繁重。一些专家强调，讨论杠杆率和去杠杆问题，首先要结合国情进一步理清杠杆率变化和经济运行的内在关系以及判断杠杆率是否适度的主观因素，努力做到有效控制宏观杠杆率；对国际间提出的风险"铁三角"等现象要结合国情做更深层次的研究；对杠杆率的测算（估算）要从技术上进一步减小误差，防止在去杠杆过程中误导决策。运用跟踪研究的方式，有助于进一步提升居民家庭教育杠杆率的测算精度，为宏观调控提供更为准确及时的政策依据。目前，有效控制宏观杠杆率问题，得到广泛重视，是近期经济工作的重点任务之一。

（十）关于宏观调控的几个问题

讨论宏观调控问题，涉及的面很广，总感到遗漏了不少重要

第五部分　全面建立健全社会主义市场经济体制时期的宏观经济

的环节和观点，在本部分结束前略作补充。

其一，关于宏观调控面临的具有共性的问题。用国际眼光观察各国的宏观调控，虽然各个国家都有自身的国情，经济发展有不同的特征，但不难发现发达的市场经济国家和发展中国家在宏观经济运行和宏观调控方面，遇到的问题实际上是比较相近的，这一点在其他章节曾提及，对于具有共性的问题简述以下几点：一是从理论上看，宏观经济学理论在现实中与经济的实际运行状况存在若干矛盾和冲突，需要从理论上加以解释或创新，这种现象应属正常，但宏观调控的理论依据会变得不那么权威和恒定。二是从经济和政治的关系看，两者相互交织在一起的程度越来越紧密，国家内部和国际上的许多重大问题已无法以政治问题还是经济问题来区分，这种状况几乎成为常态，因此宏观调控必然具有政治和经济的双重效应。三是从宏观调控手段看，随着经济全球化的进程和信息化的演进，宏观调控的复杂性和难度明显加大，以往运用自如的一些调控手段，变得困难重重，甚至经常显现失灵状态。例如国际间应对债务危机和实施量化宽松政策以及对互联网金融的监管等，也需要"摸着石头过河"了。四是从国际影响看，宏观调控目前已不完全是一个国家内部的问题，一些严重影响整体经济运行的趋势，往往与国际政治经济相关联，实施有效的调控可能需要国际组织和有关国家的协调配合，而国与国之间关系的发展变化是以各自国家的利益为根本点的，外来力量的帮助通常是有限的，国家经济发展最终趋于稳定还是要依靠自身的决择和潜能。

其二，关于高科技时代的影响。当今世界正在迈入一个日新月异的高科技时代，人工智能开始在多个领域中显现，科技金融将对金融监管体制提出颠覆性挑战，传统的经济运行逐步发生根本性改变，相对应的经济管理职能必须与时俱进。我们讨论的宏观经济运行和宏观调控，也将面临全方位的变革，需要着手做出深入的思考、判断，并加以妥善应对。一是要组织专门力量深入

中国宏观经济与宏观调控概说（修订版）

研究随着经济运行方式转变而形成的新的经济管理体系，例如要研究经济管理方式如何适应新型科技带来的生产力的快速发展？研究对人工智能的行为方式如何规范管理？我们所讨论的宏观经济理论需要新思维，调控方式需要新路径。二是要提高宏观调控的技术含量，与经济运行中新增的技术内涵相对应。例如对于科技金融范畴的无人银行一类的新模式，需要有针对性地强化监管体系中相应的技术功能，实施有效监管。三是在高科技模式下要具备相应的应急管理系统和风险防范预案，确保经济有序安全运行。未来经济发展中的直接危机或许来自"键盘战争"，金融黑客可能在瞬间进入银行、证券、保险的交易系统。四是有计划有步骤地培养新一代的管理人才。这里特别强调一点，在金融机构中要有能够应对金融黑客的高技术人才。与高技术时代相适应的管理体系和管理人才，是未来保持经济金融安全的基础环节。

其三，关于我国参与宏观调控的机构。20世纪90年代以来，国家宏观经济部门制定宏观经济政策和实施宏观调控，越来越注重长远，注重与全球政治经济相协调，这是长足的进步，极大地促进了我国经济的持续健康发展。我国参与实施宏观调控的有关机构是随着经济建设过程，依据国情逐步形成的，这些机构的设置经历了由计划经济体制向市场经济体制的转化。国家发改委、财政部、商务部、科技部、生态环境部、税务总局、人民银行、国务院法制办、国家统计局以及国务院发展研究中心等与宏观经济的关联性比较紧密的部门，在党中央和国务院的领导下，各尽其责，保障宏观经济的稳定运行。与此同时，中央财经领导小组牵头研究经济运行中的各种复杂的全局性问题，做出一系列重大决策。这个小组的成员包括了中央和国务院负责经济工作的主要领导人。由于种种原因，中央财经领导小组的存在间断过几次，名称也有过变化。最早是1957年1月成立的中央经济工作小组，1958年6月又成立了中央财经小组，这两个小组的组长都是陈云。1980年3月成立了中央财经领导小组，下设办公室。此后机构又发生过变化，但名称延续了下来。中央财经领导小组作为党中央领导经济工作的议事协调机构，在我国经济发展进程中发挥了极为重要的作用。

最后，要提及一个重要的观点。厉以宁老师2013年曾经讲过，宏观经济调控好比是外来的力量，也重要，但它处于辅助的地位……要防止"宏观调控依赖症"，宏观调控不能替代改革。这一观点提示我们，在制定和实施宏观调控政策过程中，应充分考虑通过经济体制改革和调整经济结构，促使经济依靠内在机制稳定发展。尽管从世界上多数国家的情况看，无论发展中国家还是发达国家，都相当普遍地运用宏观调控保持经济的稳定发展，但调控本身的确是对经济发展的一种外在的干预手段，与经济发展自身的内在运行是不同的。因此，宏观调控必须把握好实施的时机和度。当经济按照计划和规划正常运行时，是没有必要运用宏观调控干预经济运行的。一般来说，宏观调控主要是在两个环节发挥作用，一是制定经济发展计划、规划需确定宏观调控的基本目标和调控方式以及宏观经济政策思路，通常在年度《政府工作报告》中公布；二是在经济运行出现偏差时以宏观调控进行干预，促使经济发展趋于稳定。通过改革完善经济发展自身的体制机制，逐步减小调控的力度，是理想的发展态势。

第六部分

综　　述

　　"增长—过热—衰退"循环、生产资料所有制、计划与市场关系，是贯穿于中国经济发展全过程的三个"永恒的主题"，对我国经济发展始终产生着重要影响。历史经验告诉我们，要本着实事求是、解放思想的精神，摆脱人为的束缚，轻装上阵，才能有力地推进社会主义市场经济进程。

　　金融业对宏观经济的影响力日益突出，其稳健运行，对于防止"增长冲动"等倾向，保持经济稳定发展的局面具有举足轻重的作用。中国经济与国际经济的关联度趋于紧密，要从全球化角度审视和把握我国的宏观经济运行。

　　将改革开放后的时期分为三个阶段，对宏观经济运行趋向做出简要的曲线图解。

——题记

　　本书前几部分，主要是按时间序列进行论述，本部分是对基

第六部分 综述

本上贯穿于我国经济发展全过程的几个长期存在的与宏观经济密切相关的问题，作一个简要的综述。下面首先讨论伴随中国经济发展的三个永恒主题："增长—过热—衰退"循环、生产资料所有制问题、计划和市场的关系。

一、贯穿于中国经济发展全过程的三个永恒主题

关于"增长—过热—衰退"循环、生产资料所有制问题、计划和市场的关系，伴随一直我国经济发展整个过程，对经济运行始终产生着重大影响。有关内容前文已有所涉及。1998年，笔者曾撰文讨论过这三个问题，20年后的今天，这三个问题依然是经济生活中的三大突出问题。下面，以当年的论述为基础，结合其后经济发展的进程，对这几个问题再加以简要的解析。

（一）"增长—过热—衰退"循环

从宏观经济角度回顾我国的经济发展历程，发生过若干次"大起大落"，其中，"大落"是贬义，而"大起"也并非完全是褒义。这是由于所谓"大起"往往包含着经济"冒进"和"过热"的因素。回顾新中国成立以来我国的经济发展史，每逢摆脱困境，迎来发展机遇之时，紧跟而来的总是经济过热。正常的发展主要取决于能否按照客观经济发展规律进行决策，避免人为的失误。在我国经济建设的历史上曾多次由于决策失误，使经济发展背离良性发展轨道，其最突出的表现是经济发展的"增长—过热—衰退"循环。每次"循环"均有极为相似之处。这些"循环"使我国错过了一次次经济发展的良好时机。历史经验告诉我们，只有通过改革，走市场经济发展道路，才能从根本上扭转这

一违背经济发展规律，阻碍经济正常发展的"循环"，促使经济持续、稳定发展，走上良性发展的道路。

在我国每一轮五年计划时期，基本上都发生过"冒进"或"过热"。其中，在有的五年中可能发生几次"过热"。如前所述，每当我国经济在经过艰苦努力，付出巨大代价取得稳定发展的时期，总是急于求成，出现难以控制的"增长冲动"。前文提到，为支持盲目的高速增长，投资规模一增再增，基本建设项目不断加码，年度计划和五年规划一改再改，计划编制出现"一本账"、"二本账"、甚至"三本账"。这些账，通常是根据来自决策层的指示编制的，对一些超出经济实力和实际情况的指示，计划编制者往往感到困惑不解，无所遵从。高指标带来投资和信贷膨胀，出现经济过热，再接下来，就是紧缩银根、控制通货膨胀，随之经济效益下降，生产趋于困难，经济发生衰退。这种"增长—过热—衰退"循环已发生多次，其中最令人记忆深刻的是，每次从增长走向"过热"的趋势，通常是一发而不可收，直至经济陷入困境。上述"循环"的过程前面已多次提到，不再赘述。究其原因，主要有三点：一是从新中国成立到改革开放之前，经济建设的主要决策者急于求成，无视客观经济规律，致使国家难以制订符合客观经济规律的宏观经济政策；二是国家长期实行计划经济制度，使经济发展严重偏离市场经济体制；三是前文所述的"非经济因素"的干扰使中国经济发展几度陷于崩溃的边缘，付出了过于沉重的代价。改革开放以后，我国经济发展也不同程度地数次出现过经济过热，有几次还比较严重，究其原因，亦主要有三：一是缺乏处理改革、发展和稳定三者关系的经验，在某种程度上部分失误可视为改革付出的成本；二是计划经济向市场经济转轨具有极大难度，充满新思维、新概念和不确定因素，没有教科书和现成模式；三是部分时期在宏观经济政策制定和实施过程中依然不同程度地存在急于求成现象。

那么，如何防止历史上出现过 N 次的"增长—过热—衰退"

循环呢?一些经济专家和实际经济工作者认为,主要对策:一是经济决策层和执行层、中央和地方都必须坚持按客观经济规律办事,反对脱离实际、急于求成等观念和举措;二是继续坚持和深化改革,义无反顾地建立社会主义市场经济体制;三是在经济全球化和推进我国市场经济进程中,我们需要不断提高宏观调控水平,增强驾驭宏观经济的能力。

(二)生产资料所有制问题

在建立健全社会主义市场经济进程中,所谓姓"资"姓"社"问题,始终伴随和直接影响着整体经济发展,其核心问题就是推进市场经济的一系列经济政策是否有悖于生产资料公有制,有悖于社会主义制度?对生产资料所有制问题的理解和把握,始终是社会主义革命与建设进程中无法回避和首当其冲的问题。改革开放后提倡实事求是、解放思想,创造了宽松的政治环境和纯正的学术气氛,使人们得以对生产资料所有制和计划与市场等敏感问题进行全面的探索,为推进改革开放和建立社会主义市场经济体制开辟道路。

所谓所有制,是指人们对物质资料的占有形式,通常指对生产资料的占有形式,即生产资料所有制。在社会不同的发展阶段存在着与其生产力发展水平相适应的生产关系,不同的生产关系包含着不同性质的所有制形式。所有制的变更,可以促进生产力的发展。资本主义的生产资料所有制使生产力获得了飞跃式发展,并由此创造了人类的现代文明社会。资本主义的这种创造性本身,也带有巨大的破坏性。约瑟夫·熊彼特(Joseph A. Schumpeter)认为市场资本主义也将毁灭原有的市场。创造性毁灭(Creative Destruction)的过程正是资本主义的本质。熊彼特不相信资本主义能够长期存在下去。随着社会生产力的发展,马克思预见,生产资料由私人占有的形式与社会化大生产之间必然发生的根本矛盾,将导致所有制形式的进一步变更。

马克思和恩格斯指出了公有制取代私有制的必然性，同时又明确了实现这个转变的前提。恩格斯在《共产主义原理》中回答"能不能一下子废除私有制"的问题时说："不，不能，正像不能一下子就把现有的生产力扩大到为建立公有经济所必要的程度一样……只能逐步改造现社会，并且只有在废除私有制所必需的大量生产资料创造出来之后才能废除私有制"。① 关于马克思曾提到的俄国公社是否可以不经过"资本主义制度的卡夫丁峡谷"，直接过渡到共产主义的公共占有形式的可能性，马克思认为如果不享受资本主义的一切肯定的成果，不能保证社会生产力的高度发展，是不可能直接实现这一过渡的。"无论哪一个社会形态，在它们所能容纳的全部生产力发挥出来以前，是决不会灭亡的；而新的更高的生产关系，在它存在的物质条件在旧社会的胎胞里成熟以前，是决不会出现的"。② 因此，根据马克思和恩格斯的设想，公有制取代私有制是一个历史进程，要取决于生产力发展水平，取决于生产的社会化程度。

人们出于对旧制度的不满和对新制度的向往，探求社会主义、共产主义这样崇高的理想社会。马克思和恩格斯从社会发展规律的角度发现和揭示了科学社会主义。马克思设想，当私有制在社会化生产发达到一定水平，阻碍了生产力发展时，将用公共占有生产资料的形式进一步解放生产力，以更先进的生产关系促进生产力的发展。从这个意义上讲，一种合理的科学的所有制形式，是根据生产力发展水平而确立的。这一点，应当成为研究所有制问题的一条主线。也就是说，不能脱离生产关系的要求，主观地确立所有制形式。

本书在论述新中国成立初期进行社会主义改造时，提及我国

---

① 《马克思恩格斯选集》第一卷，人民出版社1995年出版，第219页。
② 《马克思恩格斯选集》第二卷，人民出版社1995年出版，第83页。

第六部分　综述

一再加速进行对私营工商业的社会主义改造，使生产关系越来越不适应生产力发展的要求，生产力的发展与生产关系相脱节，使中国经济发展脱离了正常轨道。人民公社的错误即源于所有制关系的冲动，试图在当时比较低下的生产力水平之上把分散的个体经济直接改造为全民所有制，把集体所有制迅速过渡到全民所有制，这就在所有制问题上严重违反了客观规律。工业等行业在生产关系方面也走过了头。

对新中国成立后的所有制关系问题，在本书第二部分中已作论述，在此不再进一步展开谈，这里以毛泽东对所有制问题的一次鲜为人知的反思结束此节。毛泽东在私有制的社会主义改造完成后的1956年12月，针对当时出现了一批自发经营的被称为"地下工厂""地下商店"的较大手工业个体户和手工工场一事，讲了这样一段话："上海的地下工厂同合营企业也是对立物。因为社会有需要，就发展起来。要使它成为地上，合法化，可以雇工。最好开私营工厂，同地上的作对，还可以开夫妻店，请工也可以。这叫新经济政策。……可以搞国营，也可以搞私营。"① 可以消灭了资本主义，又搞资本主义。毛泽东把这称作"新经济政策"。周恩来、刘少奇、陈云等国家领导人也讲过类似的意见。毛泽东为什么在私有制改造刚刚完成之时，又讲要搞资本主义呢？其答案应当是，毛泽东感到对私营工商业的改造过头了，仅仅靠公有经济难以支撑起整个国民经济。因此，毛泽东感到应当在共产党的领导下，根据中国的国情，允许私有经济有较大的发展，以一种新型的所有制关系，来营造实现社会主义革命和建设所需要的物质基础。实际上，列宁的"新经济政策"和我国新中国成立初期的若干政策，就是这种方式。对此，毛泽东反复提到，而且经常有新的发挥。但问题是这些私有经济和公有经济同舟共济的思想和方案在实践中往往难以付诸实施。这一状况，一直持续到实行改革开放后提出多种所有制

---

① 《毛泽东传》（上册），中央文献出版社2003年出版，第462~463页。

经济共存是社会所有制的基本存在形式,方才告一段落。对此《毛泽东传》中有这样一段评论:这一段讲话中提出一些重要的思想,可惜没有深入研究下去,更没有付诸实践。所有制形式过于单一的问题,成为长期困扰中国经济发展的一个症结。这个问题的解决,成为留给后人的一个重大历史课题。①

(三) 计划与市场的关系

关于计划经济与市场经济的关系,在我国经济发展过程中是一个"马拉松"式的话题,吴敬琏称其为永恒的主题。长期以来,此题目被视为政治倾向之争,涉及社会主义和资本主义两条道路,属于理论禁区。关于这一问题的讨论,现如今大家都谈累了,甚至厌倦了,本文也不便多谈了。下面只讲一件事:大约15年前一位学经济的大学生作论文,题目即是"计划与市场的关系",他下了很大功夫收集资料,写了很长的一篇提纲,其后忽然困惑起来,以至罢笔。老师问其缘由,该生认真地说:查阅了几百万字的资料,专著就有若干本,越看越复杂,最后看了邓小平的几句话,感到全说清楚了,我这篇论文也实在没得写了!这位学生的话真是一语中的,使人感到此话既率真又引人深思。众所周知,邓小平在南方讲话中关于计划与市场、姓"资"与姓"社"等谈话,实际上为计划与市场的长期争论画了一个句号。回想起来,我们的确把太多的时间、太多的精力花在了这些争论中。在这里,经历过计划与市场争论的专家学者们或许想对这位年青人说几句话:叔叔、伯伯、爷爷们为"计划和市场"问题写了那么多文章,也并不情愿,实属无奈,因为在当时的年代讨论这些问题是触及禁区,是冒风险的,是在追求真理,是有意义的。如今,不用再为此争论,实为幸事。当然,在建立社会主义市场经济的过程中,

---

① 《毛泽东传》(上册),中央文献出版 2003 年出版,第 463 页。

第六部分 综述

势必有大量新的经济理论问题要探索。大家相信,年轻一代一定能够畅所欲言地表达观点,深入研究中国经济问题。

邓小平说:"计划多一点,还是市场多一点,不是社会主义与资本主义的本质区别。计划经济不等于社会主义,资本主义也有计划;市场经济不等于资本主义,社会主义也有市场。计划和市场都是经济手段,社会主义的本质,是解放生产力,发展生产力,消灭剥削,消除两极分化,最终达到共同富裕。"① 关心与注视着中国经济改革与发展进程中的每一位理论工作者、实际工作者,深知这一论断的分量。邓小平运用他的威望、勇气和智慧,在实事求是、解放思想的旗帜下,打开了一把沉重的大锁,为改革开放开辟了道路。

为建立社会主义市场经济体制,我们走过了极其曲折的道路,最终翻开了崭新的一页。今天回顾这一历程,既沉重又轻松。沉重是指其历经磨难;轻松是指我们已进入了实现这一体制的轨道。应当说,这种沉重或轻松的感觉,主要是从"左"的束缚下解脱出来的一种心境。邓小平在南方谈话中曾意味深长地说:"现在,有'右'的东西影响我们,也有'左'的东西影响我们,但根深蒂固的还是'左'的东西。有些理论家、政治家,拿大帽子吓唬人的,不是'右',而是'左'。'左'带有革命的色彩,好像越'左'越革命。'左'的东西在我们党的历史上可怕呀!一个好好的东西,一下子被他搞掉了。'右'可以葬送社会主义,'左'也可以葬送社会主义。中国要警惕'右',但主要是防止'左'。"② 多年的政治运动不能不使人们产生某种疑虑,多种所有制形式共同发展的格局和社会主义市场经济体制能否长久地推进下去?是否会再次遭受"左"的思想的干扰?实际上,这两个问题正是后来人所要完成的任务。能否把来之不易的发展局面继续推进下去,建造一个持久繁荣的中国,要依靠几代人的努力。

---

① 《邓小平文选》第三卷,人民出版社1994年出版,第375页。
② 同上。

"增长—过热—衰退"循环、生产资料所有制、计划经济与市场经济，是我国经济发展过程中说得最多的三个话题，每当按照客观经济规律对待这三个问题时，经济便正常地发展，社会便趋于稳定；反之，经济便迟缓发展或走向崩溃，社会便趋于动荡。我们相信，我们一定能够与时俱进，以求真务实的精神，牢牢记取以往的经验和教训，排除各种障碍，坚定地在改革开放的道路上向前迈进。

二、金融对宏观经济的影响

在改革开放以来的宏观调控过程中，金融业发挥了特殊的作用。特别是货币政策紧密地配合财政政策一同实施宏观调控，作用日益显著。随着经济全球化的进程，特别是亚洲金融危机的发生和我国加入世贸组织以及国际金融危机的冲击，这一系列国际环境的变化，使金融对宏观经济的影响不断加剧。我国的金融业面临着严峻的挑战，担负着重要的使命。有鉴于此，下面就金融业对宏观经济和宏观调控的影响作一简要的回顾和分析。

（一）关于货币政策

长期以来，在提高货币政策决策水平方面，国家采取了一系列措施。改革开放初期，我国的货币政策中介目标主要是控制现金量，之后转向控制广义货币供应量，进而又将贷款规模也作为货币政策的中介目标（1998年放弃）。1993年央行首次公布货币供应量指标，1994年9月央行公布了M0、M1和M2三个层次的货币供应指标，1996年央行采用M1和M2作为货币政策的调控目标，学界通常认为此时才算名副其实地公布货币政策中介目标。

第六部分 综述

随即建立了货币供应量统计制度,作为检测目标向社会公布。1996年将货币供应量指标由货币政策的检测指标转变为中介目标;将货币政策的操作手段由过去直接控制贷款规模为主转变为以综合运用多种货币政策工具调控基础货币为主。人民银行货币政策的中介目标为:货币供应量、信用总量、同业拆借利率和银行备付金率。当时的货币政策工具为:法定存款准备金、公开市场业务、再贴现等。中央银行运用调控再贷款和对金融机构开办各种存款等各种货币政策工具,对冲操作,保持基础货币的适度增长,引入再贴现政策工具。逐步形成通过调控基础货币,间接调控货币供应量的格局。1997年7月,国务院决定成立中国人民银行货币政策委员会,负责研究货币政策的科学决策和实施,提出相应政策建议。

从理论上讲,货币政策可以分为扩张性货币政策、紧缩性货币政策和均衡性货币政策。在我国经济运行过程中,配合国家实施的总体宏观调控,实行过从紧的货币政策、稳健的货币政策等,实际上是根据中国国情将扩张性、紧缩性和均衡性货币政策,适度地加以运用,其目的是合理调控货币信贷总量,为稳定金融市场、稳定经济发展做出适当的政策安排。

1993—1996年期间,为配合当时的经济发展需要,控制通货膨胀,促进经济发展,实行了适度从紧的货币政策,为实现国民经济的"软着陆"发挥了积极作用。中央银行通过宏观政策促使商业银行适度增加对企业的贷款支持,为减轻企业负担,于1997年10月再次降低利率。1998年以后,为扩大内需,中央银行适度增加货币供应量,将存款准备金比例由13%降低为8%。其后,又多次降低利率,为促使经济保持"高增长、低通胀"局面发挥了重要作用。当时,广义货币供应量M2的增幅,由1993年的37.3%回落到1996年的25.3%。

我国的货币政策通常是和财政政策同步运用的。在1998年我国为应对通货紧缩现象,实行积极的财政政策之后,虽然在货币政策上采取了一些有利于经济发展的措施，但并没有称其为积极的货币政策。在实行积极的财政政策的同时，实行稳健的货币政策，其目的是既配合积极的财政政策达到促进经济发展，又发挥确保货币稳定、防范金融风险的作用。当时实行稳健的货币政策主要采取了以下政策措施：一是根据经济发展的需要，较大幅度地增加货币供应量，扩大中央银行基础货币投放，配合财政部发行特别国债，补充国有商业银行资本金，组建金融资产管理公司，通过剥离不良资产，降低国有独资商业银行不良贷款的比例。当时，投放基础货币的方式有以下几方面：（1）财政部发行长期国债，要求国有商业银行购买后转卖给中央银行。（2）增加对四家国有商业银行以外的金融机构的再贷款，对资信和经营状况较好的中小金融机构给予再贷款支持，增强他们的投资能力。（3）根据资产管理公司运作的实际需要，提供再贷款，允许资产管理公司发行债券，抵充部分大中型国有企业（特别是军工企业）的部分债务，由中央银行买入，增加货币供给，化解部分金融风险，从而有效使用沉淀在中央银行和商业银行的过剩资金。二是下调法定存款准备金率和完善准备金制度。法定存款准备金率的下调，有助于增加金融机构可运用的资金数量，支持经济增长。三是下调利率和加快利率市场化相结合。当时，为治理通货紧缩连续7次下调利率。同时，加快利率市场化进程，逐步让商业银行根据贷款对象的资信状况和贷款的风险大小来确定贷款利率。中央银行利率政策的作用也应逐步通过贴现窗口和中央银行的贷款及公开市场操作来发挥。四是加速货币信贷主体的货币投放积极性和消除货币投放中的障碍。五是全面整顿各类金融机构，帮助化解地方金融机构支付风险，对稳定宏观经济局势起到了积极作用。

2004年为防止经济过热，实施了稳健的财政政策和货币政策，为配合稳健的财政政策，货币政策做了相应的调整，主要是根据需求，合理调整信贷结构，充分利用利率、汇率杠杆和多种货币政策工具调控经济。2006年以来，多次加息和提高存款准备金率，同时，控制中长期贷款，稳步推进利率市场化改革和人民币汇率形成机制。此后，通过成立国家外汇投资公司，完善国家外汇储备使用机制，改善国际收支不平衡状况。

2007年继续实行稳健的货币政策，综合运用多种货币政策工具，合理调控货币信贷总量，有效缓解银行资金流动性过剩问题，继续控制中长期贷款，严格限制对高耗能、高污染企业和产能过剩行业的落后企业贷款，稳步推进利率市场化改革，进一步完善人民币汇率形成机制。保持固定资产投资适度增长，着力优化投资结构，提高投资效率，继续严把土地、信贷闸门。

2008年下半年随着国际金融危机的爆发，货币政策转为适度宽松，2011年随着经济形势的变化又回归为稳健的货币政策。在2008年以后的10年间，货币政策工具的运用保持了自身的逻辑性和持续性，有些年份操作是相当频繁的。央行适时运用逆回购、中期借贷便利、抵押补充贷款、临时流动性便利等工具，灵活提供不同期限流动性。货币政策也一直处于改革中，央行的主持者始终把整体金融安全放在首位，同时既要充分考虑如何通过货币政策支持经济增长，还要不间断地应对来自国际间的种种影响和冲击。周小川说，央行货币政策工具箱里工具比较多。货币政策工具有引导市场价格和预期等意图，但不见得每次操作的数量价格都要做出过度解读。在经济运行中，人们关注金融价格问题，黄益平强调利率和汇率直接影响和导致成本扭曲，其来自货币政策的调整和变化，因此，活跃的市场会不断要求金融市场化，寄希望于加快利率市场化和增加汇率灵活性的改革步伐。

央行于2017年初表示，将继续坚持市场化改革方向，完善人民币汇率市场化形成机制。进一步优化跨境资本流动宏观审慎政策框架，进一步扩大金融市场对外开放、完善金融基础设施，不断丰富可保值增值的金融产品，吸引境外各类长期资本流入。

2017年末的央行货币政策执行报告显示，央行继续实施稳健中性的货币政策，货币政策和宏观审慎政策双支柱调控框架初见成效，为供给侧结构性改革和高质量发展营造了中性适度的货币金融环境。

央行货币政策的最终目标，即稳定物价、充分就业、促进经济增长和平衡国际收支，与宏观经济标志性指标"四要素"高度一致，在我国长期经济发展过程中，货币政策的实施基本达到了预期的目的。

（二）关于汇率问题

1994年实施的汇率并轨，是我国政府随着改革开放进程采取的一项重大经济举措。

新中国成立后，人民币实行全国统一汇率，当时由于国内物价大幅上涨，而国外物价相对稳定，我国的汇率频繁下调。1949年3月，人民币汇率为600元旧人民币兑1美元；1950年3月下调为42000元旧人民币兑1美元。其后，随着经济逐渐好转，人民币汇率逐渐调高，国家建立了外汇集中管理制度，通过扶植出口、沟通侨汇、以收定支等方式集聚外汇。1953年起外汇业务由中国银行统一经营，逐步形成高度集中的外汇管理体制，外汇收入全部售给国家，使用外汇按国家计划分配。1964年，采取按进口成本加价，以进口盈利弥补出口亏损的做法，不再用汇率来调节进出口贸易。在计划经济体制下，人民币汇率保持相对稳定，人民币从1955年3月改用新币后，汇率在其后的16年中基本保持在2.46元人民币兑1美元左右的水平。从1968年开始，我国在国际结算中试行人民币汇价结算。随着以美元为中心的固定汇率体制的动摇，发达国家从1973年3月起实行浮动汇率。针对这一国际因素，为维持人民币的稳定，我国采用盯住一篮子货币的浮动汇率制度，也叫做"盯住汇率制度"，通过推行人民币对外计价结算，保持对主要贸易伙伴货币的相对稳定，减少国际汇率波动对人民币的影响。同时，由于我国在国际市场中涉世未深，难以把握一篮子货币的构成，使确定合理的汇率发生困难。

改革开放后，随着外贸体制的改革，人民币汇率体制也开始进行一系列改革。1979年，开始实行外汇留成办法，留成的对象和比例由国家规定。1980年，中国银行开办外汇调剂业务，允许持有留成外汇的单位转让多余的外汇额度。1981—1984年，实行人民币内部结算价和官方汇率并存的双重汇率。1981年，国家试行人民币对美元的贸易内部结算价，规定贸易内部结算价按照当时全国出口商品平均换汇成本加10%利润计算，为1美元合2.8元人民币。同时，继续对外公布官方汇率，即1美元合1.5元人民币。两种汇率体制，一方面有利于鼓励出口，另一方面也给外汇核算和管理带来若干难以处理的问题。20世纪80年代以后，随着美国采取扩大财政赤字、紧缩通货等政策，美元不断升值，整个西方国家经济都开始回升，我国对外贸易也趋于活跃。1985—1990年，由于国内物价的变化，多次调整汇率。1988年，设立外汇调剂中心，实行官方汇率和调剂市场汇率并存的汇率制度。

1994年1月1日，人民币官方汇率与市场汇率成功地实现并轨，并轨时人民币官方汇率由1993年12月31日的5.80元人民币兑1美元，下调到8.70元人民币兑1美元。国家实行以市场供求为基础、单一的、有管理的浮动汇率制度。中国人民银行每日公布汇率。外汇并轨后，取消各类外汇留成、上缴和额度管理制度，对境内机构经常项目下的外汇收支实行银行结汇和售汇制度，建立统一的银行间外汇市场。1996年12月1日，我国实现人民币经常项目可兑换。1998年底，国家关闭外汇调节中心。按照国家外汇管理局的官方说法，实行人民币经常项目可兑换，对资本项目外汇进行严格管理，标志着中国初步建立了适应社会主义市场经济的外汇管理体制。

朱镕基当年的秘书李伟（现任国务院发展研究中心主任）事后曾告诉我，朱镕基同志亲自部署了1993年7月中旬的抑制黑市汇率和汇率并轨，当时的情景还是很紧张的，最紧张的那几天用惊心动魄并不为过。关键时刻要做出重大决策和最后决断，是需要高度智慧、极大魄力和责任担当的。李伟的回忆很真切。当时是我国走向市场经济的关键时期，如何解决面临的问题和困难，没有任何可以参考的例证，没有任何经验和模式可以照搬，只能依靠自身的体验和对国情的理解，发挥创造力，"摸着石头过河"，而且时间很紧迫，容不得拖延，这种特殊的经济环境是充满压力的，对于我国改革的参与者特别是领导者来说，无疑是一段极其艰难的行程。中国的改革就是这样一次次度过难关，迎来曙光。

人民币汇率并轨促进了出口，使我国外汇储备迅速增加，从而也为企业创造了在国际间平等竞争的条件。人民币逐渐成为具有较强购买力的货币。汇率并轨是一次重大的宏观调控，对改革开放、对推进市场经济具有积极的作用和深远的影响。在 1997 年发生的亚洲金融危机中，人民币汇率在国内通货紧缩和外汇储备充足的状况下，抵御了外来的冲击，保持了稳定。

2005 年 7 月 21 日，中国人民银行宣布中国开始实行"以市场供求为基础、参考一篮子货币进行调节、有管理的浮动汇率制度"。推进人民币汇率形成机制改革，是宏观调控的重要部分，对缓解对外贸易不平衡、扩大内需、以及提升企业国际竞争力具有积极作用。2005 年 6 月末，我国外汇储备达到 7110 亿美元。我国经常项目和资本项目双顺差持续扩大，加剧了国际收支失衡。人民币汇率改革的总体目标是：建立健全以市场供求为基础的、有管理的浮动汇率体制，保持人民币汇率在合理、均衡水平上的基本稳定。2005 年 7 月的新的汇率制度，意味着人民币汇率不再盯住单一美元，而是按照我国对外经济贸易的需要，选择若干种主要货币，赋予相应的权重，组成一个货币篮子。以市场供求为基础，参考一篮子货币计算人民币多边汇率指数的变化，对人民币汇率进行管理和调节，维护人民币汇率在合理、均衡水平上的基本稳定。从 2005 年 7 月 21 日当天起，根据对汇率合理、均衡水平的测算，人民币对美元升值 2%，即 8.11 元人民币兑 1 美元。从

第六部分 综述

实行新的汇率制度以来,人民币汇率总体上呈现"有升有降"的双向波动特征,弹性幅度不断增大。

2007年1月16日,人民币汇率对美元中间价首次突破7.79关口,达到7.7895元人民币兑1美元,自1994年以来首次超过港币。相比2005年7月汇率制度改革前的8.27:1,人民币累计升值5.88%。外汇管理局局长胡晓炼在2007年1月21日表示,2007年将努力促进国际收支基本平衡。她强调,国际收支大额顺差持续存在,加大了宏观调控的复杂性和难度,增加了人民币升值压力和贸易摩擦,不利于经济增长方式转变和加快结构调整进程。促进国际收支基本平衡,已经成为统筹国内发展和对外开放,实现经济又好又快发展的关键环节。

温家宝在2007年的《政府工作报告》中谈到继续实施稳健的货币政策时指出:稳步推进利率市场化改革。进一步完善人民币汇率形成机制,加强和改进外汇管理,积极探索和拓展国家外汇储备合理使用的渠道和方式。从多方面采取措施逐步改善国际收支不平衡状况。

2003年以后,随着中国经济的发展和对外贸易的扩大,国际间强烈要求人民币升值的压力与日俱增,这一呼吁主要来自美国和几个西方发达国家。美国认为,美国对中国的贸易逆差还有继续扩大的趋势,人民币必须大幅度升值。我国经济学界包括一些知名的外国学者,提出了不同看法。摩根士丹利首席经济学家斯蒂芬·罗奇(Stephen S. Roach)在2006年4月指出,中美贸易不平衡问题被政治化了,对美国来说,经济问题主要是储蓄率过低的问题,是美国自己的问题。他强调,人民币没有必要快速升值,大幅升值不会减少对美国的贸易顺差。他还说,20世纪末,美国也曾要求日本将日元大幅升值,以减少两国之间的贸易不平衡,但实际情况是,在日元升值后,日本对美国的贸易顺差情况并没有改变,相反,给日本经济带来了负面效果。罗奇先生在2007年2月的一篇研究报告中指出,"美联储主席本·伯南克(Ben Shalom Bernanke）批评中国通过低估人民币给出口竞争力提供补贴的说法，完全忽视了硬币的另一面——即美国通过同样重要的国内利率和购买力补贴所享受到的好处"。诺贝尔经济学奖获得者罗伯特·蒙代尔（Robert Mundell）2006年撰文认为，人民币过快升值是没有道理的。他倾向于中国应该实行固定汇率制度，并说人民币如果升值太快，中国房地产市场会受到很大打击，还会引发通货紧缩，尤其对中国广大的农村地区来说是不小的打击，因为全球农产品价格会大幅下降，农村大量人口面临失业。蒙代尔强调，从近几年的经济情况来看，美元已经开始不是唯一的强势货币了，欧元、日元的地位也正在增强。国际上，现在关于人民币是否需要升值的争论，实际上就反映了这种变化的态势。中国是发展中国家的强国，中国应该在其中发挥越来越重要的作用。关于人民币升值压力问题，还会继续争论下去。总之，我国在推进市场经济过程中，会根据国情并尊重国际市场游戏规则，走自己的发展道路。

2008年4月人民币兑美元中间价突破7.00，其后受国际金融危机影响，停止升值，接着开始紧盯美元。以后几年间银行间即期外汇市场人民币兑美元交易价浮动幅度不断扩大。2015年末中国外汇交易中心发布CFETS人民币汇率指数，初步形成了"收盘汇率+一篮子货币汇率变化"的人民币兑美元汇率中间价形成机制。2017年末CFETS人民币汇率指数为94.85，全年上涨0.02%，人民币兑美元汇率中间价为6.5342元，较上年末升值6.16%。

当前，中美之间贸易战的烽火再一次开始点燃，美国已于2018年3月22日宣称将对中国进口商品大规模征收关税，随之我国也公布了反制措施。美国领导人认为他们在国际贸易方面吃了大亏，主要是中国得益最多。楼继伟在一次论坛上说：美国贸易逆差是必然的，中美贸易问题的根源是美国的政策选择。美国要保持储备货币国家的地位，要求经济必须坚固稳定，但同时国家必须保持贸易赤字和财政赤字，用资本输入来平衡国际收支。因此，楼继伟认为美国自身的这种特权和优势地位是问题的根源，高额贸易赤字是其过低的居民储蓄率和过高的联邦债务率造成的。从谈判加入世贸组织到今天，20多年过去了，中美双方不断通过贸易谈判争取各自国家利益最大化。贸易往来是双方的事，只能坐下来谈，双方对话的门始终敞开着。

2018年5月刘鹤副总理作为习近平主席特使访问美国，进行了中美经贸磋商。其后，美国财政部长姆努钦表示，美中两国就框架问题达成协议，同意停打贸易战。后续如何，有待观察。

(三) 关于资本市场

中国证券市场的发展是与中国改革开放同步进行的，由于中国长期处于计划经济体制下，整个社会对证券业缺乏必要的了解，因此，证券市场的发展经历了一个十分坎坷的过程。

中国证监会专家黄运成在1999年撰文，将中国证券市场的发展分为萌芽阶段、起步阶段和发展阶段。第一，1981—1990年，为萌芽阶段。当时，中央政府为缓解财政的压力和建设资金的不足，开始采用发行国债的形式筹措资金，这可以视为证券市场发展的第一步。1984年，股票开始出现；1985年，开始发行金融机构债券；1986年，开始发行企业债券；1990年，已经有100多家企业进行股份制试点，累计发行股票49.5亿元。第二，1991—1995年，为起步阶段。在这一时期，国债年平均发行为745.35亿元；股票累计发行244.4亿股，筹资951.66亿元；上海证券交易所和深圳证券交易所分别于1990年12月和1991年7月开业；1992年10月成立国务院证券委员会和中国证券监督管理委员会。中国证券投资基金发展始于1991年。中国期货市场从20世纪90年代初开始探索，1991年6月成立了第一家期货交易机构。第三，1996年以后，为发展阶段。1996年，股票发行86.11亿股，筹资425.08亿元；1997年股票发行263.83亿股，在境内外共筹集资金

1325亿元，上市公司总数为745家，上市公司总股本1771亿元，股票市值达17529亿元，证券化率（股票市值与GDP的比例）为23.44%。2003年以来，中国证监会出台了一系列关于证券市场的法规和文件，推动资本市场发展，加强资本市场监管，防范和化解风险。特别是《国务院关于推进资本市场改革开放和稳定发展的若干意见》于2004年1月发布后，中国证监会以加强市场基础性制度建设为主线，逐步解决市场存在的深层次问题和结构性矛盾，推进多层次市场体系建设；深化发行制度改革，提高市场融资效率；推动上市公司完善法人治理结构，维护公众股东合法权益；促进证券公司规范发展，做好高风险证券公司的处置工作；大力发展机构投资者。从2005年开始，中国证监会致力于推进股权分置改革，基本完成了上市公司的股权分置改革工作，使股票市场发生了转折性变化。

随着中国改革开放和市场化进程的推进，我国证券业快速发展，截至2006年底，沪深两市共有上市公司1434家，总市值90599亿元，股票市值与GDP的比例（即证券化率）由股权分置改革前的17.7%提高到44%。上市公司全年分红850亿元，投资回报能力提升。2006年沪深两市日均成交382亿元，A股筹资2432亿元，创历史最好水平；期货市场交易活跃，全年成交21万亿元，同比增长56%。2006年，证券业最重要的一个亮点是基本完成了股权分置改革，解决长期影响我国资本市场健康发展的重大历史遗留问题。2007年证券市场推出了两项重要举措：一是以稳妥推出金融期货为重点，更好地发挥期货市场功能，在条件成熟的情况下，将推出股指期货等衍生交易品种；二是加快发展债券市场，大力推进公司债。2007年股市发生了较大振荡，其后，上证指数一路上涨，于5月9日冲破4000点大关，10月16日达到最高的6124点。

合格的境外战略投资者（QFII）陆续进入我国证券市场，截至2006年底达52家，10年后的2017年QFII已达310家。合格的国内战略投资者（QDII）也允许走出国门。

2007年以来的10年间，中国证监会出台了一系列规则，反复强调要建立多层次资本市场体系，加强基础性制度建设，完善市场功能，提高直接融资比重。还强调，要进一步大力发展机构投资者，通过不断完善市场监管切实保护投资者利益。截至2017年末，我国A股有3483家上市公司，总市值56.6万亿元，比2016年增长11.85%。A股市场整体估值水平下行，市盈率从2016一年的18.54倍降至16.5倍。2017年沪深两市共有438只新股上市（IPO）。存量公司市值占A股市值的94.6%。从投资者结构看，机构投资者约占30%，散户约占70%。这一比重和发达国家有明显差别，美国机构投资者超过80%，根据有关资料美国70年前散户超过90%，美国人习惯于把大部分投资的钱用来购买共同基金（Mutual Fund）。中国证监会开展了一系列卓有成效的工作，特别是在定增新规、减持新规、风险提示、质押新规、资管新规等方面，展现出新的面貌和信心。

从市场规则看，股市波动是正常的，在通常情况下应由市场自行调节。"投资有风险，入市需谨慎"，这句话还是要记住的，世界各国均如此。一般来说，只有比较特殊的情况下，国家才会出面稳定市场。我国2016年1月1日开始实施指数熔断机制，在元旦后的第一个交易日1月4日和其后的1月7日，沪深300指数大幅下跌，因先后触及熔断线5%和7%，造成A股在这两个交易日提前收市。1月8日起暂停实施指数熔断机制。这一事件给股市和投资者信心带来较大冲击。对股市产生异常波动的处置方式，需要不断研究和完善。中国证监会对证券市场实行集中统一的监管，目的是维护正常的市场秩序，有效地控制风险，推动证券市场健康发展，保护投资者合法权益。

发达国家，在制定宏观政策和进行宏观调控过程中，会充分考虑股市、债市问题，证券业的作用举足轻重。从功能上看，证券市场的功能主要有融资和投资功能、市场定价功能和资源配置功能。其中，市场定价功能是指通过证券需求者和供给者双方的竞争关系，合理确定证券的价格，使能够产生高投资回报的资本，通过证券市场的竞争得以较高的价格。资本市场对宏观调控的作用主要体现在以下几个方面：

一是有利于发挥市场在资源配置中的基础性作用。大力发展资本市场，在优化资源配置、提高资源配置效率、更广泛地动员社会资金参与资本形成、促进经济发展方面，具有不可替代的作用。

二是有利于保持合理的融资结构，即直接融资和间接融资保持正常合理的比例关系。合理的融资结构对宏观经济具有重要影响，涉及效率和风险控制，直接关系到经济的稳定持续发展。2003年，我国通过股票和债券的直接融资比例低于5%，间接融资比例高达95%。此后，直接融资比例一直上升，2015年达到24%。一些学者认为，我国直接融资比例保持在20%～25%是比较适度的。国际上，成熟的市场经济国家直接融资比例一般保持在30%～50%。在我国，企业融资长期依靠银行贷款，即间接融资。过量的间接融资，势必容易导致金融市场结构失衡，甚至引发系统性风险。要积极发展股票、债券等资本市场，扩大直接融资，即以市场化的方式筹集资金，使融资渠道多元化，可以明显地分散风险。随着资本市场的发展，不断加强基础性制度建设，建立多层次市场体系，完善市场功能，促使直接融资保持适当比重。

三是有利于实现货币市场、资本市场和保险市场的均衡发展。银行业、证券业、保险业以资本市场为纽带，紧密联系，相互结合，均衡发展，是促使宏观经济保持稳定运行的关键环节。随着全球化的进程，金融业对宏观经济的影响力不断增强，同时，金融风险对整个经济的冲击也日益明显。以亚洲金融危机为例，其对亚洲乃至世界经济的冲击如同一场没有硝烟的战争。金融危机可以轻易地导致一个国家、一个地区经济运行失灵，甚至瘫痪。银行业、证券业、保险业必须规范有序地发展，金融业安全有效运行问题已成为全球经济的核心问题。我国的资本市场虽然得到快速发展，但与成熟的国际资本市场相比较，还处在比较初级的阶段，在运行水平、市场结构等方面的差距还比较明显。银行、证券、保险三个行业的持续稳定发展要在宏观调控大框架下保持高度协调，这是金融业发展的要求，也是宏观经济发展的需要。

四是资本市场的发展和完善可以为老百姓提供更多、更丰富的投资机会，创造一个能够提供合理投资组合、分散投资风险的投资环境是促进经济持续发展、保持社会稳定的重要环节。投资者对证券市场的关注和反映，是一个特殊的晴雨表，其灵敏度不可低估，可以作为及时了解市场动态的重要的社会渠道，为进行宏观决策提供颇具价值的依据，老百姓的心态可能从特定的角度及时反映出经济发展运行的状况。

我国工业、金融业在海外证券市场挂牌上市的企业越来越多，影响力也越来越大。石油、电信等行业的企业在海外上市引起国际间的广泛关注，银行、保险公司在海外发行 H 股、N 股在国际市场上曾掀起了银行热、保险热。目前，我国到海外上市的公司不断增加。沪港通于 2014 年 4 月开通，深港通于 2016 年 12 月启动。我国证券市场经营和企业融资方式日益多样化，资本市场的运行对宏观经济和宏观调控的影响越来越明显。

（四）关于金融在宏观调控中的作用

能够守住风险底线、保持稳健状态的金融业，对于促使宏观经济持续健康运行是至关重要的。

1. 金融监管机构

随着金融的扩展，金融监管不断得以强化。国家先后将证券业、保险业、银行业的监管职能从人民银行独立出来，分别成立了中国证监会、中国保监会和中国银监会，其目的是通过加强和完善监管，建立一个规范有序的市场环境，防范风险，促使金融业健康发展，保护投资者和消费者的利益。规范有序的金融市场环境，是整体宏观环境的重要组成部分，防范风险尤其是防范系统性风险是金融监管机构的基本职责。随着金融全球化的进程，金融风险正在以一系列新的形式表现出来，应对风险的难度越来越大。2018年3月，在中国银监会成立15年、中国保监会成立20年后，两个机构合并为中国银行保险监督管理委员会。

金融监管机构的合理设置是有效实行监管、促进金融市场健康发展的重要环节。目前，我国实行分业经营和分业监管，金融业的这一经营和监管模式，实际起始于我国银河证券公司的成立，因为银河证券公司的成立标志着证券业与银行业、保险业的彻底分离。分业监管模式实施以来，混业经营的趋势日益显现，特别是金融控股公司不断增多，对现有监管模式又提出了新的挑战。长期以来，一个有待研究和解决的问题是，金融控股公司由谁监管？所谓金融控股公司通常下设银行、证券、保险以及信托等行业。对金融控股公司本身采取什么样的监管形式，仍然是一个没有解决好的问题。对此，大致有两种设想：其一，银行、证券、保险3个金融监管机构合并为1家金融业监督管理委员会，在委员会下设3个监管局。这一方案，可以在混业经营局面下实行由一个金融监管机构统筹的分业监管模式。其二，保持现有分业监管模式，按金融控股公司"出身"或"主业规模"决定由谁监管。按"出身"决定，是指该金融控股公司最早从事的行业划定监管方，如：最早从事保险业，其后又从事了银行业、证券业，即使其银行业的规模超过了保险业，依然由中国保监会实施监管。按"主业规模"决定，是指公司现有经营规模哪个行业最大即由哪个行业的监管机构负责监管。考虑到随着业务发展，一家控股公司下属的银行、证券、保险3个行业的业务规模可能不断发生变化，从而导致不断更换监管机构，第二种模式，即由"出身"决定监管机构的可行性更强一些。

2. 金融业与宏观经济的关联性

金融业与宏观经济具有紧密的关联性,大致归纳为以下几个方面:

其一,历次世界性或区域性的经济危机,大都源于金融业,或以金融风险为导火索,特别是在金融全球化趋势下,金融业往往是产生系统性风险,进而引发经济危机的主要因素。随着全球经济的深入发展,金融风险的表现形式必然越来越复杂,各类风险会层出不穷,识别和应对风险的难度也会越来越大。关于系统性风险,目前在国际间尚无确切定义,通常是指由来自市场的若干外来因素引起的,企业本身无法抵制和控制的,可能导致全局性、灾难性损失的风险。来自市场的风险因素通过传导机制迅速影响相关方面,而这些风险因素往往是由全球或地区性的经济危机、金融危机或一个行业自身在经济运行中发生重大失误所导致的。美国经济学家克罗凯特(A. Crockett)认为,系统性风险是由于金融资产价格异常、剧烈波动,或由于许多经济主体和金融机构负担巨额债务及其资产负债结构趋于恶化,使得它们在经济冲击下极为脆弱,并可能严重影响国民经济的健康运行。金融业的系统性风险,通常无法通过投资组合进行分散,要依靠改善整个市场环境加以防范。

其二,金融作为现代经济的核心,对宏观经济运行具有直接的制约作用。从经济过热现象分析,金融业运行失调是繁荣期"增长冲动"的主要动因之一。前文提及,每当经济从衰退走向全面回升后,总是出现背离国情的"增长冲动",盲目追求高速度、忽略效益的做法成为普遍行为。美国经济学家明斯基(Hyman P Minsky)与金德尔伯格(Charles P Kindleberger)的金融不稳定假说认为,在经济繁荣期,乐观的投资预期和上升的利率使金融体系变得更为脆弱,投资者和金融业都在追逐大型、高风险和长周期的项目,企业的负债率提高,房地产市场经历着没有明显限度的价格上涨,经济逐步变得失去正常秩序。而当经济增长放缓时,任何阻断贷款流向生产部门的事件都会引发违约和破产，影响很快会波及金融业，其多米诺骨牌效应就难以避免地从金融业传导到其他经济领域。

其三，金融业与社会稳定密切相关，金融风险会给投资者带来极大的心理冲击。银行业、证券业和保险业均与人民群众的切身利益息息相关，是老百姓最关注的经济范畴。金融业产生的任何风险和波动，都会迅速地在社会上和老百姓之中表现出来。一些经济学家认为，老百姓对于金融问题的反应十分敏捷，有时甚至快于我们的某些经济预测部门。

其四，国外金融资本对我国经济发展的影响和冲击不断显现出来。实施开放政策以来，外国银行、证券公司和保险公司对我国金融市场表现出日甚一日的关注。我国加入世界贸易组织谈判的最后一道关口，即发达国家的外资保险公司要求全面进入中国市场。发达国家从自身发展经历之中，深知金融业具有广阔的获利空间，是整个国民经济发展的支撑点，对经济运行具有极强的影响力。外资金融机构从中长期看好中国市场。从长远看，外资银行、证券、保险机构对我国市场的挑战可能进一步加剧。在2018年的博鳌论坛上，我国宣布了金融业进一步对外开放。当今已进入互联网金融时代，应对外来冲击，靠关住大门是不行的，要注重提高监管水平和做强自身。

3. 金融监管是我国宏观调控的重要组成部分

通过加强和完善监管，建立良好的金融秩序，促使宏观经济继续保持稳定运行的态势，是金融监管机构的职责。为此，金融监管机构不断采取一系列有针对性的措施。

一是强化金融业的稳健运行，强调发展的质量和效益。要进一步发挥货币政策在宏观调控中的作用，灵活运用各种政策工具，推进多层次证券市场体系建设，提高保险业运行质量和服务水平，促使宏观经济持续稳定发展。

二是坚持深化金融业改革，优化金融结构，提高我国金融业的整体水平。以资本市场为纽带,促使银行业、证券业、保险业进一步协调发展,并将金融业置于国民经济全局的角度,加以统筹考虑,更好地适应宏观经济发展的需要。

三是通过加强和完善监管,防范风险,建立良好的金融秩序,促使宏观经济继续保持稳定持续运行的态势。金融监管政策是我国宏观调控政策的重要组成部分。对于金融风险特别是潜在的风险,要有高度的、清醒的认识。我们要从金融全球化的角度,深入研究新一轮的金融风险,例如互联网金融和人工智能(AI)等金融科技迅速发展过程中出现的风险,其中包括"超级金融黑客"攻击金融交易系统可能制造的"休克型"风险;国际资本借助互联网的新型流动带来的多重风险;贸易战和金融战的叠加风险等。这些风险虽然不是新创的,但其在高科技的大环境下得以更新换代,使风险等级和监管难度大大提升。对此,要考虑和完善应对之策,守住风险底线。要组织专门力量,对来自境外和存在于我国金融业自身的各类风险,有针对性地制定防范和化解风险的具体措施,不断完善风险防范预案,努力将风险化解于发生之前。

四是跟踪研究新一轮国际金融危机发生的可能性和应对预案。10年前发生的国际金融危机和20年前发生的亚洲金融危机,无形中提示人们新一轮的金融危机可能已经临近,虽然金融危机不一定存在明确的周期性,但一些经济学家已多次做出相关预警。

这里简单提一下泡沫经济,因为泡沫经济大都源于金融投机,即金融投机交易过度膨胀,由此引发社会的虚假繁荣。从宏观经济看,这种状况属于宏观经济失衡。胡祖六认为,加强金融稳定的最好的保障,就是实现宏观经济的平衡,避免经济泡沫,特别是信用泡沫和房地产泡沫。因此,要通过金融监管,加强对金融机构和企业的风险管理。

从宏观经济运行状况看,监管手段需要更硬更强,要增进监管机构的权威性,维护良好的市场环境,保护投资者的权益。既要防止"黑天鹅"事件,也要防止"灰犀牛"风险发生。加强监管是一个永恒的主体，金融监管机构必须不断强化和完善监管，不断修改和更新风险防范预案。2012年7月分管金融的王岐山副总理在省部级"金融监管和风险防范"研讨班上强调，金融业要加快转变发展方式，推进体制机制改革和组织制度创新，加强金融监管，坚决守住不发生系统性、区域性金融风险的底线，更好地服务于经济社会发展。

借此对2002年金融工作会议的筹备工作做一个简要回顾。根据金融业当时的状况和发展需要，国务院决定于2002年初召开中央金融工作会议，2001年初为此成立了筹备组，中央决定由温家宝总理任筹备领导小组组长，华建敏和马凯任副组长，韩长赋和我任筹备办公室（即起草组）负责人，起草组成员有易纲、曹宇、沈晓晖、黄运成、唐仁健、杨华柏、景学成、刘新华、袁力、金中夏、郑耀东、陈杰、易诚、冯中圣等，是从央行、证监会、保监会、财政部、国家计委和国务院办公厅等部门抽调的，韩长赋和我来自中央财经领导小组办公室。筹备时间为一年，可以说时间不短，说明中央召开这次会议是下了较大决心的。筹备组按照精心制定的计划，召开了一系列座谈会，与金融机构和金融企业的负责人都进行了充分交流，还进行了若干实地专题调研。记得为了研究成立银监会的方案，几次听取戴相龙行长的意见，关于从央行中剥离银行监管职能，央行是有不同看法的，戴相龙行长主张不剥离央行的监管职能，可以自身加以完善。央行的谢平、戴根有参加了讨论。对于金融监管机构设置，国际上有各种形式，有独立设置的，也有附属于某机构的。经过反复详尽的研究，最终确定了"一行三会"的监管格局。筹备组对不同意见尽可能吸收，不能采纳的会和有关部门深入协商，直至取得一致意见。除人民银行管理体制外，筹备组还集中研究了几家政策性银行的体制、农村金融体制、金融资产管理公司体制、中小金融机构以及证券市场和保险业发展与改革等问题，涉及整体金融领域的风险防范和发展机制。2002年2月5—7日，中央、国务院召开了全国金融工作会议，以加强金融监管、深化金融改革、防范金融风险、整顿金融秩序、改善金融服务为主题，全面总结1997年全国金融工作会议以来的金融工作，对今后一个时期的工作做出了部署。

（五）关于互联网金融

互联网经济，是运用互联网手段产生的经济活动，如电子商务、互联网金融等。鉴于互联网金融与宏观经济具有特殊和密切的关联性，促进互联网金融规范发展对宏观经济具有直接和积极的影响，如通过互联网金融手段可以促使国家整体经济有效增长，提升资金配置效率，因此，这里主要讨论互联网金融的作用和风险防范。笔者在中国保监会工作期间分管信息化，经常和有关专家探讨互联网金融的发展和风险问题，作过互联网金融的专题讲座。以下若干观点属于和专家学者共同探讨的成果。

当前，作为互联网和金融业融合而生的金融新业态，互联网金融受到我国经济领域广泛关注。金融监管部门将不断研究和完善相关监管规则，促使互联网金融在审慎监管的框架下运行。

从国际上看，在我国推进互联网金融发展时，并没有"互联网金融"这一概念，可以认为此概念主要源于我国互联网业和金融业，是应运而生的。广义理解，互联网金融泛指互联网企业等非金融企业利用互联网和移动通信等一系列信息技术开展金融业务；金融互联网泛指金融企业利用互联网和移动通信等一系列信息技术开展金融业务。

互联网金融发展呈现出机构数量和交易金额增长迅速，且具有快速向移动互联网金融方向演化的特征。2014年统计数据显示，获得牌照的第三方支付公司共有269家，① 市场规模交易达23.3

---

① 2014年7月人民银行数据。

万亿元①，其中移动支付超过7万亿元，同比增长近5倍，出现爆发式增长；P2P网贷平台共有1575家，②全年累计成交量达2528亿元，贷款余额达1036亿元；众筹平台共有128家，③商品众筹筹资2.7亿元，股权众筹筹资超过15亿元；以阿里小贷为代表的小微企业贷款平台模式和以京东为代表的供应链金融模式发展较快，以余额宝为代表的互联网理财产品自2013年以来发展速度惊人。

2014年以后，网贷平台增速开始放缓，据2017年互联网金融报告显示网贷平台2014年末达到2000家，平台数量平均余额环比增加12%，2015年11月网贷平台达到行业最高点3476家，此后由于种种原因，平台开始持续下滑。截至2017年10月末，网贷平台数量已低于2000家，比高峰期减少43%，其中1100多家平台是主动退出的，被社会上称为"跑路"。最新统计，平台停业比例超过50%。同时也要看到，平台减少也可以说是一种自然淘汰，剩余的应当是具有一定水准的平台。

在互联网企业与传统金融机构、民营企业股权深层次融合方面，保险业和银行业各创建了一家纯互联网业态的金融机构。一是2013年11月，中国保监会批准由阿里巴巴、腾讯和中国平安共同发起设立的我国第一家互联网保险公司—众安在线财产保险公司（以下简称众安在线）。二是2014年12月，中国银监会批准由腾讯等一批民营企业发起设立的我国第一家互联网银行前海微众银行。这两家纯互联网金融机构的共同特点是，无分支机构、无营业网点，无营业柜台，基于大数据提供产品服务，在线完成所有业务流程。

互联网金融本身网络化的运行方式，使其风险形式不同于传

---

① 中国电子商务研究中心数据。
② 本数据及以下关于P2P网贷有关数据皆来源于网贷之家网站。
③ 本数据及以下有关众筹融资数据来源于零壹财经数据。

统金融，互联网金融作为金融行业与互联网行业两个高风险行业融合与创新的产物，既具有传统金融的风险，又具有互联网特有的风险，而且还具有两者融合后产生的新型风险。因此，防范互联网金融风险的技术更复杂、难度也更大。

从互联网金融面临的各类风险来看，主要有几类风险需要关注。一是技术类风险，主要包括网络安全风险、信息泄露风险以及新技术应用风险。同时，互联网本身是一个实时、互动、无边界的载体，这就使得互联网金融的风险瞬间极易扩散和发酵放大。二是业务类风险，主要是操作性风险、流动性风险和信用风险。信用风险是指我国信用体系目前尚不完善，互联网金融交易者之间的身份验证、信用评价方面的信息有诸多缺失，导致信用风险明显高于传统金融。三是法律类风险，部分P2P网贷和众筹融资等互联网金融产品游走于合法与非法之间的灰色区域，操作不当就可能触碰"非法吸收公众存款"或"非法集资"的高压线。四是监管类风险。

从上述互联网金融存在的风险特征可以看出，互联网金融监管具有特殊的难点：一是风险追踪处置难度加大。在我国当前信用体系尚未健全的情况下，一些交易数据可能无法显示真实的资金流向，使得一些风险难以及时准确识别与追踪。同时，由于互联网金融的大数据特性，交易数据异常庞大，数据的操作借助网络平台在全国以至于全球范围发生，一些环节难以做到及时风险揭示。二是信息安全风险防范难度加大。互联网金融的敏感数据往往在网络云端集中存储，可能受到网络攻击和窃取。在现有监管框架下，既需要各金融监管部门之间的协调，也需要金融监管部门与网络安全监管部门的协调，目前这一机制需要进一步完善。

当前，互联网金融仍处于发育成长阶段，促进互联网金融这一新生事物健康发展，既要尊重市场选择，又要防范风险。因此，互联网金融监管应本着鼓励创新，加强监管，不发生系统性风险的思路设立，并在实践中不断完善。

关于加强互联网金融监管，有以下几个要点：

其一，互联网金融应坚持纳入金融监管范围。具体来说：一是要完善法制。一方面完善现有法规体系，明确法律定位和业务边界，列出"负面清单"；另一方面要制定各类业务模式的监管规则。二是要归口监管。注重行业监管，根据业务实质，加紧填补相关新型业态的监管真空，归口相应监管部门，同时注重不同监管部门间的分工协作，形成监管合力。三是要分类监管。考虑到当前互联网金融业务形式日新月异，层出不穷，监管应当按照问题导向，根据不同业务类型、交易额度以及风险特点实施分类监管。四是要强调行业自律。借鉴国际经验，通过行业协会制定行业标准，推动同业监督，规范引导行业发展，实现行业自律。五是要强化金融消费者权益保护。一方面采取措施增强消费者安全意识和风险识别能力；另一方面完善投诉、纠纷调处和损害赔偿机制，加大对网络黑客、盗刷卡等违法犯罪活动的打击力度。

其二，推进互联网金融与金融互联网的协调发展和协同监管。无论互联网金融还是金融互联网，本质上都是借助互联网技术为代表的信息技术实现金融运营模式的创新，对互联网企业和金融企业来说，两者在金融市场上是竞争与合作的关系，在提供金融服务方面各有优势，两者的发展并不是简单的替代关系，而应该是互补和共生的关系。因此，金融监管机构要努力推进两者协调发展与协同监管，切实鼓励和支持互联网金融的发展，有效促进其与金融互联网的优势互补。在监管过程中，要处理好各金融监管机构之间分工与协作的关系，处理好原则性监管与灵活性监管的关系。同时，金融监管机构也要加强与工信部、公安部等信息安全监管部门的沟通与协调，进一步完善监管协同机制，为互联网金融与金融互联网同步协调发展创造有利的外部政策环境。

其三，注重防范互联网金融中远期风险。互联网金融一旦出现风险很可能是灾难性的，因此要注重研究与防范互联网金融的中远期风险。这类风险主要表现在两方面：一是防范互联网技术

第六部分 综述

缺陷引发的风险。二是防范信息不对称形成的风险。需要引起注意的是，互联网在消除部分信息不对称的同时，有可能制造新的信息不对称。

其四，不断提升实时在线监管的技术水准。互联网平台是个实时在线系统，必须按照实时在线的思路进行监管。一是定期和不定期实施留痕检查。互联网金融的业务流程主要集中在网上，从平台的运营到用户的信息和行为，从申请、撮合、交易到支付等所有环节，都是留有痕迹的、可追溯的，这为实时在线监管提供了现实可能。二是开展远程渗透性风险测评。实时动态地发现互联网金融机构平台存在的风险隐患，及时堵塞技术漏洞，有效防范网络和信息安全风险。三是加强对开展互联网金融业务金融机构的 IT 审计监管。制订金融机构互联网金融业务 IT 审计标准规范，推动金融机构通过 IT 审计实现自我约束、自我提高、自我防范。同时也要建立相应的监管制度，加大对不合规行为的处罚。四是研究制定与在线监管相配套的制度体系。

其五，中国银监会近几年对网贷平台等互联网金融风险进行了专项整治，其中出台了网贷备案登记管理指引、网络借贷资金存管业务指引等法规，有望通过系列治理，促使现存的网贷平台进一步得到优化，提高运行效率和质量。

这里提一下属于互联网金融世界的比特币（BitCoin）问题。比特币据说来源于日本人中本聪的奇思妙想，他以 P2P（Peer to Peer）网络架构设计了这一虚拟货币，其可以摆脱第三方机构制约，达到去中心化，整个网络由用户构成，在全球流通，具有专属所有权，交易费用极低。区块链（Blockchain）可以概括地称为是一种互联网数据库技术，是去中心化的分布式账本，是比特币的底层架构。比特币在全球几度暴涨的惊人之举，极大地增添了它的神秘色彩，吸引了大批投资者。然而比特币的几轮几乎没有前兆的暴跌，也使人们望而却步。我国有关部门于 2017 年 9 月叫停了"比特币中国"，对投资者发出了警示。借此还想说一句，我们正面临一个千变万化、日新月异的高科技时代，金融业与互联网相融合，很难想象会产生什么神奇的新事物，一系列新的互联网金融产品属于未知的世界，作为投资者，成功和失败可能发生在一念之间。有鉴于此，希望大家面对金融领域的新产品和新诱惑，给予更充分的了解，三思而后行。

三、中国宏观经济与国际经济

1997年发生的亚洲金融危机、2001年中国加入世贸组织和2008年爆发的国际金融危机，是20年来对我国经济发展产生重要影响的三大国际事件。随着经济全球化的深化和我国综合国力的提高，中国在国际上的地位和影响力日益增强，中国经济与世界经济的联系日趋紧密，国际经济对我国的影响也越来越显著。在制定宏观经济政策过程中，必须从国际层面，以全球眼光加以审视。

（一）亚洲金融危机对我国宏观经济的影响

1997年的亚洲金融危机起始于当年3月份泰国发生的挤兑风潮。当时，泰国中央银行宣布国内9家财务公司和11家住房贷款公司存在质量不高、资金不足等问题，由此引发挤提6亿美元的事件，随之股市暴跌。到了同年5月份，泰铢对美元的汇价跌到10年来的最低点。泰国金融业的相关问题实际上普遍存在于东南亚一些国家，主要是不同程度地存在银行呆账数额过高、经常项目赤字过大、泡沫经济显著和币值高估等情况。在经济全球化的推进下，这些国家引进大量短期外债，大批资金投向过热的房地产业和证券市场。与此同时，金融体制和金融监管环节脆弱，大都全面开放了金融市场。针对这一状况,国际投机套利集团伺机进入这些国家的汇市和股市。1997年6月,投机套利者大量抛售泰铢,泰国门户大开,无力对抗。同年7月2日,放弃了盯住汇率制,实行浮动汇率制,即宣告泰铢失守,泰国汇率即刻贬值25%以上。同病相怜的马来西亚、印度尼西亚、菲律宾等国发生连锁反应,汇市、股市均出现暴跌,货币贬值幅度为30%左右,大批金融机构倒闭,东南亚国家普遍向国际货币基金组织(IMF)请求紧急救援。到了1997年10月份,我国台湾地区也受到直接冲击,当时的台湾地区大约有900多亿美元的外汇储备,是有能力抵御冲击的,但台湾地区在1987年10月中旬即宣布放弃台币,国际间普遍认为,台湾地区这样做是想借助全球化的连带反应将冲击的矛头转向东南亚地区,特别是香港地区。此后的形势确实如此,东南亚、香港地区的汇市、股市再次受到剧烈冲击,发生大幅度动荡。1997年8月,香港地区股市开始下挫。1997年10月23日,恒生指数暴跌1200点,创10年以来单日最大跌幅,与1997年股市高位相比下跌了40%左右。市值损失15000亿港币。亚洲金融危机对国际金融市场也产生了直接影响。韩国、日本金融业也由此发生了剧烈动荡,大批金融机构倒闭,经济受到重创。亚洲金融危机使整个金融世界都受到不同程度的波及和影响。

事后看来,发展中国家对这场危机留下的最深刻的记忆是,资本项目下对外开放意味着金融业及整个国家经济的完全对外开放,在没有建立相应金融防范机制的情况下,这种开放是十分危险的。东南亚国家在亚洲金融危机中所遭受的巨大灾难,直接原因就是金融的对外完全开放。国际投机商在泰国、马来西亚等国家采用的手段是:在目标国借入大量该国货币,然后择机抛售,导致货币贬值,随之收进货币,归还贷款后,获取高额收益。由于香港地区比泰国等国家具有更为完善的金融体制,因此投机商针对香港地区采取了不同的做法:投机商在直接抛售港币受挫的情况下,趁香港政府为稳定港币而提高利率之机(港币在现货市场利率高，远期价格趋软），与银行签订远期合同，待远期汇率降低后，购回远期合同。其后，投机商再转回股票市场，在股票市场上套取港币，在货币市场上抛售。股市下跌后，回购股票获取暴利。上述一系列操作，只可能在完全开放的金融市场上进行，在发生金融危机的特殊情况下，像中国香港地区这样具有现代金融体系的地区都难以幸免。

中国在亚洲金融危机期间，虽然在对外贸易、引进外资以及经济增长总量等方面受到一定影响，但是整体经济没有受到严重冲击，其根本原因就是我国没有对外开放我们的金融市场。我国金融业的对外开放没有涉及资本项目下。亚洲金融危机提示我们：

其一，对外开放一定要根据国情，在全面开放金融市场过程中应采取十分审慎的态度，以维护国家利益和金融安全为唯一原则，决不可以在没有建立一系列金融风险防范体系的前提下贸然行事。抓住发展机遇，首先要守住门户。

其二，深入研究国际金融市场，熟知国际金融投机商的各种运作方式，对一系列可能引发国际经济危机和金融危机的因素以及代表人物和机构要进行跟踪研究，熟悉国际金融以及投机商的"游戏规则"。此外，对一些能够引发危机的"技术环节"也要特别留意。比如国际"游资"，密切观察异常的国际游资动向往往能够提前发现引发危机的信号和迹象。在亚洲金融危机中，亚洲地区的大量游资见机行事，推波助澜，起了极大的破坏作用。

其三，强化综合国力，建立现代金融制度，完善风险防范机制。亚洲金融危机的受难国存在着共同的弱点：一方面，金融全面对外开放过早，更重要的是经济体制和金融防范机制不合理、不完善，给投机商留下了若干"软肋"。"苍蝇不叮无缝的蛋"，投机商正是从这些国家经济发展的"病灶"下手，从薄弱之处掀起风暴。

其四，国家的宏观决策层要把防范来自国际间的经济渗透和冲击作为全局性工作目标。随着经济全球化进程的深入，我国参

第六部分　综述

与国际竞争,推进国际化的进程日益加快,国际间对于中国经济的关注,对中国这个大市场的渴望程度也日益加剧。维护国家的金融安全成为了一项越来越紧迫的任务,国家有关方面密切关注国外大的财团,特别是金融机构加快进入中国市场的举动。

此外,要加速培养金融人才,有关领域的领导层和技术层都要有能够胜任工作的金融专家。朱镕基在1999年初中央举办的省部级主要领导干部金融研究班上,就亚洲金融危机问题讲了一段语重心长的话:"必须遵循经济规律和金融法则办事,绝对不能按主观意志搞行政干预。亚洲发生金融危机的一些国家的教训和我们自己前些年的教训很多,十分重要的是,千万不能搞泡沫经济,不能搞重复建设;金融机构的发展规模必须与金融监管能力相适应,不能乱办金融机构;金融市场的开放程度要从本国的实际情况出发,不能贸然行事。任何人无视和违背客观规律,肯定会碰得头破血流,造成不可挽回的损失。"① 朱镕基从我国的现实状况出发,对金融工作者提出了中肯的告诫,讲得很透彻,值得后来人警醒。

在亚洲金融危机发生发展的全过程中,我和谢伏瞻带着几位中青年学者在国务院发展研究中心负责人的高度关注和有关部门的支持下,设立了亚洲金融危机研究小组,对这次危机进行了跟踪研究。我们利用当时有限的信息手段,基本上每天出一期快报,简短的文字中既有实时信息,也有扼要的分析。这些快报由国务院发展研究中心分送上级单位和有关部门,曾多次获得国家领导人的批示和鼓励,受到有关部门的肯定,对研究和应对金融危机发挥了积极作用。参与者有刘世锦、隆国强、冯飞、魏加宁、张承惠、李培育、熊贤良、成小洲、李明、王彤等。这场金融危机也加速了一批出类拔萃的学术带头人的成长。

亚洲金融危机发生10年后爆发的国际金融危机,起源于美国

---

① 《朱镕基讲话实录》第三卷,人民出版社出版,第213页。

的次贷危机,尽管美国政府采取了紧急措施,但出乎意料的是,危机不但没有控制住,反而愈演愈烈,最终演变成全球性的危机,其对于全球经济的影响远远大于亚洲金融危机。虽然国际金融危机和亚洲金融危机的起因和过程不同,但对于我国的影响和应对危机的措施却有若干相似之处,对此前文已几次提及,2008年发生金融危机后我国采取的一系列宏观调控措施,对稳定经济发挥了重要作用。危机本身给我国带来的启示,与上述亚洲金融危机的启示具有相当多的共同点,主要的问题都已涉及。有鉴于此,关于国际金融危机,不再做具体的回顾和分析。

(二) 加入世界贸易组织对我国宏观经济的影响

2001年12月11日,中国正式加入了世界贸易组织(WTO),这不仅是中国政治经济生活中的一件大事,也是全球政治经济生活中的一个重大事件。经济处于持续快速稳定发展中的中国,作为一个人口最多的国家,加入WTO,必将对世界经济产生重大的影响。关于是否接受中国加入WTO,国际上争论了很久。我国经过一轮轮马拉松式的艰巨的谈判,最终进入了这个国际大家庭。在申请加入WTO过程中,在我国国内也进行了是否要加入WTO的争论。无论从WTO本身,还是从中国的立场,中国加入WTO都是一件有利有弊的事情。我国从中长期的观点出发,从国际大环境和国家根本利益出发,最终做出了这一重大决策。经历谈判全过程的龙永图曾说过,加入WTO谈判过程中我国与国际间曾出现过巨大的观念上的差异,例如最初我们根本不承认中国在搞市场经济,邓小平讲了"在社会主义条件下也可以搞市场经济",谈判才有了下文。

中国加入WTO,就意味着必须接受它的多边规则。到2006年为止,然而,加入WTO对我国的过渡期已全部结束,学者们称目前为"后WTO时期"。加入WTO可能带来的利益主要有以下几个

第六部分 综述

方面：一是一国加入WTO可以分享他国市场的好处，即在自身向别人开放的同时，也可以在一定程度上享受别国的利益。二是可以利用WTO维护自身的利益。WTO成员将受到其规则的保护，避免他国借单边措施或国内立法，对出口商品设置障碍。三是可以通过参与国际贸易规则的制定和修改，体现本国的意志，维护国家政治经济利益。加入WTO带来的冲击也是多方面的。加入WTO后，WTO成员国无法再通过封闭市场等办法保护本国的产业。国内产业将面对国际企业的直接冲击。所谓加入WTO的过渡期，即对国外企业进入国内市场设定的一个缓冲期。在缓冲期内，需要加快改革和发展，增强竞争力。WTO是一柄"双刃剑"，既造成冲击，也可以带来机遇。

当时，对于加入WTO的具体担心有若干，下面以银行业为例，做一点追忆：

在通常情况下，由于我国国有商业银行网点多、加上对外资银行进入的审批制，有人认为加入WTO后不必担心外资银行的冲击。就我国银行业的现状看，尽管通过改革和加强监管，使整体水平上了一个很大的台阶，但进入我国市场的外资银行与我国的商业银行相比较，仍具有一定的优势，主要是：

（1）服务手段占据优势。外资银行具有比较完备的功能和完善的服务体系。实行混业经营的外资银行，在我国虽然要遵从分业的规则，但实际上仍然可以运用变通方式通过国际资本市场"代客理财"（主要为外币业务），使存款人获得高于存款利息的收入。例如，利用经常项目下换汇的差额（发生额－实际使用额）打出资金，进入国际资本市场，增值部分兑现于客户的境外账户或抵扣某项中间业务的收费。对此类做法我国外汇管理部门是难以控制的。在美国，银行通常代客投资于共同基金、债券等方面，存款人的收益增长稳定，胜过亲自做股票。（2）与国际市场联系密切。外资银行与国际金融、企业、商贸界联系广泛，可为国内企业走出国门，进入国际市场提供捷径。（3）资产质量高，承受能力强，信誉好。（4）资金实力强，技术设备先进，管理科学，效率较高。在国际结算、信用证业务及电子银行业务方面尤为突出。（5）银行职员业务水准齐整，报酬高。（6）对部分特定人群具有更高安全感，而这部分特定人群往往是超级高端客户。

实际上，外资银行并不需要在我国内地四处设立营业网点，主要把银行设在部分发达地区的大城市，即可能拉走一批优质客户和高端客户，站稳脚跟，对我国商业银行尤其是中小商业银行形成较大冲击。冲击将主要表现在以下几方面：

1. 存款搬家，客户转移

其一，外资银行所具备的优势使相当一部分大客户可能从国有商业银行转向外资银行。其二，个人存户中的一部分也会因为服务好等原因转向外资银行。其三，部分高收入人群的存款，出于某种安全考虑可能会转存外资银行。一些学者预计，加入WTO后5~7年内国有商业银行存款搬家的情况可能会逐步显现出来，外资银行的外币存款市场份额和人民币存款市场份额均将有较大幅度的上升。国务院发展研究中心的金融专家认为，外资银行业务上升的幅度并不是最重要的，重要的是要从发展趋势上加以关注，国有商业银行要不断加速改革、增强竞争力。

完备的国家化服务功能和凭借实力具有的较强承受能力，使外资银行在争夺成长性强的优质客户方面颇具竞争实力。在一般情况下，外资银行资本成本低，贷款质量高，对优质客户具有很强的吸引力。

2. 人才流失

国有银行关键岗位的人才可能流向收入更高、工作条件更优越、管理更规范的外资银行。同时，准备到国内金融机构工作的优秀人才，也可能被外资银行"截留"。

3. 挤占中间业务

国际结算等中间业务是外资银行的长项，争揽力度会不断加大。据有关专家估计，外资银行将占据中间业务市场份额的相当一部分。某些外资银行可能出于多重目的,不惜成本地开拓存贷业务、争夺国际结算等中间业务,占领市场。

依靠网点多和审批制及有关制度规定,虽然能够在相当程度上限制外资银行的冲击,但外资银行以其上述优势,仍可能对我国银行业构成不可忽视的冲击。

应对策略大致可以从以下几方面加以考虑:一是要切实制定加入WTO后的中长期应对措施。二是加速改革,强化自身,从根本上增强竞争力。三是加快培养能够胜任工作的各层次高管人员及一线业务人员。建立能够应对冲击的人才培养、使用机制。

以上分析,至少说明当时有关部门和专家学者对加入"WTO"做了相当认真和详尽的研究。在实际运行中,中国银监会面对外资银行可能造成的冲击,制定了一系列相应措施,做出了积极稳妥的应对,既履行了加入WTO的承诺,又维护了国家的金融安全。与此同时,中国银监会还从防范风险入手,不断强化管理机制,提高银行业的运行效率。美国著名经济学家德怀特·帕金斯(Dwight Perkins)认为,中国经济的高速增长需要一个稳定而有效率的市场体系来支撑,而其中最为核心的,就是银行部门的效率。随着市场经济的深入发展,银行业对于国民经济发展的支撑作用必将越来越突出。证券业做出了允许成立中外合资的基金管理公司和中外合资的证券公司等承诺。保险业做出了允许成立外资拥有50%股权的寿险公司和独资非寿险公司等承诺。中国证监会和中国银保监会也在认真履行加入WTO承诺的同时,制定了一系列旨在维护市场秩序和国家金融安全的规则。

此后,我国金融业不断放宽国外机构的准入门槛。2018年4月,央行宣布进一步开放时还承诺年底前在信托、金融租赁、汽车金融、货币经济、消费金融等银行业金融领域引入外资。

总之,加入WTO 16年来对我国经济发展带来了一系列新的机遇和挑战,要求我国的相关行业,或者说迫使我们的相关行业必须不断加快和深化改革,迅速建立一系列与市场经济体制相适应的规则,用国际游戏规则、国际语言和世界打交道,在激烈的国际竞争中,去除病灶,健强肌体,增强竞争力和综合国力。加入 WTO,加快了我国的经济全球化进程,使我国面临日益复杂的国际政治经济环境,这势必要求我国从全球经济角度,进一步提升宏观调控能力和经济运行水平。

(三)经济全球化对我国宏观经济的影响

"经济全球化",这个概念源于西方发达国家。美国是经济全球化的主要推动者。在经济全球化的初期,人们认为经济全球化是"富国俱乐部",是为发达国家的利益服务的,发展中国家只能成为其进程中的牺牲品。然而,随着跨国经济的迅猛发展,经济行为趋于国际化,世界经济逐步趋向一体化。从某种意义上讲,如果拒绝全球化概念,等于给自己国家的经济发展设置障碍。英国《经济学家》周刊1998年刊登的《世界是一体的吗》一文中提出:全球化,其利弊暂且不谈,已经成为20世纪90年代时髦的经济口号。随着贸易、投资和金融资本国际流动的增加,国民经济无疑正在稳步走向一体化。一般认为,经济全球化是指随着社会生产力的不断发展,各国经济相互联系,相互依存,世界逐步成为一个有机体。在这个过程中,发达国家毫无疑问会获取他最大的利益,发展中国家面临的选择是:要么拒绝,维持以往封闭的经济环境。要么加入,通过自己的努力和奋争,尽可能多地获取利益。我国作为WTO成员,已经成为国际俱乐部的一员。正视全球化进程,全力加强自身的综合国力,增加在国际间的话语权,在全球化进程中获取自己应有的经济地位,是我们应做出的选择。

有的学者把经济全球化又进一步细化为:(1)生产全球化,即一国大型工业公司所需的零部件来自若干国家的若干企业,本国只负责设计和关键部件的组装。(2)贸易全球化,即各国贸易迅速国际化。(3)投资全球化,发达国家对外投资迅猛增长,国

第六部分　综述

际投资中资本流动规模持续扩大。(4) 金融全球化，这一命题既体现了金融业的快速发展，也使人们产生警觉，多次全球经济危机正是通过金融全球化实现的。在现代信息技术普遍运用、国际资本大量迅速流动的情况下，全球金融关联度体现出日益增强的趋势，金融资源跨国界流动的速率不断提高。而日益发达的互联网系统，特别是正在兴起的互联网金融，是实现金融全球化的捷径。货币可自由兑换极大地推进了金融全球化进程，同时也助长了金融风险的集聚。

在全球化进程中，网络经济迅速植根于金融业，和金融业的发展形成了相辅相成的格局。在这一过程中，出现了一大批"数字英雄"，他们迅速提升网络在整个经济，特别是金融业中的作用，使金融的效率与日俱增。电脑和网络对金融业的发展做出了巨大的贡献，与此同时，也使投机商如鱼得水。曾有一位著名的金融大鳄说过：我只需一个人坐在办公室里，仅用一根手指点一下键盘，即可让整个世界发生八级地震。

关于经济全球化或全球化经济，其英文为"Global Economy"。与这个概念同时出现的还有经济一体化或一体化经济，英文为"Integrated Economy"。在实际使用中，这两个概念很接近，但其内涵有一定差别，全球化更强调经济在国际间的拓展、国与国的关联。"一体化"则偏重于强调经济集中的概念。

全球化是一种趋势而不是目标，全球化是动态的，并没有标准的蓝图和模式。如何推进全球化？应当由各个国家给出答案。目前，世界上多数国家都在根据本国的具体情况，越来越主动地参与全球化进程，其目的之一是争取在制定"游戏规则"方面获得更多的话语权。斯蒂格利茨曾认为：我们经常把金融自由化本身当作一个目标追求，我们没有系统地评估在什么情况下自由化才能有助于促进稳定和增长这样的最终目标，自由化是达到这些目标的重要组成部分，但不应当成为指导政策的准则。

据统计，当前全球跨国公司超过 8 万家，子公司数量大约要加一个零。全球有影响的大公司，有相当一部分是跨国经营的，其组织结构和经营方式不断发生变化。跨国兼并和收购总金额，2014年为4320亿美元，2015年跃升为7210亿美元。美国金融数据公司迪罗基统计，2015年全球企业并购交易总额达到4.9万亿美元。外国直接投资（Foreign Direct Investment，FDI），是现代资本国际化的主要形式之一，国际货币基金组织定期统计全球FDI数据，由此观察国际资金流动状况，特别是"热钱"的流向，是FDI的主要作用之一。2017年全球FDI流量约增长5%，达1.8万亿美元。美国长期是FDI最大流入国。2010年我国FDI流入规模达2068亿美元，流出规模为217亿美元，净流入1851亿美元。2016年我国对外直接投资流量创1961.5亿美元的新高，同比增长34.7%，占全球流量的13.5%。截至2016年，我国2.44万家投资者在境外设立3.72万家企业。100家较大的跨国公司在海外员工总数超过100万人。联合国贸易和发展组织的报告显示，2016年中国对外投资飙升，成为全球第二大对外投资国。

在推动全球化过程中，要从宏观层面把握全球化对国家经济的近期影响和中长期影响，要充分认识全球化进程中可能出现的新问题，可能对本国经济造成的各种负面影响和冲击，从而有针对性地建立预警机制，提前制定好应对策略。在参与全球化的同时，要尽可能全面地结合国际经济大环境，充分考虑经济全球化趋势对我国宏观经济发展的影响，从国情出发制定相对独立的发展计划和规划。

（四）关于全球失衡

所谓全球失衡问题，是一个国际范畴的宏观经济问题，提出这一问题的人似乎希望通过国际间的宏观调控解决全球失衡问题。从2005年起，国际上比较多地讨论所谓全球失衡问题，全球经济失衡（Global Imbalance）这一概念最早是由国际货币基金组织总裁拉托在 2005 年 2 月提出的。他认为，全球经济失衡是指一国拥有大量贸易赤字，而与该国贸易赤字相对应的贸易盈余则集中在其他一些国家，他认为当前全球经济失衡的主要表现为：美国经常账户赤字庞大、债务增长迅速，而日本、中国和亚洲其他主要新兴市场国家对美国持有大量贸易盈余。拉托提出，纠正全球经济失衡，避免相互指责。一些国际间的经济学家随之认为，世界经济的增长中心正在从美国、欧洲、日本转向美国和中国这两个国家。中国当时是世界上利用外资额最高的国家，每年约为 600 多亿美元。美国随着利率的不断提升，导致资本不断流向美国。2006 年，除亚洲央行购买美国债券外，欧洲流入美国的资本也逐步增多，使美国个人金融资产得以增值保值，支撑了美国消费的增长。

据有关统计，2006 年美国经济约占全球经济的 35%，其对全球经济增长的贡献率为 8% 左右；而中国经济仅占全球经济的 4% 左右，对全球经济增长的贡献率却高达 50% 左右。对于这一现状，人们有着完全不同的看法。国际上一些人从正面看待这一现状，认为中国为世界经济的发展做出了很大贡献，开辟了一个新的巨大的经济增长点。另一种观点则将贸易不平衡等一系列因素联系起来，把中国快速的经济增长视为所谓全球失衡的表现。与此同时，中美之间不断发生贸易摩擦。

关于全球失衡的说法，是一个有待探讨的深层次国际经济问题。实际上，引发全球失衡的原因是多方面的，涉及到许多发达国家的经济政策和经济状况。一些国际学者认为，当时全球失衡的原因之一是美元的流动性过剩，与日本经济政策的调整也有直接关联。

（五）关于量化宽松

为应对金融危机和经济衰退，美国从 2008 年 11 月起，推出了四轮量化宽松（Quantitative Easing, QE），即 QE1（2008 年 11 月——

2010年4月），QE2（2010年11月—2011年6月），QE3（2012年9月），QE4（2012年12月）。从实施结果看，在量化宽松政策的刺激下美国经济明显趋于好转，经济增长保持在2%左右，失业率下降，消费增长，企业固定资产投资改善。量化宽松一般是在利率趋近于零时，央行增加基础货币供给，向市场注入大量流动性资金。随着近年来美国经济整体好转，2014年1月开始启动量化宽松政策的逐步退出步骤。从美国自身的具体情况看，QE退出时机很重要，退早了会影响目前的经济回暖，退晚了可能造成通货膨胀。QE的实施和退出对世界经济都会产生直接的影响，当然包括对我国的影响，如短期国际资本流入和流出中国的相关影响。为此，我国针对美国量化宽松政策可能发生的变化，做出了相应对策。

实际上，日本是最早实行量化宽松政策的国家，其在2001年为应对经济持续下滑，在几乎零利率的状况下通过持续购买公债和长期债券向银行注入流动性资金，促使银行放贷，刺激经济增长。日本目前也在实施QE政策，但并不成功，已大幅缩减规模。欧盟也在实施QE，2015年4月欧洲央行表示将坚定实施QE，保持货币政策稳定，其后续政策有待观察。

（六）国际比较

随着中国改革开放的进程，中国经济取得了举世瞩目的成就，中国在国际上的政治经济地位与日俱增。在全球化不断深化的今天，研究宏观经济，需要无时无刻地关注国际经济动态。下面就几个国际性比较突出的方面做一些探讨。

GDP——国家间GDP的比较是体量的对比，由此可以从一个数据了解一个国家大体的经济增长状况。观察一国的GDP水平，需要分析其第一产业、第二产业和第三产业构成，即农业、工业和服务业的比重。2005年我国的GDP达18.3万亿元，折合2.2万

第六部分 综述

亿美元,世界位次上升为第四位,份额约为5%,超越英国和法国,仅次于美国、日本和德国。按购买力平价计算,我国GDP为9.4万亿美元,仅次于美国(12.27万亿美元),位列世界第二位。2010年我国GDP达到5.8万亿美元,超过日本,成为世界第二大经济体。2017年我国GDP达到82.7万亿人民币,约折合12.2万亿美元,占世界经济比重约15%。前面提到,我国2017年GDP中第一、二、三产业增加值的比重分别为7.9%、40.5%、51.6%。近年来服务业提升较快,全年消费支出对经济增长贡献率为58.8%。2017年美国GDP为19.6万亿美元,2016年其第一产业占GDP比重为0.9%,第二产业比重为18.9%,第三产业比重为80.2%。2017年日本GDP为4.3万亿美元,德国为3.6万亿美元。2017年,中国GDP增加约2万亿美元,美国增加约1.4万亿美元。

本书第一部分提及,国际间针对GDP存在不能全面反映一个国家的经济活动以及其他相关缺陷,提出了若干改进或替代GDP的建议。我国根据经济发展中的一系列经验教训,对GDP指标体系及其合理运用进行了深入研究,一个时期以来国家有关部门不断强调GDP指标的指导性,将其主要应用于国家层面的宏观调控,同时积极推进绿色GDP。国家在制定经济发展规划时,早已不将GDP作为指令性指标,在执行经济发展规划过程中一再强调发展速度要适度。2017年12月,中央经济工作会议强调我国经济发展进入新时代的基本特征就是我国经济已由高速增长阶段转向高质量发展阶段。这一论断,体现了注重经济增长质量和增长效益的指导思想。

我国人均GDP的国际排名还很低,2017年约为9500美元(59660元人民币),在全球大约列70位左右。我国作为一个超过13亿人口的大国,其中农业人口约5.7亿,达到目前的人均GDP水平,可以说中国经济快速发展、人民生活水平取得了大幅度的提高。当前我国还有一个所谓的跨越"中等收入陷阱"问题,这一"陷阱"通常被看作发展中国家进入发达国家首先要过的一个

关口。对这一概念的前因后果，也存在着若干不同观点

对外贸易——国际贸易是国与国打交道的必由之路，是经济增长的三大动力之一，是国际对比研究的重点。2005年，我国对外贸易进出口总额为1.42万亿美元；仅次于美国（2.63万亿美元）和德国（1.74万亿美元），居世界第三位；我国直接吸引外资水平2006年底为630亿美元，居世界第一位。2012年我国外贸进出口总额达3.87万亿美元，居世界第一位，美国为3.82万亿美元，居世界第二位，德国为2.7万亿美元，居世界第三位。2016年我国被美国反超了204亿美元。2017年我国为4.1万亿美元（27.79万亿元人民币），再次回到世界第一，顺差4225亿美元（2.87亿元人民币）。对美国贸易顺差为1.87万亿元人民币，约合2758亿美元。全年直接吸收外资为1310亿美元。对"一带一路"沿线国家进出口总额7.37万亿元人民币，其中出口4.3万亿元人民币。前文提到，外贸问题将国际政治和经济缠绕在一起，具有特殊的复杂性。

外汇储备——外汇储备是用来应付国际支付的外汇存量，从一定角度可以反映出家底的厚度。我国的外汇储备，1996年超过1000亿美元，2001年超过2000亿美元，2006年10月超过1万亿美元，超过日本，跃居世界第一位，此后长期占据首位。2017年为31399亿美元。一般来说，外汇储备可以用来调节国际收支，干预外汇市场，维护国际信誉以及增强抗风险能力。至于外汇储备过多，也会产生一定问题，例如可能造成基础货币超发，外汇资源使用效益低下等。我国外汇储备中，美元计价资产近70%，大部分为美国国债。储备构成通常会适时调整，以防止储备缩水。关于外汇储备的适当数额，有的专家从数量或比例上提出了具体建议，一般来说这仅仅是一种参考，所谓的适当储备数量，是一国外汇储备达到相当数量时考虑的问题，而且只能相机而定。

居民收入水平——随着世界各国经济的发展，人民生活水平不同程度地得到提高，国际间通常使用"恩格尔系数"（Engel's

Coefficient）来反映一个国家人民生活的实际状况。恩格尔系数是食品支出总额占个人消费支出总额的比重，国家越穷，每个国民平均收入中（或平均支出中）用于购买食物的支出比例越大。根据联合国的划分，20%～30%是富足区间。目前恩格尔系数在20%以下的国家只有美国，为16%，欧洲、日本、加拿大一般在20%～30%之间，属于富裕状态。我国1978年恩格尔系数曾高达60%，属于贫穷区间，2003年为40%，居于小康区间，2015年为30.6%，居于相对富裕区间，2017年国家发改委公布：我国恩格尔系数为29.3%，进入了富裕区间。恩格尔系数仅仅是一种分析方法，但我国恩格尔系数40年间（1978—2018年）的变化显示出我国城乡居民生活水平发生了巨大变化，这是值得欣喜的。然而，恩格尔系数的下降并不能说明我国进入了发达国家序列，整体已经富足了。但与国际上先进和发达国家相比，我国的经济发展仍然任重道远。

当前，由于中国经济的快速稳定发展，国际政治经济界对于中国经济的发展现状给予了广泛和突出的关注。美联储原主席本·伯南克曾说，中国崛起为一个全球经济强国是近几十年来最为重要的进步，他认为，推动中国生产力不断提升的一个最重要的因素在于，中国已经通过渐进和稳定的步骤，由计划经济转向更多依赖市场。

在我国经济发展过程中，不断了解国际政治经济发展动态，进行国际比较，对于认识我国在国际经济中的位势，从国际的角度审视我国经济发展，更好地抓住机遇和防范风险，做出正确的宏观经济决策，是十分必要的。伯南克认为，通过改进管理经济的工具，特别是货币政策和财政政策，中国能够从中获益。通过平抑全球或国内需求波动加大所带来的影响，有效的宏观政策工具有助于保持较低的、稳定的通货膨胀水平，提高经济的稳定性。稳定的经济环境是减少风险发生的关键因素，进而促进创新和增长。在我国加入世贸组织后，又在若干国际组织中担任了重要职责，国际影响力日益增进。在这种新局面下，应进一步强化国际对比研究在一系列经济发展决策过程中，发挥更及时更充分的基础性作用。

在进行国际对比研究时，看到不少国家的经济发展过程中存在与宏观经济理论不相符的现象，例如，日本长期处于低增长、低通胀、低失业以及零利率状态，却在通胀率下降时实现经济繁荣，这或许是一个很有趣的话题，其对宏观经济学理论提出了新问题，一些日本经济学家还对此进行过论证和解说。再如，本书第一部分提到的所谓菲利普斯曲线失灵问题，美国20世纪70年代经济几乎停止增长，但通胀率和失业率都很高，即滞胀；20世纪90年代，美国又出现低通胀、低失业率的高速增长。我国和其他一些国家也出现过与菲利普斯曲线相悖的状况。这些现象，对传统的宏观经济学理论提出了挑战，并由此派生出若干新的理论和学说，这大概就是经济学理论变革和延续的过程吧。

四、我国改革开放后宏观经济运行趋向综述

西方国家经济学界讨论宏观经济发展趋向通常研究经济周期的波动。关于经济周期的划分，有若干不同概念和方式，对于何为经济周期也有不同认识。大体而言，对于一个局部的经济周期的划定有两种形式：其一，两个波峰之间为一个周期；其二，两个波谷之间为一个周期。上述两种方式，只是描述的起始点不同，实际上都经过从"衰退—波谷—扩展—波峰—衰退"的发展时期。一般认为，经济周期反映的是一个国家经济运行的扩展和衰退的周期性波动，其涉及若干综合性指标，经济增长率、失业率、通胀率等通常被作为反映经济周期的具有代表性的指标，总供给和总需求的相互作用是导致经济发生周期性波动的重要根源。凯恩

斯认为，经济周期的实质在于资本边际效益的周期变化所导致的投资的周期变化。熊彼特（Joseph Alois Schumpeter）认为，由生产力提高引起的经济新均衡的过程中，经济存在周期波动。萨缪尔森在他的《经济学》中还提出了"政治性周期"的概念，其含义主要是指国家执政者通过政策制定、大选等方式刺激或紧缩经济。实际上，在大多数国家，所谓"政治性周期"都是存在的。

美国商务部曾以11项主要指标的综合指数用图示的方式描述1956—1992年的经济周期（见图1），图中黑灰色竖条表示衰退期，经济增长、住房建筑开工数、股市行情和新订单等主要的经济指标显示经济的高峰和低谷。

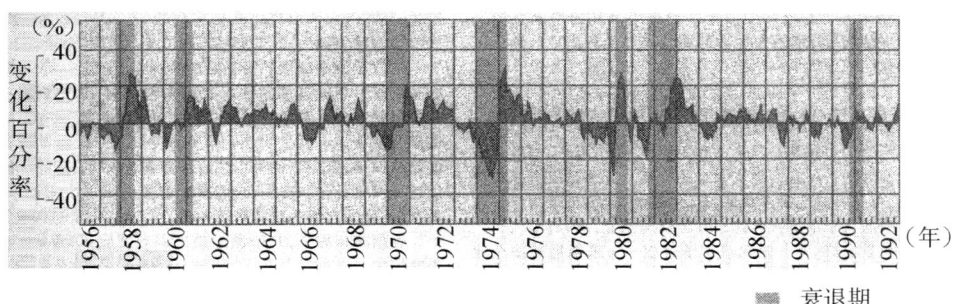

资料来源：美国商务部

图1　1956—1992年美国经济周期

从理论上讲，经济处于谷底阶段，表示总需求小于总供给，即有效需求不足；经济处于扩展阶段，表示总需求趋旺，物价稳定或上升，就业率亦上升；经济处于波峰阶段，表示总需求过旺，与此同时，投资膨胀可能出现经济过热现象；经济处于衰退阶段，表示总需求下降，物价下跌，失业率上升，经济趋冷。这种周期性波动过程也有若干例外，如滞胀，即经济增长停滞和通货膨胀同时发生的现象。一个经济周期的长度需视经济发展状况而定，同时，也可以人为地用不同长度的周期进行经济分析。根据经济分析的需求，有的经济学家用时间跨度为五六十年的长周期来分析一个阶段的经济发展趋势。所谓长周期可能包括若干个中周期和短周期。在讨论经济周期时，经济学家们还使用繁荣期（高涨期）和萧条期这一对概念。繁荣期一般是指经济较长时间地处于波峰区间，即经济持续扩张；萧条期则表示经济较长时间处于谷底，即持续衰退。最典型的例子是美国1929年由股市崩盘开始的经济大萧条，持续时间超过10年，波谷中的谷底是1929—1932年。这场大萧条以美国为中心，波及到整个工业世界。大萧条前的20世纪20年代，美国曾一度认为出现过经济繁荣期。又如美国在1948—1992年间，发生过9次经济衰退，其中，1981—1982年的衰退，是1929年大萧条以来最严重的一次，紧接着发生了美国历史上最强劲的一次经济扩张。也有的经济学家把"繁荣和萧条"这一对概念等同于"扩展和衰退"。

关于我国是否存在经济运行的周期性波动，历来有不同看法。一种观点认为只有发达的市场经济国家才有所谓的经济周期，我国经济发展过程中受各种非经济因素影响太多，无从以经济周期分析经济发展。另一种观点认为随着我国的计划经济向市场经济转轨和改革开放的深化，分析周期性波动的经济指标和因素不断趋于完整，由经济过热和通货膨胀以及通货紧缩引发的经济上行或下滑，已显示出比较明显的周期性波动，由此分析经济发展具有积极的意义。有专家认为改革开放以来我国大致经历了3次以上比较完整的经济周期波动，从2000年开始进入第3次经济周期波动，以后可以忽略一些变化，整体作为一个漫长的经济周期。

从我国改革开放以来的情况看，划分经济周期的依据涉及若干方面。本文所作的分析，主要是按照经济增长率、通货膨胀率等总量指标的波动和相关因素，大致反映经济发展从低谷进入扩展，出现经济过热、通货膨胀或经济趋冷、通货紧缩，继而经济下滑至一个新的低谷的过程。我国经济的所谓周期性波动与改革开放的政策环境密切相关，可以反映出宏观调控的力度和改革的推进程度。据此，本文试将改革开放以来的经济波动划分为三个阶段，即：1978—1990 年、1991—1999 年、2000 年以后。下面，以各阶段经济发展过程中 GDP 和 CPI 的变动趋势为主线，对这些阶段的宏观经济运行趋向作一简要的曲线图解，从中可以在一定程度上反映出周期性波动的轨迹。

（一）1978—1990 年

改革开放后，经济发展进入了一个崭新的阶段，各行各业展现出全面恢复和发展的态势，GDP 从 1978—1990 年经历了一个比较典型的周期性波动，从图 2 上可以显示出一个完整的波峰。

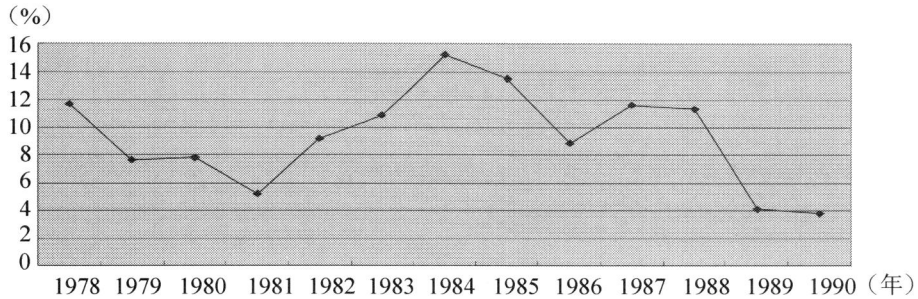

资料来源：本书作者编制。

图 2　1978—1990 年的经济增长率

1. 关于 GDP

1978 年 GDP 为 3645.2 亿元，同比增长 11.7%，这一较高的增长率体现了"文化大革命"后经济的反弹。1976 年，GDP 为 2943.7 亿元，同比增长 -1.6%；1977 年，GDP 为 3201.9 亿元，同比增长 7.6%。从 1979—1983 年，GDP 保持稳定增长。在此期间，国家大力推进改革。在生产资料所有制方面，实行以公有经济为主体、多种经济成分共存的所有制结构，私有经济开始获得更大的发展空间，在工业企业实行放权让利，计划调节逐步由指令性向指导性转化，商品经济和市场经济在经济发展中的作用逐步得以强化。1984年，党的十二届三中全会通过了《关于经济体制改革的决定》，从此，逐步建立起有计划商品经济的新体制，强调要把计划工作建立在商品交换和价值规律的基础上，在工业企业实行简政放权。在改革的推动下，市场机制体现出强大的活力，经济得以快速发展。1984年，GDP达到7208.1亿元，比1983年猛增了4.3个百分点，增长率为15.2%。1985年，GDP继续保持高位，增长率为13.5%。

然而，从高增长的1984年起，经济进入了总需求大于总供给的时期。从支持GDP增长的三要素（即投资、消费和净出口）看，呈全线下滑状态，在这种情况下，GDP自然也无法持续地维持在高水平，经历了从1984—1988年GDP连续在10%以上的一段高增长期之后，1989年GDP终于大幅下跌为4.1%，1990年GDP继续跌至3.8%，为1977年以后的最低点，也是截至2017年的最低点。

2. 关于通货膨胀

1984年，CPI即通货膨胀率为2.7%，1985年增至9.3%。1984年的货币发行量比1983年增发262亿元。其中，12月份一个月就增发了91亿元。1984年的M0增长率为49.5%，M1增长率为34.4%。从1984年起的5年左右时间里，社会总需求大于社会总供给，物价总水平快速上升。1988年，CPI从上1987年的7.3%猛增为18.8%，1989年仍保持在18%的高位。1978—1990年，可以描述出一条以1988年和1989年为峰顶的曲线图（见图3），1978—1990年的经济增长率与通货膨胀率曲线图（见图3）中，可以大致地显示出经济增长率和通货膨胀率的关联趋势，两者从1978年开始，在改革开放因素的影响下，经历了一个相关的过程，最终于1990年双双回落，GDP为3.8%，大幅下滑，CPI为3.1%。这一结局也体现了应对通胀的宏观调控力度。1984—1988年，M0年均增长32.1%，M1年均增长22%。这里值得注意的是，1984—1987年，经济高速增长的同时，并没有出现严重的通胀，说明当时的供求关系尚可稳定在合理的限度内；1988年以后，随着改革的进程，特别是企业经营自主权的不断扩大和放权让利政策的效应，使消费、投资需求迅速增长，投资和消费双双出现跟不上 GDP 的局面，出现"双缺口"，这是引起 1988 年和 1989 年高通胀的重要原因。

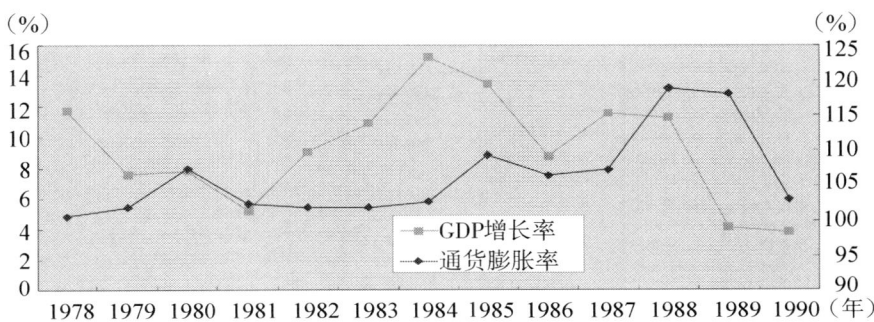

资料来源：本书作者编制。

图 3　1978—1990 年的经济增长率与通货膨胀率曲线

3. 关于贸易余额

对外贸易 1984 年逆差为 12.7 亿美元，1985 年逆差增至 149 亿美元，1986 年逆差为 119.7 亿美元，1987—1989 年均为几十亿美元的逆差，对经济增长没有拉动作用。从 1990 年开始对外贸易终于转为顺差。

4. 关于失业率

失业率 1978 年为 5.3%。其后，呈逐步降低趋势，1985 年降低为 1.8%，而后处于稳定状态，1990 年为 2.5%。失业率的降低与当时推进市场经济的大环境密切相关，广开门路、充分就业的做法发挥了积极作用。

综上所述，1978—1990 年，经历了一个以 1984 年、1985 年为波峰的发展时期，从 1989 年开始的宏观调控，对经济实行治理整顿，通过压缩社会总需求、调整结构、整顿经济秩序和例行节约，使宏观经济回到了比较正常的发展轨道上。1990 年，GDP 为 18667.8 亿元，比 1988 年的 11.3% 回落了 7.5 个百分点；物价总水平比 1988 年回落了 15.7 个百分点；贸易顺差 87.4 亿美元，比 1988 年增加了大约 10 亿美元；失业率 1990 年为 2.5%。

（二）1991—1999 年

1991 年是 1988 年开始的三年治理整顿的见效期，GDP 为 2178.5 亿元，同比增长 9.2%，CPI 为 3.4%，贸易盈余为 81.2 亿美元，失业率为 2.3%。这些数字均显示出一个比较正常的宏观经济发展状况。从 1992 年起，在经济形势好转的激励下，经济又开始表现出过热的趋势。1992 年和 1993 年 GDP 均超过 14%，1994 年也在 13.1% 的高位，1995 年以后逐年下降。1992 年开始，物价总水平随着经济增长速度的提升，经历了冲高的过程，1994 年 CPI 高达历史性的 24.1%。与此同时，对外贸易下滑，1993 年为逆差 122.2 亿美元，说明 1992 年和 1993 年的经济增长没有受到出口贸易的支持；这一时期的失业率也略有增长。针对这种经济过热的明显局面，国家于 1993 年 6 月强调执行适度从紧的货币和财政政策，寻求总供给与总需求的平衡。如前所述，这一轮宏观调控没有采取全面紧缩的方式，在宏观调控的方式和力度上，把握得比较适度。从货币政策看，货币供应量没有大幅度降低。1994 年，国家又实施了计划、财税、金融、外贸、物价等方面的一系列新的改革举措。经过新一轮的宏观调控，GDP 增长速度逐步回落，1996 年 GDP 增长率为 10%，1997 年为 9.3%，经济实现"软着陆"。1998 年和 1999 年 GDP 增长率进一步下降为 7.8% 和 7.6%；贸易盈余从 1995 年开始大幅度上升，1998 年时曾达到 434.7 亿美元。1996 年开始的物价总水平连续下降的态势，涉及到其后我国第一次出现通货紧缩迹象。从周期性波动看，这一时期显现出从波峰逐渐到谷底的过程。1992—1994 年 GDP 再次冲高和 1993—1995 年 CPI 的高涨，为双波峰，从 1995 年起 GDP 和 CPI 开始进入下滑通道，1999 年为双谷底（见图 4、图 5）。

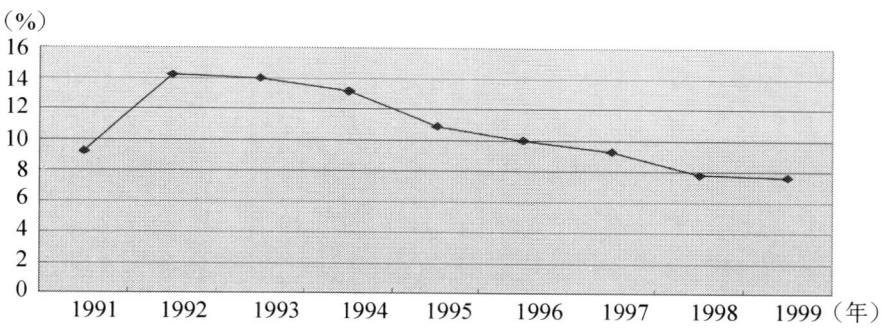

资料来源：本书作者编制。

图4　1991—1999年的经济增长率

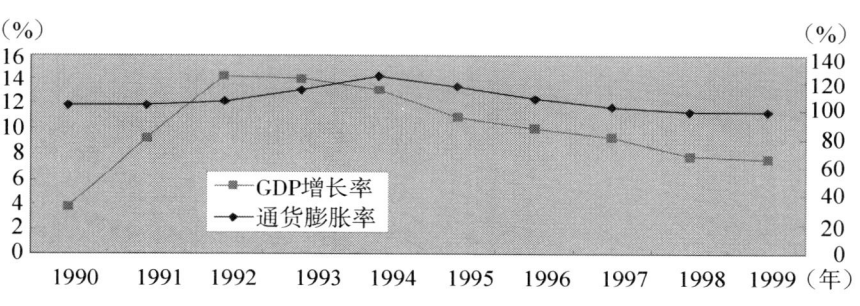

资料来源：本书作者编制。

图5　1991—1999年的经济增长率与通货膨胀率曲线

（三）2000年以后

从2000年开始，中国经济在逐步建立健全社会主义市场经济体制的基础上，走上了趋于良性发展的轨道。对于其后的17年，部分研究经济周期的专家认为，这是我国经济发展史上持续最久的稳定的发展周期，既控制了经济过热，又保持了较高速度的增长。2000年，GDP为99214.6亿元，同比增长8.4%；2003年为10%；其后，一直到2006年始终稳定在10%～11%的区间内。2000年CPI为0.4%，开始扭转通货紧缩的局面；2001年CPI为0.7%；2002年略有下降，为－0.8%；从2003年开始，CPI最低时为 1.2%，最高时为 3.9%，平均为 2.1%。贸易顺差保持在相当高的水平，2005 年突破 1000 亿美元，为 1020 亿美元；2006 年达到 1775 亿美元，给经济增长带来强劲的支持；国家外汇储备从 2006 年 10 月份开始突破 1 万亿美元，居世界首位，2006 年底达到 10663 亿美元。失业率 2000 年以后基本保持在 4% 左右。这一时期，经济保持了相当平稳的、快速的增长，通货膨胀率也保持在合理的水平，从图示上看出经济增长率没有形成明显的波峰，而是一条持续稳定在高位的平缓曲线（见图 6）。这一趋势说明，我国经济增长在这一时期没有发生大起大落。

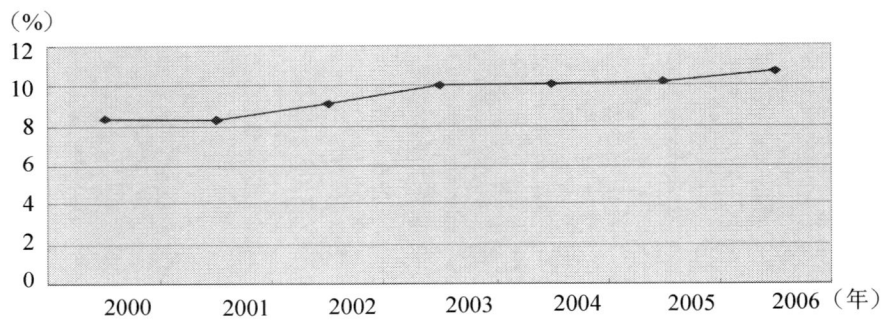

资料来源：本书作者编制。

图 6　2000—2006 年的经济增长率

2003 年下半年，国家针对土地开发和银行信贷等方面出现的过热现象，及时进行了宏观调控。2004 年又进一步加大了宏观调控的力度，开始实行稳健的财政和货币政策，及时控制住了过热的苗头。2004 年，GDP 增长 10.1%；CPI 增长 3.9%，达到这一时期的高位，物价上涨压力较大；失业率 4.2%；贸易顺差 321 亿美元；信贷总量得到适当控制，货币供应量增速和新增贷款明显低于控制目标。扩大内需的政策成效显著，2006 年底全国社会消费品零售总额取得 10 年来的最大增幅。2006 年，GDP 超过 20 万亿元，达到 209407 亿元，同比增长 10.7%；CPI 为 1.5%；贸易顺差为 1775 亿美元；失业率为 4.1%。2007 年 GDP 为 24.6 万亿元，比 2002 年增长 65.5%，5 年年均增长 10.6%。CPI 在上一年上涨 1.5% 的基础上大幅上涨，达 4.8%，主要是食品和居住类价格上涨较多。城镇登记失业率为 4.1%。进出口贸易总额 2.17 万亿美元，首次突破 2 万亿美元，贸易顺差达到 2622 亿美元的历史高位，比 2006 年增长 47.7%，顺差位居世界第一。

2008—2017 年的 10 年间，经济运行中的最大变数是国际金融危机的影响，GDP 从 8%~9% 降为到 7% 左右，总体平稳。CPI 经历了一定的波动，近年来稳定在 2% 以下。城镇登记失业率长期保持在 4%~4.3% 之间。贸易顺差近年来处于高位，当前对美国的贸易顺差问题比较突出，其原因由来已久，处理好这一问题需要双方的共同努力。回顾国际贸易，1973—1989 年的 16 年间，有 12 年逆差，1990—2014 年的 25 年间，除 1993 年，均为顺差。贸易余额问题，涉及经济和政治，关系到中长期国际政治经济发展中的若干环节，不能以余额多少论长短。

图 7 的区间是 1995 年 10 月—2018 年 3 月，这一跨度为 20 多年的曲线图，可以比较直观地显示出 GDP 和 CPI 具有一定的相关性，即我国这一时期 GDP 和 CPI 的走势大体趋同，这一点与相关宏观经济理论接近。

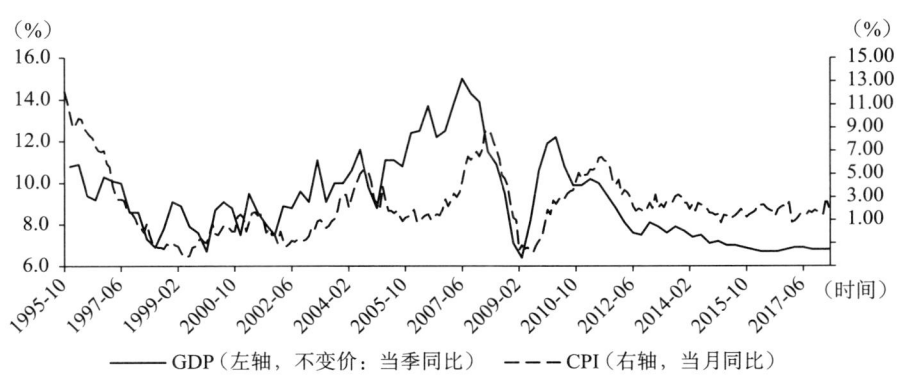

资料来源：根据 WIND 资讯数据整理编制。

图 7 经济增长率与通货膨胀率曲线

2007年CPI达到2004年后的新高，2008年下半年大幅下降，随后又短暂拉高至5.9%，再随GDP下滑。2008年受国际金融危机影响GDP仍增长9%，2009年出口大幅下降，GDP为8.7%，CPI降至-0.7%。2009—2011年，在启动4万亿投资计划以及其他因素的作用下，保持了经济的较快增速。2010年GDP增长10.3%，CPI企稳回升，上涨3.3%。2011年GDP增长9.3%，CPI升至5.4%，贸易顺差进一步下降。2012年GDP增长7.8%，开始降到8%以下，2012—2014年GDP保持在7%~8%之间，CPI自2012年以后相对稳定。2012年贸易顺差2311亿美元，增长48.1%，出口额跃居世界第一位。

从2015年开始，GDP保持在稍低于7%的水平，CPI也基本低位运行。2015年GDP增长6.9%，CPI上涨1.4%，贸易顺差为3.3万亿元，增长56.7%。2016年GDP增长6.7%，CPI上涨2%，贸易顺差有所下降。2017年GDP增长6.9%，CPI增长1.6%，城镇失业率为3.9%，10年来首次低于4%，贸易进出口总值27.8万亿元，同比增长14.2%。中美贸易总值3.95万亿元，对美国贸易顺差为1.87万亿元（约2758亿美元），扩大了13%。当前最大贸易出口对象是美国，其次是欧盟和中国香港；最大进口对象是欧盟，其次是东盟和韩国。最近一个时期，我国的对外贸易在宏观经济中的影响力和作用有所提升，应进一步有针对性地加强研究，从国际政治和经济的双重角度，继续把好外贸关口。

2000年以后的17年间，从宏观经济的标志性指标看，我国经济经历了一段相对稳定的发展过程，或者可以看作为一个漫长的经济周期，其间比较充分地反映出宏观调控的显著作用。宏观调控是若干指标和经济因素共同作用的结果，是一段经济发展变动过程的反映。前面提及了GDP与通胀的关系，这一关系不仅是两者之间的互动，并且与若干因素相关联。就通货膨胀而言，货币供应过剩导致物价上涨，GDP、M2、工业品出厂价格指数（PPI）、居民对通货膨胀预期以及一系列重大事件和严重自然灾害等因素都影响通货膨胀。一般来说,经济增长和通货膨胀基本是同步的关系,是央行实施货币政策的重要依据。经济停滞就降息,以防止通缩;出现通货膨胀就加息,使增长降温。但国际间曾长时间出现通货膨胀并不随经济增长而发生,两者出现脱节,显现没有通货膨胀的经济增长。对这类传统理论体系难以解释的新现象,需结合国情从宏观经济理论体系中寻求新的认识和判断。

最后着重提及一点,在我国经济处于平稳发展的时期,保持对宏观经济走势的客观分析和清醒判断尤为重要。对于理论界议论较多的资产泡沫、货币超发以及所谓的"明斯基时刻(Minsky Moment)"等热点问题和宏观层面可能存在的多重风险因素,应进行持续的跟踪研究,不断完善风险防范预案。与此同时,适时运用宏观调控,把握经济发展的方向和节奏,防止经济运行发生新的"大起大落",努力促使相对稳定的经济发展局面延续下去。

附录一：

相关表格

表1：
1952—2017年我国主要宏观经济指标表

年份	国内生产总值（亿元）	国内生产总值增长率（%）	贸易余额（亿美元）	居民消费价格指数（%）	城镇登记失业率（%）
1952	679.0		-3.0	2.7	
1953	824.0	15.6	-3.3	5.1	
1954	859.0	4.2	-1.4	1.4	
1955	910.0	6.8	-3.2	0.3	
1956	1028.0	15.0	0.9	-0.1	
1957	1068.0	5.1	1.0	2.6	
1958	1307.0	21.3	0.9	-1.1	
1959	1439.0	8.8	1.4	0.3	

附录一：相关表格

续表一

年份	国内生产总值（亿元）	国内生产总值增长率（%）	贸易余额（亿美元）	居民消费价格指数（%）	城镇登记失业率（%）
1960	1457.0	-0.3	-0.9	2.5	
1961	1220.0	-27.3	0.4	16.1	
1962	1149.3	-5.6	3.2	3.8	
1963	1233.3	10.2	3.8	-5.9	
1964	1454.0	18.3	3.7	-3.7	
1965	1716.1	17	2.1	-1.2	
1966	1868.0	10.7	1.2	-1.2	
1967	1773.9	-5.7	1.2	-0.6	
1968	1723.1	-4.1	1.5	0.1	
1969	1937.9	16.9	3.7	1.0	
1970	2252.7	19.4	-0.7	0.0	
1971	2426.4	7.0	4.4	0.1	
1972	2518.1	3.8	5.8	0.2	
1973	2720.9	7.9	6.6	0.1	
1974	2789.9	2.3	-6.7	0.7	
1975	2997.3	8.7	-2.3	0.4	

续表二

年份	国内生产总值（亿元）	国内生产总值增长率（%）	贸易余额（亿美元）	居民消费价格指数（%）	城镇登记失业率（%）
1976	2943.7	-1.6	2.7	0.3	
1977	3201.9	7.6	3.8	2.7	
1978	3645.2	11.7	-11.4	0.7	5.3
1979	4062.6	7.6	-20.1	1.9	5.4
1980	4545.6	7.8	-19.0	7.5	4.9
1981	4891.6	5.2	-0.1	2.5	3.8
1982	5323.4	9.1	30.3	2.0	3.2
1983	5962.7	10.9	8.4	2.0	2.3
1984	7208.1	15.2	-12.7	2.7	1.9
1985	9016.0	13.5	-149	9.3	1.8
1986	10275.2	8.8	-119.7	6.5	2.0
1987	12058.6	11.6	-37.7	7.3	2.0
1988	15042.8	11.3	-77.5	18.8	2.0
1989	16992.3	4.1	-66	18.0	2.6
1990	18667.8	3.8	87.4	3.1	2.5

续表三

年份	国内生产总值（亿元）	国内生产总值增长率（%）	贸易余额（亿美元）	居民消费价格指数（%）	城镇登记失业率（%）
1991	21781.5	9.2	81.2	3.4	2.3
1992	26923.5	14.2	43.5	6.4	2.3
1993	35333.9	14.0	-122.2	14.7	2.6
1994	48197.9	13.1	54.0	24.1	2.8
1995	60793.7	10.9	167.0	17.1	2.9
1996	71176.6	10.0	122.2	8.3	3.0
1997	78973.0	9.3	404.2	2.8	3.1
1998	84402.3	7.8	434.7	-0.8	3.1
1999	89677.1	7.6	292.3	-1.4	3.1
2000	99214.6	8.4	241.1	0.4	3.1
2001	109655.2	8.3	225.5	0.7	3.6
2002	120332.7	9.1	304.3	-0.8	4.0
2003	135822.8	10.0	254.7	1.2	4.3
2004	159878.3	10.1	320.9	3.9	4.2
2005	183084.8	10.2	1020.0	1.8	4.2
2006	209407.0	10.7	1775.0	1.5	4.1

续表四

年份	国内生产总值（亿元人民币）	国内生产总值增长率（%）	贸易余额（亿美元）	居民消费价格指数（%）	城镇登记失业率（%）
2007	246619	11.4	2622	4.8	4.0
2008	300670	9.0	2955	5.9	4.2
2009	335353	8.7	1961	−0.7	4.3
2010	397983	10.3	1831	3.3	4.1
2011	471564	9.2	1551	5.4	4.1
2012	519322	7.8	2311	2.6	4.1
2013	568845	7.7	2592	2.6	4.05
2014	636463	7.4	23489*	2.0	4.09
2015	676708	6.9	36770*	1.4	4.05
2016	744127	6.7	33523*	2.0	4.02
2017	827122	6.9	28718*	1.6	3.9

注：①我国1993年以前采取GNP指标，1993年以后采用GDP指标，1993年以前的GDP指标是根据GNP指标和有关数据折算的。

②＊亿元人民币。

表 2：
"一五"—"十五"时期我国部分经济指标表

	国内生产总值			基本建设投资		财政收入合计数（亿元）
	期末数（亿元）	名义GDP平均增长率（％）	实际GDP平均增长率（％）	合计数（亿元）	比上个五年计划增长（％）	
"一五"时期（1953—1957年）	1068	9.5	9.2	588.47	—	1291
"二五"时期（1958—1962年）	1149	1.5	-2.0	1206.09	105	2109
"三五"时期（1966—1970年）	2253	5.7	6.9	976.03	-19	2529
"四五"时期（1971—1975年）	2997	5.9	5.9	1763.95	81	3919
"五五"时期（1976—1980年）	4546	8.6	6.5	2342.17	33	5090
"六五"时期（1981—1985年）	9016	14.7	10.7	3410.09	46	7403
"七五"时期（1986—1990年）	18668	15.7	7.9	7349.07	116	12281
"八五"时期（1991—1995年）	60794	26.6	12.3	23584.31	221	22442
"九五"时期（1996—2000年）	99215	10.3	8.6	56286.78	139	50774
"十五"时期（2001—2005年）	183085	13.3	9.8	—	—	115051

表3：
2006—2017年我国固定资产投资和预算收入表

年份	国内生产总值（亿元）	全社会固定资产投资（亿元）	一般公共预算收入（亿元）
2006	219438.5	109998	38760.20
2007	270232.3	137324	51321.78
2008	319515.5	172828	61330.35
2009	349081.4	224599	68518.30
2010	413030.3	251684	83101.51
2011	489300.6	311485	103874.43
2012	540367.4	374695	117253.52
2013	595244.4	446294	129209.64
2014	643974.0	512021	140370.03
2015	689052.1	562000	152269.23
2016	744127.2	606466	159604.97
2017	827122.0	641238	172567.00

表4：
"一五"—"十五"时期我国主要工农业产品产量表

	钢（万吨）	煤（亿吨）	原油（亿吨）	粮食（亿吨）	棉花（万吨）	糖（万吨）
"一五"时期（1953—1957年）	1667	4.88	500	9.081	684.3	372
"二五"时期（1958—1962年）	5590	15.34	2225	8.210	629.1	317
"三五"时期（1966—1970年）	6577	12.98	9681	10.918	1140.1	714
"四五"时期（1971—1975年）	11494	21.14	28060	13.154	1110.7	845
"五五"时期（1976—1980年）	14758	29.06	49695	15.265	1118.5	1081
"六五"时期（1981—1985年）	20304	36.64	54892	18.532	2160.8	1863
"七五"时期（1986—1990年）	23642	49.36	67783	20.424	2023	2575
"八五"时期（1991—1995年）	42947	59.54	72446	19.462	2419.8	3391
"九五"时期（1996—2000年）	57853	66.00	80207	24.816	2155	3730
"十五"时期（2001—2005年）	119249	87.60	85778	22.939	2713	4609

表 5：
2006—2017 年我国主要工农业产品产量表

年度	钢材（万吨）	原煤（亿吨）	原油（万吨）	粮食（万吨）	棉花（万吨）	成品糖（万吨）
2006	46893.36	25.70	18476.57	49804.2	753.3	949.07
2007	56560.87	27.60	18631.82	50160.3	762.4	1271.38
2008	60460.29	29.03	19043.96	52870.9	749.2	1432.61
2009	69405.40	31.15	18948.96	53082.1	637.7	1338.35
2010	80276.58	34.28	20301.40	54647.7	596.1	1117.59
2011	88619.57	37.64	20287.55	57120.8	659.8	1187.43
2012	95577.83	39.45	20747.80	58958.0	683.6	1409.47
2013	108200.54	39.74	20991.85	60193.8	629.9	1592.76
2014	112513.12	38.74	21142.92	60702.6	617.8	1642.67
2015	112349.60	37.47	21455.58	62143.9	560.3	1474.11
2016	113460.74	34.11	19968.52	61625.0	529.9	1443.30
2017	104958.8	35.20	19150.60	61791.0	549.0	1470.60

以上表格资料来源：国家统计局有关资料、"个人图书馆"资料汇集。

表6：
2017年世界部分国家和地区GDP排名

GDP总量排名	国家和地区	GDP（亿美元）	GDP总量排名	国家和地区	GDP（亿美元）
1	美国	193621.30	26	泰国	4378.07
2	中国	122427.76	27	伊朗	4276.66
3	日本	48844.90	28	奥地利	4093.16
4	德国	36518.70	29	尼日利亚	3948.18
5	法国	25748.10	30	挪威	3920.52
6	英国	25650.50	31	阿联酋	3786.56
7	印度	24390.10	32	以色列	3480.06
8	巴西	20809.20	33	南非	3440.64
9	意大利	19211.40	34	中国香港	3341.04
10	加拿大	16403.90	35	爱尔兰	3256.49
11	韩国	15297.40	36	丹麦	3241.46
12	俄罗斯	14693.40	37	菲律宾	3211.89
13	澳大利亚	13901.50	38	马来西亚	3098.58
14	西班牙	13071.70	39	哥伦比亚	3074.75
15	墨西哥	11424.50	40	新加坡	3057.57
16	印度尼西亚	10109.40	41	智利	2632.06
17	土耳其	8412.06	42	芬兰	2514.81
18	荷兰	8244.80	43	孟加拉国	2500.23
19	瑞士	6806.45	44	越南	2159.63
20	沙特阿拉伯	6785.41	45	委内瑞拉	2153.07
21	阿根廷	6198.72	46	葡萄牙	2116.96
22	中国台湾	5714.53	47	秘鲁	2100.13
23	瑞典	5418.89	48	捷克	2096.52
24	波兰	5099.55	49	希腊	2042.99
25	比利时	4916.72	50	新西兰	2008.37

表7：
2017年世界部分国家和地区人均GDP排名

人均GDP排名	国家和地区	人均GDP（美元）	人均GDP排名	国家和地区	人均GDP（美元）
1	卢森堡	111062	27	意大利	31505
2	瑞士	84864	28	韩国	30285
3	挪威	77918	29	文莱	30110
4	卡塔尔	77856	30	西班牙	28509
5	美国	60014	34	中国台湾	23940
6	新加坡	58664	39	葡萄牙	20348
7	丹麦	55822	41	捷克	18663
8	冰岛	55636	42	希腊	18607
9	爱尔兰	53804	44	乌拉圭	17431
10	澳大利亚	52976	53	波兰	14216
11	圣马力诺	52068	54	智利	13648
12	瑞典	51061	56	阿根廷	13385
13	英国	49104	61	马来西亚	12192
14	荷兰	48016	65	墨西哥	10100
15	奥地利	46684	70	中国	9482
16	加拿大	46172	73	俄罗斯	8949
17	中国香港	45847	74	巴西	8471
18	芬兰	44571	76	白俄罗斯	7612
19	德国	43793	80	保加利亚	7150
20	比利时	42669	84	哥伦比亚	6158
21	法国	39914	86	南非	6014
22	阿联酋	37737	87	泰国	5952
23	以色列	36853	88	秘鲁	5882
24	新西兰	36702	90	伊朗	5565
25	日本	34486	102	蒙古	4478
26	科威特	32649			

表6和表7资料来源：世界经济信息网。

附录二：中国宏观经济大事记

附录二：

中国宏观经济大事记

此篇《中国宏观经济大事记》是根据本书的结构，从宏观经济发展的五个时期，即新中国成立前期、恢复发展时期（1949—1957年）、动荡发展时期（1958—1976年）、经济体制转型初期（1977—1990年）、全面建立健全社会主义市场经济体制时期（1991年至今）。选编各个时期宏观经济运行和宏观调控过程中发生的主要事件和相关的重要内容，其目的是为读者提供一个宏观经济发展的时间序列，以便于查阅和研究。大事记中所列的主要内容在本书中基本都涉及到并有分析和评述。

新中国成立前的时期

- 1947年3月10日，在邯郸召开华北各解放区财政经济会议，交换各地区的财政经济经验，研究对国民党占领区的经济斗争，讨论商品、货币、流通以及财政问题。
- 1948年4月，在石家庄召开华北金融贸易会议，明确了金融贸易工作的基本任务，提出货币政策、货币斗争、信贷工作、城市金融等金融工作，以及物价政策、对外贸易、内地贸易、私营工商业等贸易工作的方针和政策。

- 1948年5月，中央在西柏坡决定成立中央财政经济部，董必武任部长，薛暮桥任秘书长。
- 1948年，中国人民银行在石家庄成立，并于12月1日开始发行全国统一的人民币。
- 1949年3月，党的七届二中全会在西柏坡举行。会议规划了由新民主主义社会转变为社会主义社会的途径，为新中国的经济建设指明了方向。
- 从1949年4月—1950年2月，全国出现了4次大的涨价风，1949年一年内，物价指数平均上涨了19倍。中财委开展了稳定物价、治理通货膨胀的工作。
- 1949年7月，由中共中央的财政经济部与华北财委合并组成"中央财政经济委员会"，陈云任主任，薄一波、李富春、马寅初等任副主任，薛暮桥任秘书长。
- 1949年7月27日—8月15日，陈云在上海主持召开全国财经会议。
- 1949年9月21日—30日，召开第一届中国人民政治协商会议，毛泽东当选中央人民政府主席。

恢复发展时期
（1949—1957年）

- 1949年10月1日，中华人民共和国成立。在下午举行的中央人民政府委员会第一次会议上，周恩来被任命为政务院总理。
- 1949年10月19日，由周恩来主持组建的第一届政务院成立。
- 1949年11月1日，陈云主持政务院财政经济委员会会议，研究稳定市场物价问题。
- 1950年2月14日，中华人民共和国全权代表周恩来同苏维埃

附录二：中国宏观经济大事记

社会主义共和国联盟全权代表安·扬·维辛斯基在莫斯科签订《中苏友好同盟互助条约》，同时签订《关于中国长春铁路、旅顺口及大连的协定》和《关于贷款给中华人民共和国的协定》。
- 1950年2月20—26日，毛泽东、周恩来访问苏联西伯利亚和远东城市。
- 1950年3月3日，政务院通过了陈云起草的《关于统一财政经济工作的决定》。
- 1950年3—4月间，中财委颁布《中央金库条例》《关于实行国家机关现金管理的决定》。
- 1950年6月，中央人民政府颁布了《中华人民共和国土地改革法》，提出"没收封建阶级的土地归农民所有"。
- 1950年6月，中共中央召开七届三中全会，讨论调整公私关系和整顿税收等问题。
- 1950年10月8日，中共中央作出"抗美援朝，保家卫国"的战略决策。
- 1950年11月15日—27日，召开第二次全国财政会议。
- 1950年，国家成功地发行了人民胜利折实公债。
- 1951年2月，国家决定着手编制第一个五年计划，具体工作仍由中财委负责。
- 1951年2月，中财委召开全国财政会议，划分了三级财政制度。
- 1951年11月，中财委召集了新中国的第一次全国计划会议。
- 1952年中国国民经济全面恢复。民族区域自治方案颁布，内蒙古自治区、新疆维吾尔自治区、广西壮族自治区、宁夏回族自治区、西藏自治区相继成立。
- 1952年7月，邓小平任政务院副总理，后兼任财政经济委员会第一副主任、财政部部长。
- 1952年8月，成立国家统计局，薛暮桥任局长。

- 1952年8月17日—9月22日，周恩来、陈云等出访苏联，就苏联援助中国进行第一个五年计划建设等问题与苏方交换意见。
- 1952年年底，毛泽东提出关于过渡时期总路线的初步设想。
- 1953年起，国家开始执行第一个五年计划（1953—1957年）。
- 1953年7月15日，中国第一家大型汽车制造厂——长春第一汽车制造厂破土动工。
- 1953年9月，中共中央正式向全国公布了党在过渡时期的总路线。
- 1954年2月，中共七届四中全会正式批准了中央政治局确认的这条总路线。
- 1953年9月，陈云主持起草给中共中央的《关于发行新人民币的请示报告》。
- 1953年10月，全国粮食工作会议，实行粮食统购统销。
- 1953年和1956年发生过两次"冒进"，主要原因都是基本建设规模过大使得物资供应紧张。
- 1954年6月29—30日，中共中央政治局召开扩大会议，研究第一个五年计划编制情况。
- 1954年9月，正式成立国家计划委员会。
- 1954年9月15—28日，中华人民共和国第一届全国人民代表大会第一次会议讨论通过了《中华人民共和国宪法》。
- 1955年3月1日，国家发行新人民币。
- 1955年7月5—30日，召开一届全国人大第二次会议，通过了发展国民经济第一个五年计划。
- 1955年11月16日，中共中央召开了关于资本主义工商业社会主义改造问题会议。
- 1955年12月，毛泽东作出了关于批判右倾保守思想、争取提前完成过渡时期总任务的指示。
- 从1956年初开始，周恩来、陈云、李富春、李先念等开始提

附录二：中国宏观经济大事记

出反对"冒进"急躁现象。其后，刘少奇、周恩来在不同会议上多次提出防止"冒进"问题。
- 1956年4月，米高扬访问中国，中苏签订关于前苏联援助中国某些工业部门的协定，规定建设55个新的工业企业，作为已经签订的中苏协定而正在建设中的156个项目的补充。
- 1956年4月，毛泽东发表《论十大关系》。
- 1956年5月，中共中央提出既反保守又反冒进，即在综合平衡中稳步前进的经济建设方针。
- 1956年7月，周恩来在北戴河主持起草《关于发展国民经济的第二个五年计划（1958—1962年）的建议》。
- 1956年8月22日，党的七届七中全会召开。
- 1956年9月15—27日，党的八大在北京举行。会议讨论通过了《关于发展国民经济的第二个五年计划的建议》。会议提出全国人民的主要任务是集中力量发展社会生产力。
- 1957年1月10日，中共中央发出《关于成立中央经济工作五人小组的通知》，由陈云任组长，李富春、薄一波、李先念、黄克诚为成员。
- 1957年2月27日，毛泽东发表《关于正确处理人民内部矛盾的问题》。
- 1957年4月27日，中共中央发出《关于整风运动的指示》。
- 1957年9月20日—10月9日，党的八届三中全会召开，否定了八大提出的社会主要矛盾，拉开了批评"反冒进"的序幕。
- 1957年11月，毛泽东率领的中国党政代表团出访苏联。
- "一五"计划期间，陈云提出了"综合平衡"理论。

动荡发展时期
（1958—1976 年）

- 1958 年初，毛泽东提出了《工作方法 60 条（草案）》。
- 1958 年 1 月 11—22 日，中共中央在南宁召开工作会议，讨论 1956 年的"反冒进"问题。
- 1958 年 3 月，中共中央在成都召开会议，继续批评"反冒进"。
- 1958 年 4 月，国家经委提出了 1958 年年度计划的第二本账。
- 1958 年 5 月，中共八届二中全会召开，通过了社会主义建设总路线，号召全党和全国人民，争取在 15 年或者更短时间内，在主要工业产品的产量方面赶上和超过英国。批评"反冒进"。会后，全国各条战线迅速掀起了"大跃进"高潮。
- 1958 年 6 月 2 日，中共中央发出《关于企业、事业单位和技术力量下放的规定》。
- 1958 年 8 月 17—30 日，中共中央政治局在北戴河举行扩大会议，作出《关于在农村建立人民公社问题的决议》，同时作出《中共中央关于 1959 年计划和第二个五年计划问题的决定》。
- 1958 年 11—12 月，中共八届六中全会在武昌召开，作关于人民公社若干问题决议的说明。
- 1959 年 2 月 27 日—3 月 5 日，中共中央政治局扩大会议在郑州举行。
- 1959 年 4 月 2—5 日，中共八届七中全会在上海召开，主要讨论人民公社整顿工作和 1959 年国民经济计划。
- 1959 年 4 月，中宣部在上海召开商品生产和价值规律理论讨论会。
- 1959 年 7 月 2 日—8 月 16 日，中共中央政治局扩大会议和八届八中全会在庐山举行。
- 1960年3月30日—4月10日，召开第二届全国人大第二次会议，通过了1956—1967年全国农业发展纲要。
- 1960年7月18日，时任国务院副总理兼国家计委主任的李富春在中共中央北戴河工作会议上建议，年度计划只搞一本账，不要搞第二本账。
- 1960年7月上旬，初步形成"调整、巩固、充实、提高"的八字方针。
- 1960年9月，中共中央政治局决定成立六个中央局。
- 1960年9月，中央提出了国民经济"调整、巩固、充实、提高"的"八字方针"。
- 1961年3月16—23日，中共中央在广州举行工作会议。会议制定了《农村人民公社工作条例（草案）》（即"农业六十条"）。
- 1961年8月23日—9月16日，中共中央在庐山举行工作会议。会议通过了由邓小平主持起草的《国营工业企业工作条例（草案）》（即"工业七十条"）和《中华人民共和国教育部直属高等学校暂行工作条例（草案）》（即"高教六十条"）。
- 1961年10月7日，中共中央发出《关于农村基本核算单位问题给各中央局、各省、市、区党委的指示》。
- 1962年2月6日，召开扩大的中央工作会议（又称"七千人大会"）。
- 1962年2月21—23日，刘少奇在北京主持召开政治局常委扩大会议，简称"西楼会议"。从此，国民经济进入了全面调整时期。
- 1962年3月27日—4月16日，第二届全国人大第三次会议召开，确定发展国民经济"调整、巩固、充实、提高"的方针。
- 1962年夏，为解决农业发展中所遇到的困难，陈云向毛泽东建议在农村实行包产到户的办法。
- 1962年12月，召开第一次全国物价会议，提出物价应以稳定为主。
- 1963年3月1日，中共中央发布《关于厉行增产节约和反对贪污盗窃和反对投机倒把、反对铺张浪费、反对分散主义、反对官僚主义运动的指示》。
- 1963年5月2—12日，毛泽东主持制定《前十条》。5月20日，中共中央公布《前十条》。
- 1963年9月，中央召开工作会议，确定1963—1965年为过渡时期。
- 1963年，国家计委提出编制"三五"计划，后"三五"计划期推迟为1966—1970年。
- 1964年2月5日，中共中央发出《关于传达石油工业部关于大庆石油会战情况的报告的通知》。
- 1964年底，毛泽东提出组建"小计委"。
- 1964年5月15日—6月17日，中共中央在北京举行工作会议，讨论了农业规划、政治工作等问题。
- 1964年6月6日，毛泽东在中央工作会议上明确提出了搞"三线建设"的主张。
- 1964年7月初，"文化革命"五人小组成立。组长彭真，副组长陆定一，成员康生、周扬、吴冷西。
- 1964年9月18日，中共中央发出《后十条》。
- 1964年12月，三届全国人大一次会议上提出了"四个现代化"。
- 1965年2月26日，中共中央、国务院发布《关于西南三线建设体制问题的决定》。
- 1965年9月18日—10月12日，中共中央在北京举行工作会议，主要讨论1966年国民经济计划和长远规划问题。
- 1966年5月4—26日中共中央政治局扩大会议在北京举行。

附录二：中国宏观经济大事记

会议通过由毛泽东主持制定的中共中央通知（又称《五一六通知》）。中央文化革命小组成立。陈伯达任组长，康生等任顾问，江青、张春桥等任副组长。

- 1966年8月11—12日中共中央在北京举行八届十一中全会。全会通过《关于无产阶级文化大革命的决定》。
- 1966年12月9日，中共中央发出《关于抓革命、促生产的十条规定》（草案）。
- 1967年1月1日，《人民日报》《红旗》杂志发表《把无产阶级文化大革命进行到底》的社论。
- 1969年4月1—24日，党的九大在北京举行。
- 1971年，"四五"计划开始实施。
- 1973年3月10日，中共中央恢复邓小平党的组织生活和国务院副总理职务。
- 1973年8月20日，中共中央批准《关于林彪反党集团反革命罪行的审查报告》。
- 1973年8月24—28日，党的十大在北京举行。
- 1974年7月1日，中共中央发出《关于抓革命、促生产的通知》。
- 1974年10月4日，毛泽东提议邓小平任国务院第一副总理。
- 1975年1月，邓小平任中共中央副主席、国务院副总理、中央军委副主席、人民解放军总参谋长，主持党和国家的日常工作。
- 1975年2月20日，中共中央发出《批转一九七五年国民经济计划的通知》。
- 1975年9月15日，邓小平提出实现四个现代化关键是农业现代化的看法。
- 1975年9月23日—10月21日，中共中央召开农村工作座谈会。
- 1976年1月21—28日，华国锋任国务院代总理和主持中央日常工作。
- 1976 年,"五五"计划开始实施。
- 1976 年 4 月 7 日,华国锋任中共中央第一副主席、国务院总理。邓小平被撤职。
- 1976 年 10 月 6 日,粉碎"四人帮"。"文化大革命"结束。
- 1976 年 10 月 7 日,华国锋任党中央主席、中央军委主席。

经济体制转型初期
（1977—1990 年）

- 1977 年 7 月,中共十届三中全会恢复邓小平原任的党政军领导职务。
- 1977 年 8 月 12—18 日,党的十一大在北京举行。大会宣告历时十年的"文化大革命"结束,确定了新时期总任务：为在本世纪内把我国建设成为伟大的社会主义强国而奋斗。
- 1977 年底,中央批准并下达了《国家计委关于 1976—1985 年国民经济发展十年规划纲要（修订草案）》。
- 1978 年 4 月 20 日,中共中央发布《工业三十条》。
- 1978 年 11 月 10 日—12 月 5 日,中共中央召开工作会议,讨论全党工作重点转移问题。
- 1978 年 12 月 13 日,邓小平在中共中央工作会议闭幕会上发表《解放思想,实事求是,团结一致向前看》讲话。
- 1978 年 12 月 18—22 日,党的十一届三中全会在北京举行,作出了"把工作重点转移到社会主义现代化建设上来"的战略决策。
- 1978 年 12 月,安徽凤阳小岗村 18 户农民秘密签定契约,决定将集体耕地承包到户。
- 1979 年 4 月 5—28 日,中共中央召开工作会议,李先念作

附录二：中国宏观经济大事记

《关于国民经济调整问题》的讲话。会议针对国民经济比例严重失调的情况，决定从1979年起，用3年时间对国民经济实行"调整、改革、整顿、提高"的方针。

- 1979年6月18日—7月1日，召开五届全国人大第二次会议，通过的《政府工作报告》中明确，要把市场与计划结合起来，通过必要的改革，逐步建立起计划调节与市场调节相结合的、以计划调节为主、充分重视市场作用的经济体制。
- 1979年7月15日，中共中央决定在深圳、珠海、汕头、厦门试办特区。1980年5月16日，正式将"特区"定名为"经济特区"。
- 1979年7月，国务院下达了《关于扩大国营工业企业经营管理自主权的若干规定》《关于国营企业实行利润留成的规定》《关于开征国营工业企业固定资产税的暂行规定》《关于国营工业企业固定资产折旧率和改进折旧率使用办法的暂行规定》《关于国营工业企业实行流动资金全额贷款的暂行规定》等5个改革经济管理体制的文件，赋予企业自主安排利润留成、用工制度的权力。
- 1979年，中国人民银行对信贷资金体制进行改革，改变了"存款上交、贷款分指标，没钱向上要"的高度集中统一的信贷计划管理体制，实行"统一计划、分级管理、存贷挂钩、差额包干"的信贷计划管理体制。
- 1979年国务院颁布《中华人民共和国中外合资企业法》，1980年批准了第一批3家外商投资企业。
- 1980年3月，国务院发布了《关于实行"划分税种、核定收支、分级包干"财政管理体制的规定》，按照第二步利改税的税种设置，划分中央和地方收入，旨在改革财政总额包干为划分税种分类包干。
- 1980年5月，国务院体制改革办公室成立。
- 1980年5月31日，邓小平同中央负责工作人员谈话时，肯定了安徽农村改革，旗帜鲜明地支持"包产到户"和"大包干"。

- 1980年7月，国务院经济研究中心成立，薛暮桥任总干事。
- 1980年8月26日，第五届全国人大常委会第十五次会议审议批准建立深圳、珠海、汕头、厦门四个经济特区。
- 1980年8月30日—9月10日，召开五届全国人大三次会议。
- 1981年6月27—29日，党的十一届六中全会在北京召开。全会通过《关于建国以来党的若干历史问题的决议》。
- 1981年8月26日，邓小平提出"一国两制"的构想。
- 1981年10月17日，中共中央、国务院作出《关于广开门路，搞活经济，解决城镇就业问题的若干规定》。
- 1981年11月，国务院批转了《关于实行工业生产责任制若干问题的意见》。
- 1981—1984年，是实行人民币内部结算价和官方汇率并存的双重汇率时期。
- 1982年1月1日，中共中央批转《全国农村工作会议纪要》。《纪要》指出，目前农村实行的各种责任制，包括小段包工定额计酬、专业承包联产计酬、联产到劳、包产到户到组、包干到户到组等，都是社会主义集体经济的生产责任制。
- 1982年5月，国家经济体制改革委员会成立。
- 1982年9月1—11日，党的十二大在北京举行，提出建设有中国特色社会主义的主题，报告中进一步明确"正确贯彻计划经济为主、市场经济为辅的原则，是经济体制改革中的一个根本性问题"。
- 1982年11月26日—12月10日，召开五届全国人大五次会议，通过了国民经济第六个五年计划，通过了修改后的《中华人民共和国宪法》。
- 1983年4月，国务院批转了财政部《关于全国利改税工作会议的报告》和《关于国营企业利改税试行办法》，这就是"第

附录二：中国宏观经济大事记

一步利改税"。
- 1983年9月，国务院颁布《关于中国人民银行专门行使中央银行职能的决定》，开始着手组建中央银行体制。
- 1984年4月，中共中央、国务院根据邓小平的意见召开沿海部分城市座谈会，并于5月4日发出《沿海部分城市座谈会纪要》的通知，确定进一步开放14个沿海港口城市。
- 1984年5月，国务院颁布《关于进一步扩大国营工业企业自主权的暂行规定》，即"扩权十条"。
- 1984年下半年，有关部门讨论金融体制和工资管理体制改革的方案，决定要扩大专业银行贷款和企业工资分配的自主权。
- 1984年9月，国务院批转了财政部《关于在国营企业推进利改税第二步改革的报告》，将利税并存阶段的上缴利润变成了上缴税收。
- 1984年10月4日，国务院批转国家计委《关于改进计划体制的若干暂行规定》，适当缩小指令性计划的范围，对大量一般经济活动实行指导性计划，对餐饮、服务业等实行市场调节。
- 1984年10月20日，党的十二届三中全会在北京举行，通过《中共中央关于经济体制改革的决定》；会议提出要发展"有计划的商品经济"；会议还提出"效率优先、兼顾公平"的原则主张。
- 1984年，国有企业股份制试点开始。
- 1984年，中国工商银行从中国人民银行分设出来，标志着中央银行体制基本确立。
- 1985年1月1日，中共中央、国务院发出《关于进一步活跃农村经济的十项政策》，决定改革农产品统派购制度，从1985年起实行合同定购和市场收购。
- 1985年2月，国务院召开省长会议，决定1985年要控制信贷资金和消费基金的过度膨胀。
- 1985年2月18日，中共中央、国务院批转《长江、珠江三角洲和闽南厦漳泉三角地区座谈会纪要》，决定在长江、珠江三角洲和闽南厦漳泉三角地区开辟沿海经济开放区。

- 1985年9月18—23日，党的全国代表会议在北京举行。会议通过了《中共中央关于制定国民经济和社会发展第七个五年计划的建议》。
- 1985年9月，由世界银行出面邀请当今国际著名经济学家来中国参加国务院经济研究中心和国家体改委召开的"宏观经济管理国际讨论会"（即"巴山轮会议"）。
- 1985年11月26日，宝山钢铁总厂一期工程投产。
- 1985年实行"统一计划、划分资金、实贷实存、相互融通"的信贷资金管理体制。
- 1985年，国家取消外汇内部结算价，官方汇率和外汇调剂市场汇率并存。
- 1985年，开始发行金融机构债券。
- 1986年3月5日，中共中央、国务院批准《高技术研究发展计划纲要》，简称"八六三"计划。
- 1986年3月25日—4月12日，召开六届全国人大四次会议。会议批准了国务院制定的《我国国民经济和社会发展"七五"计划》。
- 1986年12月5日，国务院作出《关于深化企业改革增强企业活力的若干规定》。
- 1986年，重新组建交通银行，1987年成立中信实业银行和其他全国性的商业银行包括华夏银行和光大银行等，随后相继又成立了中国平安、中国太平洋等保险公司，健全了金融体系。
- 1986年开始建立金融市场，包括资金拆借市场、票据市场、有价证券市场。
- 1986年，开始发行企业债券。
- 1987年4月，国务院全面推广承包制。

附录二：中国宏观经济大事记

- 1987年10月25日—11月1日，党的十三大在北京举行。会议提出了社会主义初级阶段理论，提出了"一个中心、两个基本点"的基本路线，制定了分三步走实现现代化的发展战略。会议提出，要建立的经济运行机制是"国家调节市场、市场引导企业"的机制。
- 1987年，国务院确定了物价工作的方针，即"坚持改革，稳定前进，保持物价基本稳定"。
- 1988年3月15—19日，党的十三届二中全会在北京举行，提出治理整顿和深化改革的指导方针。
- 1988年3月18日，国务院发出《关于进一步扩大沿海经济开放区范围的通知》，新划入沿海开放区140个市、县，包括杭州、南京、沈阳3个省会城市。
- 1988年3月25日—4月13日，七届全国人大一次会议，决定李鹏为国务院总理。
- 1988年8月底，国务院发出《关于做好当前物价工作和稳定市场的紧急通知》。
- 1988年9月26—30日，中共中央举行十三届三中全会，确定明后两年改革和建设的重点放到治理经济环境和整顿经济秩序上来，原则通过了《关于价格、工资改革的初步方案》。
- 1988年10月3日，中共中央、国务院作出《关于清理整顿公司的决定》。1989年8月17日，国务院作出《关于进一步清理整顿公司的决定》。
- 1989年6月23—24日，中共十三届四中全会召开，选举江泽民为中央委员会总书记。
- 1989年11月，中共十三届五中全会通过了《中共中央关于进一步治理整顿和深化改革的决定》。
- 1990年7月，政治局常委邀请部分经济专家召开经济形势和对策座谈会。
- 1990年12月24日，邓小平在同几位中央负责人谈话时指出，要善于把握时机来解决我们的发展问题。必须从理论上搞懂，资本主义与社会主义的区别不在于计划还是市场这样的问题。
- 1990年12月25—30日，中共十三届七中全会召开，通过了《中共中央关于制定国民经济和社会发展十年规划和"八五"计划的建议》。
- 1990年，实行"限额控制、以存定贷"和"全年亮底、按季监控、按月考核、适时调节"的信贷资金宏观管理办法。
- 1990年和1991年分别成立了上海证券交易所、深圳证券交易所，标志着中国集中交易证券市场初步形成。

附录二：中国宏观经济大事记

全面建立健全社会主义市场经济体制时期
（1991 年至今）

- 1991 年 1—2 月，邓小平视察上海。
- 1991 年 3 月 6 日，国务院发出《关于批准国家高新技术产业开发区和有关政策规定的通知》。
- 1991 年 3 月 25 日—4 月 9 日，召开七届全国人大四次会议，批准了《国民经济和社会发展十年规划和"八五"计划纲要》。
- 1991 年 6 月，成立了第一家期货交易机构。
- 1991 年 6 月 26 日，国务院作出《关于企业职工养老保险制度改革的决定》。
- 1991 年 11 月 25—29 日，中共十三届八中全会召开，通过了《中共中央关于进一步加强农业和农村工作的决定》。
- 1991 年，中国证券投资基金开始发展。
- 1992 年 1 月 18 日—2 月 21 日，邓小平到武昌、深圳、珠海、上海等地视察，发表重要谈话。
- 1992 年 3 月，中央政治局明确提出要尽快发展社会主义商品经济。
- 1992 年 3 月 20 日—4 月 3 日，召开七届全国人大五次会议，通过了关于兴建长江三峡工程的决议。1994 年 12 月 14 日，长江三峡工程正式开工。
- 1992 年 6 月 16 日，中共中央、国务院发出《关于加快发展第三产业的决定》。
- 1992 年 6 月 30 日，国务院第 106 次常务会议通过了《全民所有制工业企业转换经营机制条例》。
- 1992 年 8 月，中国证券监督管理委员会成立。

- 1992年9月5日,中共中央、国务院发出《关于加强对固定资产投资和信贷规模进行宏观调控的通知》。
- 1992年10月,召开党的十四大,确定经济体制改革的目标是建立社会主义市场经济体制,提出要建立以市场形成价格为主的价格机制。
- 1993年3月15—31日,八届全国人大一次会议举行,通过了宪法修正案。
- 1993年3月5日,中共十四届二中全会召开,通过了《关于调整"八五"计划若干指标的建议》,将国民经济增长速度由原定的平均每年6%调整到8%~9%。
- 1993年6月24日,中共中央、国务院印发《关于当前经济情况和加强宏观调控的意见》。《意见》提出了严格控制货币发行、稳定金融形势等16条加强和改善宏观调控的措施。
- 1993年9月,国务院发布了《关于清理有偿集资活动、坚决制止乱集资问题的通知》和《关于坚决制止乱集资和加强债券管理的通知》。
- 1993年11月11—14日,中共十四届三中全会召开。全会通过了《中共中央关于建立社会主义市场经济体制若干问题的决定》。会议关于收入分配提出要"体现效率优先、兼顾公平的原则"。
- 1993年12月15日,国务院作出关于实行分税制财政管理体制的决定。
- 1993年12月25日,国务院作出关于金融体制改革的决定,确立中国人民银行作为独立执行货币政策的中央银行的宏观调控体系;实行政策性银行与商业银行分离的金融组织体系;从1994年起实行汇率并轨。
- 从1993年开始,我国的国民经济核算体系正式地全面推行SNA体系,与此同时放弃了MPS体系。
- 1993年,国务院颁布《关于实行分税制财政管理体制的决

附录二：中国宏观经济大事记

定》，实施分税制。
- 从1993年下半年开始，连续三年加强和改善宏观调控，实行适度从紧的财政和货币政策。
- 1994年1月11日，国务院作出关于进一步深化对外贸易体制改革的决定。1996年4月1日，我国对4000多种商品进口关税进行大幅度削减，关税总水平降至23%。
- 1994年1月，实现汇率并轨，实行以市场为基础、单一浮动汇率。
- 1994年2月28日—3月3日，国务院召开全国扶贫开发工作会议，部署实施"国家'八七'扶贫攻坚计划"，要求力争在本世纪末最后的7年内基本解决全国8000万贫困人口的温饱问题。
- 1994年3月25日，国务院第16次常务会议通过《中国21世纪议程》，确定了可持续发展战略。
- 1994年9月25—28日，中共十四届四中全会召开。全会通过了《关于加强党的建设几个重大问题的决定》。
- 1995年5月6日，中共中央、国务院作出关于加速科学技术进步的决定，确定实施科教兴国战略。
- 1995年9月25—28日，中共十四届五中全会召开。全会通过了《中共中央关于制定国民经济和社会发展"九五"计划和2010年远景目标的建议》。
- 1996年3月5—17日，八届全国人大四次会议举行。会议通过了《国民经济和社会发展"九五"计划和2010年远景目标纲要》。
- 1996年10月7—10日，中共十四届六中全会召开。全会通过了《中共中央关于加强社会主义精神文明建设若干重要问题的建议》。
- 1996年11月21—24日，中共中央、国务院召开经济工作会议。会议认为，经过近3年的努力，以治理通货膨胀为首要任务的宏观调控基本上达到预期目的。
- 1996年12月1日，我国实现人民币经常项目可兑换。
- 1996年12月11日，香港特别行政区第一届政府推选委员会举行第三次全体会议，董建华当选为香港特别行政区第一任行政长官人选。
- 1996年12月30日，中共中央、国务院作出关于切实做好减轻农民负担的决定。
- 1996年底，我国外汇储备首次突破1000亿美元，达1050亿美元。
- 1997年7月，国务院决定成立中国人民银行货币政策委员会。
- 1997年9月12—18日，召开党的十五大。
- 从1997年10月份算起，物价指数持续下降，中国经济出现了通货紧缩的迹象。
- 1997年，亚洲发生金融危机。
- 1997年11月17—19日，中共中央、国务院召开全国金融工作会议。会议要求力争用3年左右时间大体建立与社会主义市场经济发展相适应的金融机构体系、金融市场体系和金融调控监管体系，基本实现全国金融秩序明显好转，增强防范和抗御金融风险能力。
- 1998年3月5—19日，九届全国人大一次会议决定朱镕基为国务院总理。
- 1998年4月27—29日，全国粮食流通体制改革工作会议召开，讨论国务院《关于进一步深化粮食流通体制改革的决定》。
- 1998年5月14—16日，中共中央、国务院召开国有企业下岗职工基本生活保障和再就业工作会议。同年6月9日，中共中央、国务院发出《关于切实做好国有企业下岗职工基本生活保障和再就业工作的通知》。
- 1998年6月15—17日，全国城镇住房制度改革与住宅建设工

附录二：中国宏观经济大事记

作会议召开。会议提出了深化城镇住房制度改革的指导思想。从下半年开始，全国城镇停止住房实物分配，实行住房分配货币化。

- 1998年10月12—14日，中共十五届三中全会召开。全会通过了《中共中央关于农业和农村工作若干重大问题的决定》。
- 1998年11月18日，中国保险监督管理委员会成立。
- 1998年，国家决定采取扩大内需的方针，实施"积极的财政政策"。
- 1999年1月4日，国内首批20家私营生产企业获得自营进出口权。标志着非公有制经济在全国范围内首次合法获得直接从事对外贸易的权利。
- 1999年1月12—13日，国务院在京召开国有企业下岗职工基本生活保障和再就业工作会议。
- 1999年7月1日，《中华人民共和国证券法》实施，这是中国第一部证券法律。
- 1999年9月19—22日，中共十五届四中全会在北京召开，审议通过了《中共中央关于国有企业改革和发展若干重大问题的决定》。
- 2000年7月4日，中共中央、国务院出台《关于促进小城镇健康发展的若干意见》。
- 2000年10月9—11日，中共十五届五中全会召开，通过了《中共中央关于制定国民经济和社会发展第十个五年计划的建议》。
- 2000年12月，党中央确定的国有企业改革与脱困三年目标已基本实现。
- 2000年12月19日，国务院新闻办发表系统阐述我国人口与发展的目标与原则的《中国21世纪人口与发展》白皮书。据介绍，我国实行计划生育政策以来，全国累计少出生了3亿多人。

- 2000年12月27日,《国务院关于实施西部大开发若干政策措施》正式出台,标志着我国实施西部大开发战略迈出实质性的步伐。
- 2001年3月5—15日,召开九届全国人大四次会议,通过了《关于国民经济和社会发展第十个五年计划纲要》及关于纲要报告的决议。
- 2001年4月2—4日,国务院在北京召开全国整顿和规范市场经济秩序工作会议,明确了今后五年整顿和规范市场经济秩序的主要任务和2001年的工作重点。
- 2001年4月28日,国务院发布的《农业科技发展纲要(2001—2010年)》。
- 2001年12月11日,我国正式加入世界贸易组织。
- 2002年2月5—7日,中共中央、国务院召开全国金融工作会议。会议以加强金融监管、深化金融改革、防范金融风险、整顿金融秩序、改善金融服务为主题,全面总结1997年全国金融工作会议以来的金融工作,对今后一个时期的工作作出部署。
- 2002年4月8日,历时三年的第一期全国农村电网建设与改造已经完成,农村电力体制改革和城乡用电同网同价工作已取得阶段性成果。
- 2002年11月8—14日,中共十六大在北京召开,选举胡锦涛为中央委员会总书记。
- 2003年3月16日,十届全国人大一次会议决定温家宝为国务院总理。
- 2003年,成立国务院国有资产监督管理委员会,负责监督189家中央企业和2.59万亿元国有净资产。
- 2003年4月28日,中国银行业监督管理委员会成立。
- 2003年10月11—14日,中共十六届三中全会召开,审议通过了《中共中央关于完善社会主义市场经济体制若干问题的

附录二：中国宏观经济大事记

决定》，提出：坚持以人为本，树立全面、协调、可持续的发展观，促进经济社会和人的全面发展。

- 2003年，我国人均GDP首次突破1000美元，人均1090美元。
- 2004年4月30日—5月6日，胡锦涛在江苏考察工作时强调，解决中国的发展问题，必须牢固树立和认真落实科学发展观。
- 2004年9月16—19日，中共十六届四中全会在北京召开。全会审议通过《中共中央关于加强党的执政能力建设的决定》。
- 2004年12月，中央经济工作会议召开，第一次明确提出，要实行稳健的财政政策和货币政策，标志着已经实行了接近7年的积极的财政政策告一段落。
- 2005年7月21日，中国人民银行宣布中国开始实行"以市场供求为基础、参考一篮子货币进行调节、有管理的浮动汇率制度"。
- 2005年10月8—11日，中共十六届五中全会在北京召开，审议通过了《中共中央关于制定国民经济和社会发展第十一个五年规划的建议》。全会提出，要"完善按劳分配为主体、多种分配方式并存的分配制度，坚持各种生产要素按贡献参与分配，更加注重社会公平，加大调节收入分配的力度，努力缓解地区之间和部分社会成员收入分配差距扩大的趋势"。
- 2005年11月，召开中央经济工作会议，提出要重点管住土地和贷款两个闸门。
- 2006年2月21日，中共中央政治局召开会议，讨论政府工作报告和"十一五"规划纲要草案。
- 2006年，全面取消农业税后，与农村税费改革前相比，全国农民共减轻负担1265亿元。
- 2006年5月26日，中共中央政治局召开会议，研究改革收入分配制度和规范收入分配秩序问题。
- 2006年10月8—11日，党的十六届六中全会在京召开。审议通过了《中共中央关于构建社会主义和谐社会若干重大问题的决定》，提出了到 2020 年，构建社会主义和谐社会的目标和主要任务并作出部署。

- 2006 年 10 月，我国外汇储备首次突破 1 万亿美元，居于世界首位。
- 2006 年，证券业基本完成了股权分置改革，解决了长期影响我国资本市场健康发展的重大历史遗留问题。
- 2006 年，国内学术界提出了"流动性过剩"问题。
- 2007 年 1 月 19—20 日，召开全国金融工作会议，总结近几年来的金融工作，分析当前金融形势，部署今后一个时期的金融工作。
- 2007 年 3 月 5—16 日，召开十届全国人大五次会议。提出坚持加强和改善宏观调控，继续实行稳健的财政政策和货币政策。
- 2007 年 7 月 26 日，中共中央政治局召开会议，强调要坚持把遏制经济增长由偏快转为过热作为当前宏观调控的首要任务。
- 2007 年 9 月 24 日，中国互联网大会在北京召开。
- 2007 年 10 月 15—21 日，中共十七大在北京召开。
- 2008 年 4 月 10 日，银行间外汇市场人民币对美元汇率中间价首度"破 7"，为 6.992 元人民币兑 1 美元。
- 2008 年 5 月 12 日，四川汶川县发生 8.0 级地震。
- 2008 年 8 月 8 日，第 29 届奥运会在北京开幕。
- 2008 年 9 月起，开始爆发全球金融危机。
- 2008 年 11 月 15 日，胡锦涛在华盛顿举行的二十国集团领导人金融市场和世界经济峰会上发表了题为《通力合作，共度时艰》的讲话。
- 2009 年 4 月 2 日，二十国集团（G20）第二次金融峰会在伦敦召开，就应对金融经济危机议题达成多项共识。
- 2009 年 10 月 30 日，创业板正式开市。
- 2009 年 12 月 5—7 日，中央经济工作会议举行，会议提出保

附录二：中国宏观经济大事记

持宏观经济政策的连续性和稳定性，继续实施积极的财政政策和适度宽松的货币政策。
- 2010年5月1日，第41届世界博览会在上海开幕。
- 2010年7月，中国GDP超过日本，成为世界第二大经济体。
- 2011年3月5日，十一届全国人大四次会议开幕，"十二五"开局之年将继续保持宏观经济政策的连续性和稳定性，重视经济发展的质量和效益。
- 2011年3月16日，新华社播发"十二五"规划纲要。
- 2011年12月12—14日，中央经济工作会议召开，强调要突出把握好稳中求进的工作总基调，牢牢把握扩大内需这一战略基点。
- 2012年1月，全国金融工作会议召开，强调金融服务实体经济，有效解决实体经济融资难、融资贵问题。
- 2012年10月，国家统计局表示，国民经济运行企稳的态势比较明显，正由缓中趋稳向筑底企稳转变。
- 2012年11月8—14日，中共十八大在北京召开，选举习近平为中央委员会总书记。
- 2013年3月15日，十二届全国人大一次会议决定，李克强为国务院总理。
- 2013年3月，国务院强调新一届政府将"稳增长、控通胀、防风险和推动经济转型"，积极推进重要领域改革。
- 2013年6月23日，央行表示，要密切关注国际国内经济金融最新动向和国家资本流动的变化，继续实施稳健的货币政策，并着力增强政策的前瞻性、针对性和灵活性，适时适度进行预调微调。
- 2013年7月20日，央行全面放开金融机构贷款利率管制。
- 2013年10月底，中国持有美国政府债务首次超过1.3万亿美元。
- 2013年12月，中央经济工作会议指出，以全面深化改革为经济社会发展注入强大动力。
- 2014年2月24日，国家统计局统计公报显示，我国第三产业增加值比重首次超过第二产业，达到46.1%。
- 2014年11月8日，中国宣布出资400亿美元成立丝路基金，为"一带一路"项目建设提供投融资支持。
- 2014年11月19—21日，首届世界互联网大会在浙江乌镇举行。
- 2014年12月，中央经济工作会议强调，坚持稳中求进工作总基调，坚持以提高经济发展质量和效益为中心，主动适应经济发展新常态，保持经济运行在合理区间，把转方式调结构放到更加重要位置。
- 2015年2月5日—10月24日，央行共计10次"降准降息"，释放了上万亿元流动性。
- 2015年11月30日，国际货币基金组织（IMF）批准人民币加入特别提款权（SDR）货币篮子，新的货币篮子于2016年10月1日生效。
- 2016年1月1日，沪深300指数因两度触及熔断机制，A股提前收市。
- 2016年2月29日，国家统计局统计公报显示，我国第三产业占比达50.5%，首次突破50%。
- 2016年3月，"十三五"规划纲要发布，2020年GDP和城乡居民人均收入比2010年翻一番。
- 2016年5月1日起，营业税改征增值税试点全面推开，全年减税总规模将超过5000亿元。
- 2016年12月，中央经济工作会议强调，2017年将更重视改革成效，尤其是供给侧结构性改革和国企改革。
- 2017年5月，"一带一路"国际合作高峰论坛在北京召开。
- 2017年7月14—15日，全国金融工作会议在北京召开，强调遵循金融发展规律，紧紧围绕服务实体经济、防控金融风险、深化金融改革三项任务。

- 2017年10月18—24日，中共十九大在北京召开。习近平总书记指出，必须坚持质量第一、效益优先，以供给侧结构性改革为主线，推动经济发展质量变革、效率变革、动力变革，提高全要素生产率，着力加快建设实体经济、科技创新、现代金融、人力资源协同发展的产业体系，着力构建市场机制有效、微观主体有活力、宏观调控有度的经济体制，不断增强我国经济创新力和竞争力。

- 2017年12月，中央经济工作会议指出，中国特色社会主义进入了新时代，我国经济发展也进入了新时代，基本特征就是我国经济已由高速增长阶段转向高质量发展阶段。强调实施好积极的财政政策和稳健的货币政策。

- 2018年3月5日，李克强总理在《政府工作报告》中指出，2018年要继续创新和完善宏观调控，把握好宏观调控的度，保持宏观政策连续性稳定性，加强财政、货币、产业、区域等政策协调配合。强调要认真贯彻习近平新时代中国特色社会主义经济思想，坚持稳中求进工作总基调，把稳和进做为一个整体来把握。

附录三：

附　　文

【作者按语】：薛暮桥前辈于 20 世纪 30 年代初开始研究中国经济问题，在从事经济工作的 60 多年里，薛老将理论与实际密切结合在一起，对我国的经济建设事业和经济理论研究作出了极其卓越的贡献。薛老在重要的工作岗位上经历了发展根据地经济、在西柏坡筹划新中国经济建设，参与了新中国成立以来一系列经济发展政策的制定和治理通货膨胀、消除经济过热等重大的宏观调控，并进行了改革开放的理论研究和实践，发表了大量精辟的、具有创建性的观点，其中许多重要建议被国家所采纳。2005 年初，薛老和马洪、刘国光、吴敬琏一同获得中国经济学杰出贡献奖。笔者曾担任薛老的秘书，对薛老的经济学思想有一定的了解，本书中较多地涉及薛老关于宏观经济和宏观调控方面的观点，并将笔者撰写的《桃李无言 下自成蹊》一文的摘要附于此。

附录三：附　文

桃李无言　下自成蹊[①]

　　2005年7月22日，新中国经济理论的开拓者、一代经济学宗师薛暮桥，安详、平静地走完了他的101年人生之旅。

　　薛老的最后几年是在北京医院度过的。每逢金秋10月，曾在薛老身边工作过的人员都会相约去看望老人家，祝他生日快乐、健康长寿。2004年10月，薛老在北京医院的病榻上跃过了百岁之年。他以常人难以想像的韧性在与疾病和衰老相持着，这一相持就是5年。

　　1999年8月，薛老住院不久，朱镕基总理曾到医院看望了薛老；2004年春节，温家宝总理也到医院向薛老致以新春问候。同年，国家发改委和国务院发展研究中心联合召开"薛暮桥经济思想座谈会"，在会上，曾培炎副总理说，薛暮桥是我国杰出的马克思主义经济学家，是中国社会主义经济理论的开拓者之一，也是经济战线上一位德高望重的领导。战争年代里，他在十分恶劣的条件下，坚持传播马克思主义的政治经济理论。在中国革命、建设和改革开放过程中，他长期在经济领域重要岗位上担任领导职务，为开创我国财经、统计、物价工作，建立和完善有中国特色的宏观经济管理体制，推动经济体制改革做出了积极贡献。对于这些赞誉，薛老是当之无愧的。但是薛老从来都用"愧不敢当"来回答别人对他的赞誉。他在"祝贺薛暮桥同志从事经济理论和实践工作50年茶话会"上说："我在过去50年中，写了许多文章，做了许多报告，也干了一些经济工作，这都是一个共产党员应当做的事。"10年后，他在"祝贺薛暮桥同志从事经济工作和经

---

　　① 此文刊于《文史资料选辑》全国政协文史和学习委员会、中国政协文史馆编，中国文史出版社2014年8月出版，第165辑。

济理论研究 60 年座谈会"上说:"至于我做的经济工作,写的经济著作,在我国当代经济学中只是沧海一粟,就是这一粟也是在党的培育下和同志们的帮助下取得的。"

薛老一生著作等身,更重要的是他运用经济理论解决了很多实际问题,择其重大的说,20 世纪 40 年代,他运用货币理论取得了山东解放区对敌货币斗争的胜利并对全国范围的对敌货币斗争、贸易斗争产生重要影响;20 世纪 50 年代他直接参与治理通货膨胀并主持创立了新中国的统计体系,参与了"一五"、"二五"计划的制定;20 世纪 60 年代,他主持建立了我国的物价管理制度,并在"大跃进"后成功地对物价进行了调整,实现了稳定物价的目标;20 世纪 70 年代末,他提出准许待业青年自找就业门路,支持乡镇企业,鼓励长途贩运,推进了集体经济和个体经济的发展;20 世纪 80 年代初,他深刻论述了我国必须实行商品经济,并系统地提出了财税、金融、价格、外贸以及国有企业等体制改革方案。在长期的经济研究和实践特别是改革开放过程中,薛暮桥提出了一系列重要的宏观经济政策建议和主张,参与了一系列重大的宏观调控,为国家的经济建设做出了重要的贡献。

薛老对我国经济理论和实践的贡献,是一定会载入我国经济史册的。我作为他的秘书,长期在他身边工作、学习和生活,耳闻目睹了薛老的许多生动故事,现应薛老亲友之意,在薛老百岁之际写成此文,以飨读者。

超脱务实

新中国成立初期,中央开始给干部定职定位,给那些对革命做出重大贡献的干部委以重任。有的同志根据自己的功绩希望得到相应的职务,这是情理之中的事。而当时身负中央财政经济委员会秘书长重任的薛老,此时却做出了与众不同的举动。由于长期工作劳累，薛老在 1951 年患了神经衰弱症。为此，他向中央提出自己身体不好，要求辞去中财委秘书长等职务，以便集中精力进行经济理论研究。这一举动在当时可能是独一无二的。后来，由于工作的需要，政务院任命他为国家计划委员会委员兼国家统计局局长，就是在这个岗位上，薛老开创了新中国的统计事业。

薛老在工作中对人事、工资、生活待遇等问题从不过问，也无兴趣，他的注意力始终集中于工作和研究上。在 20 世纪 60 年代国家困难时期，他自己主动要求降低了工资，还几次降低粮食定量，以致他每月的定量只有 21 斤，当时成年人的定量中没有这么低的一档。

薛老在人际交往方面的"能力"与他在经济理论上的造诣相比可谓天壤之别。在许多场合，比如在散步的路上，薛老碰上一位他认为"很熟的朋友"，两人交谈甚欢，可分手后薛老往往记不起人家的名字，谈话的内容也从不涉及私人事务。薛老与党内外的许多知名人士都有过很深的交往，但他从来都是君子之交淡如水，他与领导、同事和下级的关系也仅限于工作。为此，在"文化大革命"中他还被造反派嘲弄过一次：造反派把计委的几个局长叫到薛老面前，问薛老他们都叫什么名字，有的薛老说不上来，但他清楚地说出每个人分别是负责哪方面工作的。在他的潜意识里，与人交往只是为了工作。

薛老总说自己记不住别人的名字是记忆力差，其实薛老的记忆力十分惊人，他对新中国成立以前部分解放区和新中国成立以来国家各个时期的有关经济统计数据，可以随口道出，如数家珍。在我看来，薛老在人际关系方面的"记忆力差"，恰恰反映出他的学问人品，表现出他的高风亮节。薛老 1982 年曾赋诗一首："幽谷飞瀑涤俗尘，林泉深处养劳神。文山会海无已时，不如偷闲理经纶。"诗句贴切地表达出薛老超俗务实的心境。

亲身感受

薛老1927年加入中国共产党，是我党老一辈经济理论家，他在与老一辈无产阶级革命家的长期交往中，对他们的崇高风范留下了深刻的印象。

1958年春节期间，薛老接到通知，要他立即到中南海怀仁堂，参加中央召开的讨论国内形势问题的会议。薛老是个时间观念极强的人，为了准时到会，他连早饭也顾不上吃，便赶到了怀仁堂。因他到得早，空荡荡的怀仁堂里只有一个人坐在会议桌前吃饭。薛老走上前去，发现是毛主席，而桌上的餐食仅仅是一碗面条。毛主席见薛老来了，便向他打招呼，并问他是否吃饭了。薛老如实道来，毛主席便让服务员端来一碗面条。毛主席边吃饭边与薛老闲谈，问薛老的名字"暮桥"二字出自何处。薛老回答说，"暮桥"的名字是陈翰笙在20世纪30年代初因革命工作需要为他起的。毛主席听后随口吟出了陆游的两句诗："朝发云根寺，暮宿烟际桥。"然后说：大概是用的这个典。这样一件小事，使薛老对毛主席的知识渊博钦佩不已，同时对毛主席简朴和平易近人的作风也感受颇深。[①]

关于"薛暮桥"名字的由来，薛老的夫人罗琼阿姨曾经告诉我：20世纪30年代初，陈翰笙推荐刚出狱不久、处境困难的薛老到广西的一所大学去讲授经济学，他自己政治处境也很困难，不久便出国了。当时陈翰笙说过："末路穷途，有桥可渡。"暮桥二字应源于此。现将两种说法皆献给读者。

1962年，我国经济处于困难时期。一次，朱德约薛老到玉泉山谈经济计划工作。谈完工作已是中午，朱老总便留薛老一起吃

---

① 根据薛暮桥自己的回忆。

饭。薛老为人极其诚朴,既然挽留,就答应了。这时,朱老总的秘书悄悄过来,催薛老快走。走到门外,秘书告诉薛老,朱老总家一顿饭的细粮只有两碗米饭,如果你留在这里吃饭,康大姐这顿就没得吃了。这件事对薛老的触动很大,他将此事作为老一辈革命家与人民同甘共苦的例子,讲给身边的工作人员听,鼓励大家保持艰苦奋斗的作风,刻苦钻研经济理论。

20世纪60年代初,中央召开物价工作会议,制定物价政策。周总理对此极为重视,主持了文件的起草工作。按照周总理的安排,这个文件至少要讨论和修改五到六次。薛老作为全国物价委员会主任,受中央之托草拟了文件的第一稿,经周总理亲自修改后提交给会议讨论。讨论时周总理临时有事不能到场,便委托中共中央总书记邓小平代为主持讨论。会议开始后,邓小平对薛老说,文件已发给大家了,没必要读全文,把文件的要点解说一下就行了。薛老对文件的主要内容作了简要说明后,邓小平说,暮桥是物价问题专家,文件写得比较全面,在座的哪一位还有修改意见,请提出来。会场静默了片刻,邓小平说:我看就这样吧,第一,调价规模不要超过×××亿;第二,要稳步推进。这个稿子基本成熟了,没必要再在会议上讨论了。与会者离开后,薛老仍坐在位子上。他想,周总理布置要讨论五到六次的文件,才讨论了一次便通过了,这样行吗?于是薛老前往周总理办公室,向周总理汇报了讨论的情况。周总理听后沉吟了一下,对薛老说了一句:"就按邓小平同志的意见办。"事后看来,这份文件即使再讨论五六次,它的主要精神和基本内容也不会有大的变化。通过这件事,薛老看到了周总理与邓小平之间的高度信任和理解,更为邓小平工作中的快节奏、高效率、敢负责的精神和作风所折服。薛老说,邓小平的这种作风始终如一,正是这种作风,加速了改革开放的进程。

勤奋耕耘

薛老从事经济理论研究的最大特点是将理论研究和实际工作密切结合在一起，他总是针对经济工作中存在的问题，通过深入的调查研究提出行之有效的解决问题的主张。薛老在长期的经济工作中，特别是在改革开放中提出的若干建议，都具有很强的针对性和现实意义。薛老对于通过深入调查研究得出的结论，从不随风而变。最值得钦佩的是，当时代或实践证明他的一些观点有问题时，他会毫不犹豫地去修正。坚持真理，修正错误，不断汲取新的知识，更新自己的观念，使薛老的理论观点始终站在我国经济理论界的前列。

严谨是薛老治学的又一个鲜明特点。研究一个问题必求甚解，一丝不苟。在20世纪80年代，薛老和钱学森曾为如何在经济领域运用数学和计算机技术进行过一次讨论。钱老认为，预测经济发展应当运用数学模型和计算机技术；薛老表示同意，同时指出在目前的国情下计算机的数据输入是一个难关，不正确的数据输入会导致错误的结果，因为计算机缺乏"测谎功能"。他强调，数学模型在我国经济实践中的运用一定要稳步推进，讲求实效，不能搞"数字游戏"。对此，钱老也十分赞成。自然科学和社会科学的两位巨匠之间的对话，体现出老一辈学者对国家的高度责任心和严谨的治学态度。

薛老研究问题大致有四个步骤：一是选择研究题目。调研对象绝大部分是经济实践中急需解决的问题，比如在"大跃进"后研究货币物价理论，在20世纪80年代中期投资过热、物价上涨时研究通货膨胀理论；二是进行深入细致反复的调查研究。薛老在他85岁之前，行动方便时，经常深入基层，就说农贸市场，我就陪他不知调查了多少家。印数达1000万册的《中国社会主义经济问题研究》一书，是在去山东、安徽、江苏三省做了深入调查后才动笔写的；三是"打腹稿"。薛老通常习惯仰卧在躺椅上闭目沉思，也经常在散步或理发时构思文章的框架；四是伏案写作。薛老写作的效率极高，往往是一气呵成。虽然薛老的字一笔一画，几乎没有连笔，但写作的实际速度相当快。他在写作时谁也不能打扰他，不写完一个段落，连饭也不吃。每到吃饭时，家里人为叫他吃饭想尽办法，后来让当时只有几岁的小外孙去叫他，小孩子不懂事，拉着爷爷的手就走，薛老疼爱外孙，只得放下笔来。

薛老的文风极其朴实、简练，他一贯反对各种类型的八股文，反对讲套话和作表面文章。薛老常说，写文章一定要到有话要讲，有理要说，而且非说不可的时候才动笔，这样写出来的文章言之有物，论之有据。在他的文章里，深奥复杂的理论变成了浅显生动、有理有据的白话。他把复杂问题简单化了，因此，不论经济界的专业人士，还是关心经济问题的普通读者，都愿意看薛老的文章。

薛老做事一贯高度专一。他在专心工作时，无论外界发生什么事情他都听不见。在他女儿小的时候，薛老在写作，女儿在他衣服的后面缝了一些小扣子，他一点都不知道，带着这些红红绿绿的扣子就出门了。还有一个例子说起来让人难以置信："文革"时薛老和另一个人被关在一间办公室里，那个人在办公室的卫生间里自杀了，薛老在学习毛选，过了若干小时，他竟浑然不知，直到外面进来人后才发现。事后薛老自己也很后怕，说幸亏不知道，当时办公室被反锁着，又是星期天，一旦知道了怎么办哪！

薛老的工作时间很有规律，日程安排是雷打不动、不容干扰的。一年365天，每天都是8点钟开始工作。在日常生活中，薛老散步、打拳以及吃药等也都极其守时，而且是持之以恒。要知道，长期按时做到这些日常小事，也是需要毅力的。薛老平时脑力工作的强度是很大的，又没有什么爱好，为使自己得到必要的休息，他喜欢采取"游泳休息法"。他常说：除了睡觉，只有游泳时才能暂时中断思考,强迫大脑休息。虽然薛老的游泳技术并不高,只会仰泳,但他在近80岁时还在北戴河的大海里畅游。为保证他的安全,每逢他游泳我都会在旁边保护他。薛老每天都到附近公园散步,在家里打太极拳,但散步、打拳都挡不住他大脑的思考活动。

言传身教

薛老有三个女儿,她们共同的感觉是从小家里就像个办公室,她们在家里随时可以看到父母在工作、写作或看书看报,并时常被告知爸爸妈妈在工作,要小声说话。她们就是在这样的"办公室"中长大的。薛老的生活十分简朴,像样点的衣服就是两三套在正式场合穿的中山装,比较好的家具就是一大排书柜。薛老生活上极其节省,在20世纪60年代初,他把自己的稿费都上交中央做了党费,"文革"后一补发了工资,他也立刻上交了。薛老的夫人罗琼,长期担任全国妇联第一书记和副主席等要职,她和薛老一同出差时,住宿饮食都一再要求尽可能节俭,她总是亲自整理好宾馆或火车上的被褥,希望能减轻服务员的工作。两位老人的朴实作风,深深地感染了他们身边的工作人员。

跟随薛老工作的过程,就是当学生的过程,学知识、学做人。薛老在对我们讲述经济学知识和讨论问题时,很少采用老师授课的方式和口吻,他总是和我们一同调研、一同讨论,让大家充分地各抒己见。在讨论中,老人家总是鼓励大家,引导大家不断深化思路。薛老是相当于"院士"的哲学社会科学部学部委员,享有很高的学术地位,一生的学术著作等身,但他从不提及自己所取得的成就。曾跟随和帮助薛老工作的杨波、苏星、吴敬琏、余学本、何建章、吴凯泰、李剑阁等,都成为出色的经济专家,撰写文章的大手笔。

薛老在 87 岁时被诊断患有帕金森综合症，在发病的初期，薛老被病情折磨得非常痛苦，可一旦病情稳定，薛老又以非凡的毅力，在助手们的帮助下，完成了《薛暮桥回忆录》一书的写作。这本书记录了薛老为理想和事业鞠躬尽瘁的 90 年历程。之后，又在薛老的指导下，编辑出版了一本《薛暮桥晚年文稿》。在 93 岁那年，薛老不慎又摔了一跤，虽然后来恢复得不错，但薛老自己日感衰弱。他曾几次对女儿女婿说，大夫治得了病，治不了老，我不愿意活到 100 岁，如果那样，第一拖累北京医院，第二拖累国家计委（薛老的工作关系当时在国家发改委），第三拖累你们。他还说，中国人办丧事过于悲哀，其实生老病死是自然规律，我将来的丧事要简简单单。在 1999 年 9 月，薛老经历了一次病危抢救之后，又对家人表示：不能工作了，住在医院里花国家的钱，麻烦医生，拖累家人，我不愿意这样维持生命。虽然说人类现在还掌握不了自己的生死，但薛老对生命的态度反映出一个彻底唯物主义者的坦荡胸怀。

"桃李不言，下自成蹊"。薛老是领导、是老师、是一位可敬的长者，跟随薛老工作的收获来自一点一滴的言传身教，实感受益匪浅。薛老一生默默耕耘，为中国革命和经济建设事业做出了公认的贡献。了解薛老的人，无不对这位非凡的老人充满敬意。

参考文献

[1] 中央编译局. 马克思恩格斯选集, 第一卷 [M]. 北京: 人民出版社, 1995: 219.

[2] 中央编译局. 马克思恩格斯选集, 第二卷 [M]. 北京: 人民出版社, 1995: 83.

[3] 中央编译局. 列宁选集 [M]. 北京: 人民出版社, 1995: 617.

[4] 中央编译局. 列宁文稿 [M]. 北京: 人民出版社, 1977: 94.

[5] 中央编译局. 苏联社会主义经济问题 [M]. 北京: 人民出版社, 1952.

[6] 中共中央文献编辑委员会. 毛泽东著作选读 [M]. 北京: 人民出版社, 1986: 696.

[7] 毛泽东. 毛泽东选集 [M]. 北京: 人民出版社, 1991.

[8] 毛泽东. 论十大关系 [N]. 北京: 人民日报, 1976-12-26.

[9] 邓小平. 邓小平文选 [N]. 北京: 人民出版社, 1994: 4, 354-355, 363, 368-369, 375.

[10] 薛暮桥. 中国社会主义经济问题研究 [M]. 北京: 人民出版社, 1979.

[11] 薛暮桥. 薛暮桥回忆录 [M]. 天津: 天津人民出版社, 1996.

［12］薛暮桥．论中国经济体制改革［M］．天津：天津人民出版社，1990.

［13］马洪．建立社会主义市场经济新体制［M］．郑州：河南人民出版社，1992.

［14］刘国光，张卓元，董志凯，马力．中国十个五年计划研究报告［R］．北京：人民出版社，2006：21，56－57，59，121，139，173－174，257－258，260，274，380，562.

［15］伊特韦尔．新帕尔格雷夫经济学大词典［M］．北京：经济科学出版社，1996.

［16］费正清．剑桥中华人民共和国史［M］．上海：上海人民出版社，1990.

［17］王梦奎等．中国经济发展的回顾与前瞻（1979—2020）［R］．北京：中国财政经济出版社，1999.

［18］孙尚清．孙尚清选集［M］．太原：山西人民出版社，1987.

［19］吴敬琏．计划经济还是市场经济［M］．北京：中国经济出版社，1992.

［20］吴敬琏，周小川，荣敬本．建设市场经济的总体构想与方案设计［M］．北京：中央编译出版社，1996.

［21］厉以宁．厉以宁改革论集［M］．北京：中国发展出版社，2008.

［22］马凯．关于宏观调控的八个疑问［R］．中国人民大学，2004.

［23］吴晓灵，谢平．转向市场经济过程中的中国货币政策［J］．经济导刊，1990（4）．

［24］王瑞璞等．共和国经济大决策［R］．北京：中国财政经济出版社，1999.

［25］周叔莲．周叔莲经济理论文选［M］．北京：经济科学出版社，2005.

[26] 郭树清. 经济体制转轨与宏观调控 [M]. 天津：天津人民出版社，1992.

[27] 李剑阁. 李剑阁改革论文集 [M]. 北京：中国发展出版社，2008.

[28] 楼继伟. 摆脱我国当前通胀困扰的思路选择 [J]. 经济社会体制比较，1989.

[29] 易纲. 中国资本市场走向整合 [J]. 财经，2004.

[30] 李扬. 中国金融改革研究 [M]. 南京：江苏人民出版社，1999.

[31] 李扬. 关于中国宏观杠杆率问题. 中国发展高层论坛，2018-3.

[32] 钱颖一. 理解经济学原理. 清华大学，2016.

[33] 李晓西. 宏观经济学 [M]. 北京：中国人民大学出版社，2005.

[34] 余永定. 改革新起点. 演讲，2017-1.

[35] 黄益平. 通过强化市场纪律去杠杆. 2016.

[36] 贾康. 转轨时代的执着探索 [M]. 北京：中国财政经济出版社，2003.

[37] 樊纲. 十年来经济过热带来哪些教训. 2003.

[38] 胡祖六. 经济学家访谈录. 网易财经，2012.

[39] 王建. 中国经济形势之迷思. 中宏网，2015-11.

[40] 许宪春. 中国国民经济核算与分析 [M]. 北京：中国财政经济出版社，2001.

[41] 中共中央文献研究室. 毛泽东传 [M]. 北京：中央文献出版社，2003：81，236，240，266，386，461-463，523，722，777.

[42] 中共中央文献研究室. 周恩来传 [M]. 北京：中央文献出版社，1998：1102-1104，1130.

[43] 中共中央文献研究室. 刘少奇传 [M]. 北京：中央文

献出版社，2008：631，792，856-857，889，893-894.

[44] 中共中央文献研究室. 邓小平传 [M]. 北京：中央文献出版社，2014：1200，1203，1304.

[45] 中共中央文献研究室. 百年小平传 [M]. 北京：新世界出版社，2003.

[46] 中共中央文献研究室. 陈云传 [M]. 北京：中央文献出版社，1995：205，210，622-627，636，846，873，959，1014，1128，1136，1300，1304-1305，1314-1315，1605，1607.

[47] 中共中央文献编辑委员会. 薄一波文选 [M]. 北京：中央文献出版社，1992.

[48] 房维中，金冲及. 李富春传 [M]. 北京：中央文献出版社，2001：50，453，499，545-546，550-552，627，629，632-633，636，639.

[49] 约瑟夫·斯蒂格利茨（Joseph E. Stiglitz）. 经济学 [M]. 北京：中国人民大学出版社，1997.

[50] 斯坦利·费希尔（S. Fischer）. 经济学 [M]. 北京：中国财政经济出版社，1989.

[51] 格里高利·曼昆（N. Gregory Mankiw）. 宏观经济学 [M]. 北京：中国人民大学出版社，2011.

[52] 萨克斯，拉雷恩（J. Sachs & F. Larrain）. 全球视角的宏观经济学 [M]. 上海：上海人民出版社，上海三联出版社，2004.

[53] 保罗·萨缪尔森（Paul A. Samuelson）. 宏观经济学（第十七版）[M]. 北京：人民邮电出版社，2004.

[54] 劳伦斯·克莱因（L. R. Klein）. 经济计量预测与预测模型入门 [M]. 北京：中国社会科学出版社，1982.

[55] 本·伯南克（Ben Shalom Bernanke）. 中国经济：进步与挑战.

[56] 德怀特·帕金斯（Dwight Perkins）. 中国经济高速增

长：解释与展望［J］．江海学刊，2007（1）．

［57］国家统计局．中国统计年鉴［J］．北京：中国统计出版社．

［58］国家统计局．新中国五十年［G］．北京：中国统计出版社，1999．

［59］国务院发展研究中心．中国经济年鉴［J］．北京：中国经济年鉴社．

［60］新华社．中华人民共和国年鉴［J］．北京：中华人民共和国年鉴社．

注：书中参考和采用了若干政府网站、国家统计局等政府部门公开发布的资料数据信息，如：新华社综合《展望"十五"——历次"五年计划"介绍》，中国网（www.china.org.cn），国家外汇管理局网站。

后　　记

由于本书简要地记录了我国近70年宏观经济的发展过程，参考、引用了一系列历史文献资料。这些资料主要来源于相关著作和文章、工具书。此外，在本书较多地引用了政府公开网站和经济史料（见主要参考文献）的数据信息，这些资料是由掌握国家经济资料的有关机构和专家负责编辑的，具有较高的准确性和权威性。

我国著名经济学家马洪前辈为本书作序。中国社会科学院原副院长李扬教授为修订版作序。

本书的写作过程中，得到若干位经济学家和经济工作者的指点。冷煜参与了编辑图表和大事记等工作。张海峰、肖云以及孙思等为修订版图表做了技术性工作。范莫里也给予了不可缺少的帮助。

在此一并深表谢意！

2007年5月
2018年5月（修订）

图书在版编目（CIP）数据

中国宏观经济与宏观调控概说／李克穆著．—修订版．—北京：中国财政经济出版社，2019.1

ISBN 978-7-5095-8744-7

Ⅰ.①中… Ⅱ.①李… Ⅲ.①宏观经济－概况－中国②宏观调控－概况－中国 Ⅳ.①F123.16

中国版本图书馆CIP数据核字（2018）第291631号

责任编辑：蔺红英　　　　责任校对：徐艳丽

封面设计：田　晗

中国财政经济出版社 出版

URL：http://www.cfeph.cn

E-mail：cfeph@cfeph.cn

（版权所有　翻印必究）

社址：北京市海淀区阜成路甲28号　邮政编码：100142

营销中心电话：010-88191537　北京财经书店电话：64033436　84041336

中煤（北京）印务有限公司印刷　各地新华书店经销

787×1092毫米　16开　20.5印张　240 000字

2019年4月第1版　2019年4月北京第1次印刷

定价：65.00元

ISBN 978-7-5095-8744-7

（图书出现印装问题，本社负责调换）

本社质量投诉电话：010-88190744

打击盗版举报热线：010-88191661　QQ：2242791300